近未来型の日本人になろう。

平成日本教育論

朝日学研主宰　山崎 良一　Ryoichi Yamazaki

文芸社

巻頭直言

二十一世紀型リーダーを育てよう。

今日本は全てに行きづまっている。

少子化、若者の非婚化、自殺率の高さ、リストラの増加（企業規模に関係なく）による、失業者の増大、非正規労働者の増大など、希望が見えません。正規労働者さえ、意欲低下。

このまま行けば、日本国は一〇〇年程度で、人口が現在の四分の一程度になり、衰亡国になる予想です。

大企業だろうが、公務員だろうが、人がいなくなれば、仕事がなくなり、自滅の道を歩くしかありません。他人事ではないんです。

この本を手にとったあなたが、大中小企業の社員（正規・非正規）の方であっても、公務員の方であっても、主婦の方であっても、自営業の方であっても、自分に直結する問題です。

自立した国民による、ある程度の少子化（または横ばい）国家なら、前向きな気持ち（ポジティヴ）で生きていけますが、日本のそれは、激減を伴う（滅亡）負の少子化と思われます。

後ろ向き（ネガティヴ）にならざるを得ません。

あなたは言うかも知れない。

「少子化」は個人の問題だから、誰も止められないと。しかし、そうでしょうか。
私は「そうじゃない」と言いたい。
一言で言えば、次のように言えると思います。

「政治が時代（価値観）に合わないから、（負の）少子化になる」

★今、日本の政治がやらなければいけない施策は、次の三つでしょう（平成二十五年十二月現在）。

①学歴意識格差（詳しくは本文で）を消す教育による、高校卒までの方々が「生きて行きやすい社会」を創ること（ロングスパン）。

②非正規労働者一人一人（無職の方、専業主婦の方も含めて）に「生活保障金（仮称）」を出す。
〈未婚、既婚を問わず出す。但し、既婚者の場合、夫婦どちらかが正規労働者の場合は除く
＝より平等な生存権の保障を示す〉

③老朽化したインフラ整備（水道管、橋梁《きょうりょう》、基幹道路など）を急ぐこと。〈新規は抑制〉
また、これに関連して、津波対策として、防波堤も必要だが、私はむしろ、防砂林、防風林を応用して、防波林を育てたいと思います。〈すでに行なわれている所もある〉

以上、どうだろうか。②などは、その気になれば、新税などですぐにでもできる。リストラしやすくする法律などを作られてしまえば、国民は不安で不安でしかたがない。

成長産業などに、人材を流すと言うけれど、人は短期間に、Xの仕事からYの仕事へは移れない。一つの仕事しかできないような人材を作ってきた教育を棚に上げて、「それはないだろう」である。〈政治の責任〉

また、成長産業などは、まだどの分野のどんなものが伸びるか、分かりはしない。

今の時代（成熟）は、誰にも分からないのです。

したがって、②は無期限にすべきです。

今までの政治のおかしな所を書きます。

私の価値観とは違います。〈平成時代〉

《今までの政治》

党名	タイプ	おかしな考え方
自民党	昔も今も、さして変わらず、一部企業と〔既得権益仲良し型〕	・官僚と馴れ合い、国民の大半が「原発に反対」しているのに、「原発〇年後0宣言」できず、輸出まで推進している。これでいいのですか。「特定秘密保護法」も気がかりである。 ・経済政策だけで経済成長が続くと信じている。
民主党	弱者救済の仮面をかぶるが、〔政治手法分からず型〕	・政治は決断であり、八方美人じゃない。やり方が分からない党ではないかと思う。 ・政治は「国民を自立させること」なのに、ただ何かを与えること（上から目線）と勘違い。

その他の政党は「政権政党」になっていません（一年程の政党は除く）ので、よく分かりません。

いずれにしても、古い政党のこんな政治では共倒れ（あなたがどのような立場であっても、一人では生きていけないのだから）になり、希望はない。

「発電技術」は理系技術者にとっては、「比較的簡単な技術」なのです。危険な原子力は不要。

政治を変えるのは、あなたの選挙投票です。

◆この本をお読みくださる皆様へ

この本には、「A型人間」とか、「B型人間」とか、「C型人間」とかと言う言葉が出てきます。

また、「神」という言葉も出てきます。

そこで、冒頭部で、これらの言葉についての説明をさせていただきます。

このような分け方や言葉の定義をはっきりさせておくことで、この本の言わんとしていることが、より一層読者の皆様に伝わり、リアルにご理解（実感）いただけることと思うからです。

これは私自身、「日本人が大好き」だからこそなんです。ご理解くだされば幸いです。

・「神」……「神＝自然」です。偶像ではありません。
・「A型人間」……「A＝理性」です。論理を優先する人。戦後の日本人はこのタイプが男女とも大多数を占めるでしょう。
・「B型人間」……「B＝感性」です。理屈（理性）を好まず、感覚で物事を決定する人。
・「C型人間」……「AとBの融合型」の人（非A型）。

はじめに

「どこの誰かは知らないけれど、誰もがみんな知っている……」（TV番組主題歌）

団塊の世代を中心に、昔なつかしい「月光仮面」の歌である（川内康範先生作）。

その是非はともかく、正義のあり方（顔を隠して行なう、日本人的な方法）を教えてもらった私たち「団塊の世代」は、それを忘れたかのように、一方向（高度経済成長）へと去っていきました。その後「タイガーマスク」も出ましたが……。

私たちの仲間は、「学生運動」に走った人間もいます。そのくせ、その後、体制側に入っていった人が多い。「武力」で社会が変わるなんて、バカげていたのだが、当時は気づかなかったのかも知れません。

あんなやり方で社会が変われば、誰も苦労なんかしない。むなしさだけが残ります。

さて、時代が変わり（政治は何も変わっていないのだが）、必然政治目標がなくなってしまいました。しかも少子化による衰退が進行中……。

私は、高度成長（後のバブル）とは関係のない、真逆の生き方（小さな学習塾経営）をしてきました。

もちろん、進学競争をあおるような塾ではない。「生きる力」（生き方）を教える塾です。

約四十年間やってきました。

十年で予感、二十年で自信、三十年で確認、そして、四十年で確信したことがあります。

「言葉力が時代を変える」

私は、小中学生を中心に、「数学」（算数）、「国語」、「英語」、「理科」、「社会」を教えています。

「何でも屋バカ人間」です。

また、「言葉にこだわる人間」でもあります。

しかし、断っておきますが、国語学者とは根本的に違います。タイプが違うと言ってもいい。

あの人達は、言葉を多く集め、知っている（読み方、意味、使い方など）人々です。

言わば、「言葉（専門）バカ人間」です。

私のそれは、「言葉イメージを優先し、正確に使うことを目指す人間」と言っていい。

そこで、私は区別して、「言葉ばか人間」とします。「学者」は意味を優先し、「私」はイメージを優先します。それはどういうことか、この書を読めば、お分かりいただけるでしょう。

かつて内閣総理大臣の細川護熙《もりひろ》氏が言われたように、「政治は畢竟《ひっきょう》、人を動かすことである」

という考え方は正しいと思います。教育も同様。

そして、その原点は、「言葉」なのです。

さらに、重要なことがあります。

簡単に言えば、次のように言えます。

「意味語（学者・役人言葉）は人を動かさず、イメージ語（詩人・文化人言葉）が人を動かす」

次世代の「基本コンセプト」は「原点回帰」（和の精神（聖徳太子））
そのための「主要キーワード」は三つ。
「有機共同体」、「中庸」、「対面（教育）」。私の結論。

この本は、誰かが書かなくてはいけない本。

しかし、誰も書いてくれません。日本人のルーツアイデンティティー。

書けないのか、書かないのか、それは分かりません。でも、日本衰退を阻止し、健康な日本へ向かうため、誰かが書かなければいけません。

平成十五年頃、『バカの壁』（養老孟司著）に、大きな衝撃を受けました。「大学へ行くとバカになる」。

私の考えていたようなことが書かれていたからです。しかも、最高偏差値の東京大学医学部の先生の本であったから、なおさらです。

「(団塊の世代の人間に) お前達、結局何もできなかったじゃないか」と、お叱りの言葉も聞こえてくる。何も言い返せない。情けない。

この先生のスゴサは本書に書かせていただきました。よくお読みください。

団塊の世代の末期の人間の一人として、「こんな人間もいる」ということを今伝えるとともに、先生の「どうするんだ」という問いに対する「回答の書」でもあるのです。どうでしょうか。若い世代(二十~五十歳代)に対する責任も果たさなければいけないという思いもあるのです。

A型バカ人間から解放されれば、とても生きることが楽になるんですよ。

今日本は「動脈硬化」をおこしています。

混迷の度合いを深めています。

世界もまた同様です。A型人間の末路。

それに対して、私は「言葉という薬」によって、この状況を改善し、健康体にしてあげたいのです。血栓を溶かす酵素剤であったり、血行を良くするビタミン剤であったり、様々な種類のお薬によって、元気な日本にしてあげたいのです。国家も個人も同様です。

ガン組織はやむをえず、システム(制度)変更も考えました。〈外科的な手術です〉

「言葉の変更」は、近くの韓国、中国にも有効でしょうし、欧米（先進国）諸国にも有効でしょう。「意識社会」では、「言葉＝意識（無意識化もおこる）」のため、それぞれの国の政治家は、自分の国の詩人（言葉の達人）に相談する時代なのです。そして、「格差語」をつぶせばよい。

それはどういうことか、この書をお読みいただければお分かりいただけると思います。

私にはもう失うものは何もない。しがらみなし。

正に、「ドン・キホーテ」の心境です。

重病（生活習慣病⁉）の日本をなんとかしたい。

ひっくり返してもいい。日本国再生。

項目数を五十三に絞り、「５３《ゴーサイン》」にしてみました。

この本は、ビジョンが持てないなど一国のリーダー政治家の悩みから、一般の人々のあらゆる悩みまで、そのほぼ全てにズバリ回答、またはヒントを差し上げるものです。

ヒントといっても、「常識」と「非常識」とが逆転している時代ですので、他の人生相談等とは視点が違うと思います。ご了承ください。

この書で救うことができないのは、難病の人（遺伝子性）と、借金で苦しむ人（弁護士さんにご相談ください）だけです。

この書をお読みになれば、どなたでも、一つや二つ、ご自分に関心のある内容が入っていると思います。いかがでしょうか……。

この本はある意味で、社会や人生（人間）の入門書であり、案内書であり、帰結書であるかも知れません。また実用書でもある。安心の書。

政治家にとっては、羅針書になるでしょう。

不思議といえば、不思議な本ですね。

この本には、数学、国語、古典、文学、哲学、教育、物理、化学、生物、地学、歴史、地理、政治、経済、美術、建築、音楽、技術、法学、医学、栄養学、保健学、薬学、社会学、育児、スポーツ、宗教、環境学、民族学、心理学など多くの分野が入っています。

第一章では、「教育とは何か」を根本的に考え、第二章では、「現代のご父母像」を、第三章では、「人間の本質」について考えてみました。

第四章では、「国家と個人」の関係について述べ、最後の第五章では、以上の考察から、これからどうするべきか「具体案の提言」になっています。私の「素心長考（長く考えてきた）」の結論です。

平成二十三年春の東日本大震災により、さらに誰かが書かなければという思いが、この書を書かせました。私の背中を押したのです。

この本は、「ひろく」、「ふかく」、「わかりやすく」を目指しました。ソファなどでお気に入りのドリンクでも飲みながら、ゆったりとお読みください。実は日本国の未来は明るいのです。

※この書は、東日本大震災後、約八ヶ月間で書かれました。（本文）

☆この書が回天動地の書（叩き台）になればいい。
☆この書が若い人々の結婚促進書になればいい。

平成二十五年十二月吉日　政治家が言葉の意味遊びをしている時代ではないのです。　山崎良一

目次

第二章　現代のご父母像

第三章　人間の本質を問う

第四章　国家（社会）と個人

第五章　こんな近未来型の日本人になろう

第一章　戦後日本の教育を検証する

■教育とは何か

まず最初に述べたいことは、次のことです。

「この国の戦後教育制度に、日本独自の理念や、それを支える思想など存在しなかったという事実は誰からみても明らかであろう」と。

終戦後、日本は経済から教育に至るまで、米国の指導を受けてきたのです。その思想が良いか悪いかなど考える余裕もないまま、そのまま受け入れてきたと言ってよいでしょう。

そして、戦後七十年近く経った今でも、相変わらず旧態依然の教育を続けているありさまなのです。

その理由は後述するとして、この空白の時間に、日本的と言ってもよいが、独自の教育理念なりを構築できなかったことが、今日の教育の混迷、停滞に繋《つ》ながってしまったと私は考えているのです。

現在、社会の混迷、行きづまり感と歩調を合わせるように、教育の議論がかまびすしい。

社会の姿はその国の教育がもたらした射影にすぎないのだから、そのこと自体は正しいが、重要な視点が抜けているため、根本的な解決策などないし、これからも出てこないと私は思っているのです。

「重要な視点」とは何か。

それは、そもそも「教育とは何か」という視点です。この根本的な議論をせずして、どんな議論をしても無駄になるだろうということです。

今やっている教育改革などは、わずかな手直しであり、私に言わせれば、どうでもいい枝葉末節的なものだらけです。

「履修《りしゅう》内容を増やす」「入試制度を変える」「学力重視にする」「道徳倫理をどうするか」

こんなことを長時間議論し、しかも、全体から見れば、以前とさして変わらないものを、くりかえすばかりです。

この国の人々は物事を根本的に考えることが苦手なのか、それともまったくできないほど、戦後の教育に洗脳（マインドコントロール）されてしまったのか、どちらかであると思う。

文部科学省の官僚や教育専門家、また現場の教師達にしても、戦後の教育の洗脳被害者かも知れません。

洗脳された者同士がいくら議論しても、いいアイディアなんて生まれるはずはないのです。

洗脳なんて宗教だけにしてほしい。

その宗教なども私はいらないと思っているのです。

さて、そこで、私は「教育とは何か」という根本問題を考えていただけたらという思いから、次のような分類表を作ってみました。

七ページにて、「A型」「B型」「C型」等について、お話ししておいたのは、人間の能力の説明をよりわかりやすくするためだったのです（このページをお読みになっていない方は、まずそれをお読みください）。

分類表は次のようです。

項目は今私の頭にあるものを並べてみました。これで全部というわけではありません。

ここにない項目でも、「A」なのか「B」なのか、皆さんも考えてみると面白いですよ。

いろいろな発見があると思います。

今まで気づかなかったことが、「ああ、そうだったのか」と思われることでしょう。


〈人間の能力に関する分類表〉

●AとBの能力は同等の価値があるとします。

項目	A能力（価値）	B能力（価値）	C能力
知性	理性（分析）	感性（五感覚）	
情報知	知識（論理）	知恵（実践）	賢智
左右脳	左脳（静的）	右脳（動的）	
新旧脳	外《そと》・大脳皮質（新）	内《うち》・大脳辺縁系（旧）	

能種類	獲得能（意識）	本能（無意識）	
知見力	理知（脳）	感知（身体）	英知
人間	A（優先）型	B（優先）型	C型
大人子供	大人（少変化）	子供（多変化）	
理解法	会得（頭）	感得（心）	納得
男女脳	主に男脳（分析）	主に女脳（総合）	
見識観	合理主義（実験）	自然主義（経験）	
社会観	経済的（可視）	心理的（不可視）	
表現法	科学技術（物）	芸術文化（人）	
教育場	主に学校	主に家庭	

私がなぜこのような分類をしたかは、もうすでにお分かりでしょう。やや強引かも知れませんが、人間の能力を二つに分けて考えることで、私たち人間がどのような行動をとるのかをはっきりさせておくためです。

もちろん、このような行動が自由にとれるためには、民主化（社会制度として、言論行動表現等の自由が保障されている）先進国であるという前提が必要です。

また、A型人間、B型人間と分けてみたからといって、人間である以上全てA、全てBである人はおりません。そんなことは当たり前ですね。A的かB的かということが問題なんですよ。今の日本人にとっては……。

それでは、これから、この表のいくつかの項目について、お話ししてみましょう。

まずわかりやすく、しっかりご理解いただくために、最後の項目から始めます。

各項目は思いつくまま、いわゆるアトランダムです。ごめんなさい。

でも最後になった「教育場」は、私の結論なのです。

戦後の日本の教育は結果として、「A型人間を創る教育だった」と言えるのです。

しかも、Bである家庭や社会の教育力が衰えてきたため、相対的にかなりレベルの高いA的人間が大量に生産されてしまったと言えるのです。アンバランス人間の誕生です。

このような教育の世界で、「知識偏重」、「ゆとり必要」とかが叫ばれ、これまでおよそ十年間、いわゆる「ゆとり教育時代」がありました。

このこと自体は、教育関係者がA能力（知識詰め込み）の過剰に「待ったをかけた」ことであり、正しい判断だったと思います。

特に、義務教育である小中学校を中心に行なわれた意味は大きかったと思います。

ところが、このねらいは見事に外れ、家庭教育の復活もままならず、おまけに「学力の低下」という現実もつきつけられてしまったのでした。

ＡＢの高いバランスを試みたかにみえたこの教育改革も、ここに来て行きづまりを迎えているのです。

そこで、再び指導要領の改訂が行なわれ、平成二十四年度から大幅に学習内容を増やすことで、「学力低下に歯止めをかける」方向へ向かうことになりました。

平成二十三年度から小学校の教科書、平成二十四年度から中学校の教科書が改訂されます。

これによって、果たしてどうなるかわかりませんが、ここでは、「教育とは何か」という問いに対して、私は「AB両者の同等価値バランスだ」とお答えしておきましょう。

また、AもBもあまりうまくいっていない、またはバランスが悪い理由については後述することにします。

さて、ここからはいくつかの項目について、簡潔に述べておきましょう。

・「情報知」について

平成二十三年三月十一日に起きた東日本大震災で被災された方々についてはお気の毒でしかありません。

そんな中にあって、被災を免れた集落があったそうです。

「地震があったら、まず火を消して、どのルートで、どこへ避難するか」と訓練します。

これはA能力である「知識」（論理）です。

想定内の地震ならばそれで対応できます。

しかし、想定外の地震では対応できない場合があることを私たちは重く受けとめなくてはならないと思います。

「明治時代に大地震を経験し、祖父母から語り継がれた結果、高台に移住した集落は無事であった」ということです。

これはB能力である「知恵」（実践経験）です。

・**「理解法」について**

私たちは先生や上司や友人などから、何かを教えてもらい、説得されて、「分かったよ」と言ったりします。それは俗に言えば、「頭で分かる」ということです。「会得」は辞典によれば「十分に理解して自分のものにする」とありますが、イメージとしては「頭で分かる」ということです。理性的な理解だと思います。

それに対して、「感得」は自分自らの経験等によって、実感（心で）した場合の理解です。

また、物を動かす場合はA能力で十分ですが、人を動かす場合はB能力も必要になるため、両者の理解を融合させた「納得」（C能力）という高レベル能力が必要なのです。

現代人がなぜ「人を動かす、子どもを教育するのが苦手」なのか、すでにお分かりいただけることでしょう。何しろA型人間に教育されてしまったのだから……。

人というのは、「分かるけれど、あなたにはついていけないなあ」といいますよね。

つまり、「会得」しても、「感得」できなければ、要するに「納得」できず、動かないということです。逆に言えば「人は納得すれば簡単に動く」ということです。

人を動かしたいと思っている人（政治家・企業経営者・教師等）は、B能力を本気で磨かなければならないでしょう。

・「社会観」について

原始時代のいわゆる「村社会」からはじまり、形を変えながらも、人間は「社会共同体」を作ってきました。特に物作りの分業化がはじまった時代からは、貨幣経済が進み、物の価値が貨幣価値に置き換えられるという方向に社会は向かっていきました。

特に日本では戦後六十五年ほどの間に、高度成長時代を作る国策もあり、目に見える価値が優先されてきたのです。

ＧＮＰがどうのこうの、個人所得がどうのこうの、物の多少がどうのこうのなど、可視化できる数値や物品が大切にされてきたのです。その経済優先社会もすでにバブル経済時代を経て二十年も経つ。にもかかわらず、未だに国も企業も「また来た道」を夢みているかのようですね。物だけで心の豊かさがない社会を。

今日本は「ただ単なる経済的復興計画を立てればそれでよいという時代ではない」ということを、誰も（政治家ではなくても）薄々感じていることでしょう。

東日本大震災の復興は一年でも早く急がなければならないと思いますが、すでにジャーナリストが指摘しているように、「復興にからんだ利権企業と政治家の関係」も注意しなければならないでしょう。

ではどうすれば「旧来型経済発展モデル」から離れ、「未来型経済発展モデル」を構築できるのでしょうか。誰もこの問題に対する有効な考え方や方法（思想と実践）を探していますが、未だに発見できないでいるのです。

そこで、私はここでそのヒントを提示させていただきたいと思うのです。

今までA優先できたそのつけを、Bによって返すということです。

「AとBの能力は同等の価値をもつ」と書きました。

この半世紀あまり、日本国の人々はAを追いかけ、それだけならいいのですが、「Bをつぶすことが最大の幸福」という幻想を生きてきたような気がするのです。

その幻想は現実になっていませんか……。

経済学者は言う。

「日本は物づくりの国だから、これがなくなれば雇用が増えず、失業問題がさらに深刻になる云々……」（A的考え方）

しかしながら、これからの時代、日本の根源思想である環境リサイクル技術や他国ではまねのできない特殊技術分野以外の製造業は、成長が難しい時代になるのは明らかです。

また、物や所得の増加はすでにアナクロニズムであり、時代に合わない。

したがって、雇用問題も物づくり企業で解決するのではなく、サービス業等へシフトしていくことになるでしょう。すでにそうなりつつあります。

人をあつかうことになるのだから、Ｂになる。今までつぶされてきた「心理」や「目に見えない（不可視）もの」が大切になってくるんですよ。

ところが、くりかえすようですが、戦後の教育はＡ人間を作ってしまったために、Ｂの人材が不足し、仕事のミスマッチ（仕事はあるけれど自分には合わない）によって失業問題がおきているのではないでしょうか。

よって、これからの時代はＢの人材をより多く創るような教育システムを創ればよいという結論になります。

それをどうするかの具体策は最終章で述べさせていただきます。

以上、ここまで「教育とは何か」について、私の考え方（思想）を述べさせていただきました。

「人間の能力（ＡとＢ）についての他の項目」も、読者の皆さんの想像力により、およそご理解いただけるものと信じております。

また、これからの各項においても、これはＡ、これはＢという事がらが出てまいりますので、この項の「分類表」に追加しておいてください。その都度全部に目を通していただくことで、人間のやっていることが非常に鮮明に分かり、今まで見えなかった部分が、面白いように見えてくることでしょう。

なお、この教育論が書かれる前に、多くの専門家（非Ａ型）の方々の著書、辞典、新聞著述等参考にさせていただきました。論に登場する方々は、尊敬（リスペクト）できる方々ばかりですが、文の流れによっては、敬称敬語を省略させていただきました。予め、ご了承ください。全ての方々に心から感謝いたします。

また、この論に出てくる言葉の中で、『体力』という言葉の定義は、次のようにしています。『体力＝体質（強い体）』です。「体格（体の大きさ）」ではありません。また、『健康』は「一病息災」という考え方をしていません。ご理解ください。

■学校教育の重要性

前項では「教育とは何か」という、人間の根源的な問題について、私なりの考え方を述べさせていただきました。そして、戦後（昭和二十年以降）の日本の国家教育（公私教育とも）は全体として、A型人間を養成してきたとも書きました。

動物（人間以外）というのは、基本的にB的であり、A的教育はいらない。もちろん、警察犬や介護犬、ペット用の犬猫などは、特別な訓練や躾が必要ですが、それは除きます。

ところが、人間というのは、やっかいな生物なんですよ。社会的（A）にしか生きられないのに、生体（動物）もかかえている（B）存在なんですから……。

よって、ABとも教育が必要なんです。

Bは本能的能力だからといって、教える必要はないとも言えなくもないですが、それを理由にして、戦後はBを軽くみることで、つぶしてしまったとも言えるでしょう。

したがって、本来、国家教育は、AB両者とも同じ位重要なんだよという「バランス」を教えなければならなかったと思うのです。

それがうまくいかなかったのはなぜかについては、次項にゆずることにし、国家（学校他）教育はきわめて重要であることを、少し書いておきます。

それは次のようなことです。

たとえば思想教育（ややB的）も、一神教的な教えを子どもたちにしてしまうと、異宗教国家間にいわゆる「バカの壁」を作ってしまいます。

いつまで経っても和解できない頭になってしまうのです。「イスラム教とキリスト教がうまくいかない」というようなことです。

人というのは、生まれた瞬間は誰も無垢《むく》です。「僕はイスラム教を信じてる」と叫んで生まれてくるものではないでしょう。

親や先生や回りの人々の影響を受けて、そうなるのです。

仮に、イスラム教徒の赤ちゃんと、キリスト教徒の赤ちゃんを交換して育てたらどうなるでしょうか。

イスラム教徒の子どもがキリスト教徒になり、キリスト教徒の子どもがイスラム教徒になってしまうでしょう。

赤ちゃんは最初に聞いた言語をまず覚えるそうです。ですから、日本人の赤ちゃんとアメリカ人の赤ちゃんを交換すれば、逆言語の子どもになってしまうということになります。

国際結婚の場合はよくわかりませんが、力の強い親の言語になる（あるいは生活を長くしていく場所を優先した）のかも知れません。

なお、異なった言語を同時に赤ちゃんに教えるのはやめた方がよいそうです。

赤ちゃんの頭が混乱し、パニックになるそうです。余計なことかも知れませんが、知っておいた方がよいでしょう。

この項で私の言いたいことがもうお分かりでしょう。「人というのは、教育によっていくらでも変わってしまう」ということなのです。

私たちは「国家教育の作品（人間）」なのです。

■日本人の特殊性

戦後の日本の教育は、ＡＢバランスが良くなかったと前項で述べました。

いよいよこの項では、その理由について、考えてみたいと思うのです。

前述した通り、日本国は戦後の民主社会を、自国の力で決断し、工夫を重ねながらやってきたわけではありません。

江戸末期の黒船による外圧により、第一の開国をし、太平洋戦争の敗戦により、第二の開国を余儀無くされたのでした。

借り物民主主義、借り物教育制度であったことは明白です。

それがいいか悪いかはともかく、何かを変えようとするとき、日本人は外圧によってしか達成できない民族であったという事実です。

自由や平等を自力で獲得してきた欧米各国とは違うのです。

他国と争って獲得した何かを持つ国とはレベルが違うのです。

本来ならば、明治時代初期に、この日本をどうデザインしていくのか、十分な議論を重ね、日本的な道を構築していかなければならなかったと思うのです。

ではなぜそうならなかったのか。

その鍵（原因）は二つあると私は思っているのです。

一つは、日本人は好奇心がきわめて強い。

もう一つは、日本人は器用な人が多い。

もともと日本人は、たとえば欧米の哲学者のように、しつこく議論することを好まない。他の分野の議論も同様です。以心伝心というじゃないですか。最近は少し変わってきたかも知れませんが……。

また、自然を意識した生活から、自然色に対する美意識も高かったと言えるでしょう。

こんな日本人が明治時代に見た欧米の生活文化、様式は、新鮮なおどろきと好奇の的になったに違いないのです。

確かに日本にも天才画家である江戸後期の北斎や写楽もおり、欧米の画家に逆影響を与えたという事実もあるようですが（そのためこの二人の作品の多くは日本から流出し、欧米の美術館に所蔵されている）、日本人は日本人で、西洋の物品に魅了されたと言えるでしょう。人というのは、自分にないものがほしいのです。古今東西同様でしょう。

それまで鎖国が長く続いていたせいもあって、好奇心が強い日本人はなおさらです。

同時に、西洋合理主義思想と、それにともなう大量生産技術が導入され、西洋文明を取り入れることが、絶対価値となっていったと考えられるのです。

この時点から、日本人は自然主義から決別し、物質合理主義（生活機能）世界へ突入していったのだと思います。

Bを捨て、Aを選んだということです。

それに拍車をかけたのが、もう一つの理由である日本人の器用さだったと思うのです。あの時点で百年以上の歴史を持つ西洋技術は、どれも目を見張るばかりのもので、工業製品から医学にいたるまで、一日でも早く取り入れなければならないものと錯覚してしまったのです。

そして、さっそく取り入れた。

もし無器用な民族であれば、「やっぱり日本人には無理だなあ」となってしまったところが、やってみたら、おもしろいようにできてしまったのでしょう。

物事はどんなことでも、興味があって、できそうなことがあれば、人というのは少しぐらいつらくても、やる気が出るものです。

器用さのある日本人は、つらさどころか、物づくりの楽しさを、様々な技術などを経験しながら、西洋文明にはまってしまったのでしょう。人はこの時点で、他のことにブラインド（見えなくなる）になってしまったと考えられるのです。A型人間の誕生です。

また、器用な人というのは、何かをやっていないといられない人が多い。

常に体（手先も含めて）を動かします。

その結果「まじめな人」となってしまうのです。

個人の意思はあまり出さず、コツコツまじめに仕事をする日本人にとって、集団共同行動でする製造業などはとてもうまく機能し、多くの製品が生み出されてきたのでしょう。

以上のようなことから、私たち日本人は、「極端」から「極端」へと思考が移動し、レベルの高いＡ型人間へと変身していってしまったと言えるでしょう。

また、日本人は過去をすぐに忘れてしまうのも面白い特徴です。「過去は水に流す」というような言い方もありますが、それがどこからくるのか、私もよく分かりません。

この特徴も悪いことばかりではないと思いますが、今ここで知っておいてほしいことは、世界的にみても、思考をうまくコントロールできないで、ＡならばＡだけ、ＢならばＢだけというようにどちらかに偏り、突っ走ってしまう性格があるという自覚なのです。

西洋では、歩きながら考える、考えながら歩くというような哲学や思想がありますが、日本人にはあまりありません。

走るときは何も考えず、それで行きづまると少し考える。また走り出す。そんなことのくりかえし。全体として、思考停止の行動が好きなんですよ。考えることは苦手なのかも知れませんね。

さて、ここからは、そのような日本人をうまくコントロールして、国際的にも通用するような人材を育てる施策をしなければいけない日本のリーダー（政治家）が、いかに少なかったか、あるいはいても無視されてきたかについて少し書いてみたいと思います。

戦後を中心としますが、もう少し遡《さかのぼ》って、思想の流れを観てみましょう。

明治時代初期は前述したように、西洋合理主義思想を無批判に取り入れ、物質中心政策を押し進めた。この時期、教育も変更され、学制による小学校教育が開始された。

それはそれで悪いことではなかったと思いますが、ここで問題になるのが、同時期に行なわれた「富国強兵」政策なんですよ。

欧米各国はすでに強力な軍事力を持ち、日本に関係を強要してきていたのでした。

欧米文化による「文明開化」は必ずしも悪くはなかったと言えるのですが、すでに百年以上も前にいわゆる産業革命を終えた国々は、科学技術の悪用により、武器も大量に生産してしまっていた(⁉)のでした。

これに対抗するため、政府はこの政策を行なわなければならなかったと言えるでしょう。

そして、明治中期、「教育勅語」による忠君愛国の道徳により、天皇制の教化とともに、軍国主義への道へ向かっていくのでした。

「民生用の物づくり」から、形を変えて「軍国用の物づくり」へと、思想統制されながら、突き進んでいったのです。

走ることしか知らない日本人が次に直面したのが、やってはいけない戦争だったのです。

日清日露戦争がそれです。

ここで敗れていれば歴史も変わっていたかも知れませんが、幸か不幸か勝ってしまったのです。

日本は強い（軍事力）国だという思い込みが、国民の頭の中に刷りこまれてしまったのです。意識（A）が、無意識（B）の世界へ入ったとき、人は錯覚（マインドコントロール）下におかれるのです。一神教の世界です。

誰かにそれを解いてもらわないと、自分を止めることができなくなります。

次の大戦で、米国に原爆（やり方はよくなかったと思いますが）を投下され、はじめて目が醒《さ》めたとも言えるのです。

ここでまた、米国の力を借りて、民主主義、教育制度の見直しをし、自由平等を基調とした資本自由主義社会へと歩みはじめたといえるでしょう。

この体験から、「軍国主義はよくない」ことを学び、これから背をむけるようになったことは進歩です。

人は懲《こ》りないと、次の行動に移れないものなのです。

例えば、アルコール依存症の人を指導するのに、お酒を一日にこの位にしてというような指導では全然ダメだそうです。

自分をコントロールできる人は、依存症にはならないのです。それができないから依存症になるのです。

ではどうするか。

このような患者さんには、どんどん酒を飲ませて、死の一歩手前まで経験させます。

その過程で死んでしまえばそれまでです。

医師は確約書のようなものを、その家族の人から取って、治療をするようです。

死に近い経験をすると、人はもう懲《こ》りて、「さあどうしようかなあ」と考えはじめるのです。

ここから治療がはじまるというわけです。

さて、本題である、戦後の政治の流れについて、少し書いてみることにしましょう。

終戦後、まず吉田茂（敬称略、以下の方も）。

戦後六十五年間ほどの時代の中で、最も力のあった首相でしょう。

あの米国（勝利国）のマッカーサー最高司令官と対等にわたりあい、軍備よりも経済発展を重視しました。多少の対立はあったと思うが、戦後日本の経済発展の基を築いた人物と言えるでしょう。

その後、主な首相として、岸信介、池田勇人、佐藤栄作へと続きます。

池田勇人はいわゆる「所得倍増計画」を策定、経済発展を最優先させたといってよいでしょう。

佐藤栄作は、その後を継ぎ、いわゆる「いざなぎ景気」を経験し、一番おいしい時代に、長期政権を守りました。なんとさらに、「ノーベル平和賞」も受賞しました。非核三原則「持たず、作らず、持ち込ませず」です（受賞理由）。

次に登場するのが、田中角栄です。

戦後約二十年が経過し、いわゆる五十五年体制（自由民主党と日本社会党の二大政党中心政治）の中心的存在です。

二大政党時代とはいえ、実質的には一党支配の自民党時代がこれから二十年ほど、まだまだ続いていくのです。

高度経済成長も、ニクソンショックとともに終わりを告げたが、技術力に優れた日本国は、その後も経済成長を続けていきます。

この間の首相を並べてみると、太平正芳、中曽根康弘、竹下登、宮沢喜一などです。

戦後から約半世紀、日本は技術立国であるという堅い思い込みから、A型人間を創る（技術優先）教育をずっと続けてきたのです。

この歴代首相達は、ほとんどすべてA型思想（経済発展だけが、国民を幸福にする）でやってきた人々であると言ってよい。

ただこの中で一人だけ異なった首相がいました。

それは大平正芳です。

この政治家は、いわゆる地方利権がからむ大半の政治家ではありません。

また、旧帝国大学出身のエリートでもないのです。

「経済成長優先政治の見直し」が、彼の中にあったのは明らかです。

政治家、特に一国の首相という人物は、「現実の社会だけ考えていればいい」という器ではダメだということを示した人だと思います。

彼は三十年、五十年先の日本を考えていたと思います。

それに対応した新しい教育システムビジョンも、頭の中にあったかも知れません。

不幸にも、党内対立と、急死により、わずか二年程度で首相生命を終えたのです。

歴史を進めましょう。

五十五年体制も、バブル経済期に終わりを告げ、いよいよ野党革新政党の一つ、日本新党の代表であった細川護熙《もりひろ》内閣が誕生したのです。

彼の政治ビジョンも、経済優先主義の見直しにあったと思いますが、やはり不幸にも、短命に終ってしまったのです。

その後はまた、羽田・村山内閣を除けば自民党政治にもどり、経済も、教育もさしたる改革もなく、以前と同様の政治に帰っていったのです。

それからおよそ八年、二十一世紀に入り、次の時代への希望の星として、小泉純一郎が首相として登場してきたのでした。

あの有名なセリフ、「自民党をぶっ壊《こわ》す」というのは、旧来の派閥政治から決別することを目指すものでした（新時代リーダー思想）。

彼がやったのは「郵政民営化」です。でも、この時代にやるべきことの優先順位としては、それほど高くなかったのではないでしょうか。

経済と文化福祉、医療、教育などについてのニュービジョンは明確に示されませんでした。スター性が求められる首相としては、レトリックもあり、今までのタイプとは違っていたと思いますが、現時点で考えると、どんな存在意義があったのか、わからなくなります。

あれからおよそ十年が過ぎ、いつの間にか、自民党から民主党へと政権が移っていったのでした。でもまた長期自民党政権になるかも知れません。

教育に関して言わせてもらえば、結局ほとんど何も変わっておらず、「物づくり」を目指して進むA型優先人間を創る教育が今も続いているのです（知識技術優先教育）。

戦後二十五年位は物が少なかった時代だから、それでよかったかも知れませんが、ここ二十年位は方向転換すべきだったにもかかわらず、先送りされてきたと言えるでしょう。

手先が器用だった日本人が、政治的無策を理由に、無反省にA型人間を自ら創った結果、かなりレベルの高いA型偏重人間になっていくのは、ある意味で仕方のないことかも知れません。

この日本人の特殊性が、科学技術という魔物によって、戦争思想と同様にマインドコントロールされ、やがて不幸な結末を迎えることになるのです。

それはどういうことか、次の項でいくつか書いていくことにしましょう。

アクセルは得意でも、ブレーキが苦手な日本人が、いかに危険な状態にいるかを、よく知っておいてほしいと思います。

■学校教育VS塾教育

学校教育の重要性は前述した通りです。

国の教育方針により、かなり違った人間像（作品）ができてしまうことになります。

確かに「人の持つ性格や器用さなどは、遺伝性もあり、教育でどうなるものではない」という、冷めた見方をする専門家もおりますが、それは「人は変わらないものだ」とする見方からくる発言だと思うのです。

私は「常に人は変わるものだ。また、教育は人を変えていく作業だ」と考えてきた者なので、あまり信じたくないし、信じないのです。

もちろん、器用さをつぶせ、一本気をつぶせ、「真実一路」、「正直一徹」、「一君万民」、「挙国一致」など、日本人が戦前から持っていた国民感情も0にせよ、というつもりはありません。ただそれらの事実なり、思想なりも、マインドコントロール化におかれていたことも今ならば分かるでしょう（戦前派の人々）。

そして、特に科学技術者や、それを支える学者なりも、自分の思想をしっかり持たなければ、国家思想に悪用（たとえば、核兵器）されかねないのです。A型人間の宿命ですね。

器用さにも、自己規制をかけることが必要になってくるというわけです。

さて、以上のようなことをふまえて、学校教育の本来のあり方を考えてみましょう。

それは一言で言えば、次のように言えます。

「民主国家の教育（公私立とも）は、幼児から大学まで、自由平等公平な思想に基づき、ＡＢ融合型（Ｃ型）人間をしっかり創る」ということ。

これが、私が考える教育の理想です。

この視点からみると、現在の学校教育制度がきわめてあやしい制度であることが分かります。

それはどういうことか、具体的に問題点をあげてみることにします。

細かい点をあげればきりがないので、ここでは大きな問題点を二つあげておきたい。

この部分を改革改善していけば、日本の教育はかなり良くなるだろうと思われます。

一つは、教師の質の問題なのです。

もうすでにお分かりのように、現在の学校教育は「知識中心」のＡ型人間養成教育です。

そして、教師そのものが、同様の教育を受けてきた人々です。しかも、現行の教師は高学歴（短大卒以上）でないと、教員試験を受験できず、教師免許を取得できません。

その場合、小学校までの先生はよい（うまくいっている）のですが、問題は、中学、高校の先生なのです。

かなりレベルの高いＡ型人間になってしまっています。

ところが、教育を受ける子ども達は、先に書きました「人間能力分類表」によれば、Ｂ型人間なんですよ。小学生に比べればやや大人に近づくことは事実でしょうが、身体はともかく、まだまだ精神的（心）には子どもですよ。

AとBがぶつかるのは当然です。

教育は、「BをAにすること」と、マインドコントロールされた教師達は錯覚し、各教科内容をそれぞれ勝手に教えます。

小学校の先生は、ほとんど全ての教科を一人で教えます。各科目の関連性も教えます。ところが、中学校になると、一気に変わります。それぞれの教科を、それぞれの先生がバラバラに教えます。責任の所在が不明。

また、急に教え方が「上から目線」に変わるのです。ここで、子ども達が一気に大人にされるため、勉強ぎらいが増えるのです。

これに気づかないA型教師は「お前たち、まだわからないのか、バカだなあ」という態度で、その後も教え続けていくのです。

子どもを教えるということは、「教育」というよりも、「共育」なんですよ。

教師も子ども達から何かを学びながら、やっていくものです。

ABのバランスを取りながら……。

また、理科系科目はAだけれど、文科系や芸術系、体育系は、一般的にはBでしょう。

ところが、どう考えたって、今学校でやっていることは、全ての科目が知識技術の詰め込みなんですよ。

例えば国語で「物語」を教える。

「物語」など文学的文章は「読み味わう」ものです。

でも、分析中心（A）になってしまう。

それだけならまだいいのですが、自分で勝手に解釈して、生徒に押しつける。

これは「教育」ではなく、「狂育」ですね。

「知育、徳育、体育」も言葉のあそびのように思えてなりません。B能力は無視される。

教師自らが「非A型人間」になる努力をし、生徒に近づかない限り、うまくいかないでしょう。五十代以上の教師はアナクロニズム的であり、早く引退してほしいです。

また、若い先生はパソコンもうまく、きれいに試験問題なども作れますが（私の世代は苦手）、大切なことは、生徒に寄り添って物事を考えることです。それだけでいいんです。

教育機器などは必要最低限あればいい。

次に、もう一つの問題は、一クラス定員が四十名程度であるということです。

最近では少子化のために、三十五名程度になっているクラスもあるようですが、これからの時代こそ教育が最も重要な国の仕事であることを考えると、一クラス二十～二十五名程度にしてほしいと思います。短期間では無理かも知れないが……。人を大切にするのか、相変わらず物を優先するのか、日本国の姿勢が問われます。

以上のように、日本の教育は、まだまだ五十年前の昔から、さして変わっていないということです。形骸化した制度の一つなのです。

最後になりましたが、私のような一生涯私塾をやってきた立場の人間からの発言を書いておきます。

本来、塾という機関は必要ないものです。

他の習い事のように、例えばピアノ、習字、そろばん、スイミング等は、学校では個人的に教えてはくれません。

だから、習いたいことがあれば、趣味的に通うことになります。これはこれでいいでしょう。個人的な楽しみを提供してくれる所です。学校とは一味違う私教育機関でしょう。

ところが、学習塾は違います。

「学校の勉強がわからない」、「計算がよくできない」、「漢字をもっと書けるようになりたい」など、いろいろな要望があって来塾するのです。

また、「大学、高校へ進学したほうが、子どもの将来にとって有利になる」という考え方から、入塾させる保護者もいるわけです。

前者は「補習目的」、後者は「進学目的」ということになります。

本来ならば、学校教育がすべてを解決してくれるはずであったのに、うまくいかず、子ども達は私塾に流れたと言えるでしょう。

私塾は義務教育ではないため、強制力で生徒を集めていません。あくまで自由意志です。

ここに教育の原点があるのです。

また、ここが重要なことなのですが、私塾（私のような個人塾）の人間は、非A型人間が多いのです。別に意識しているわけではありませんが、結果として、そう言えるでしょう。

もし、私塾の人間が学校の先生と同様に教えていれば、「やっぱりわからない」と言って、やめてしまうでしょう。塾は倒産します。

四十年以上もこの道でやってこられたということは、「学校の先生とは違うところがあった」ということになります。

子ども達はわからないから来るのです。「わからないことをわからせる」のが、塾教師の役割だし、使命だと思うのです。

本当の人間としての力量（ＡＢの総合力）が問われているのです。

教育の問題は生来からくる能力差の問題もあり、難しいものですが、小学校はいいとしても、中学、高校教育制度に抜本的なメスを入れなければならない時代に来ていることを指摘しておきたいと思います。

なお、次の項では教育をゆがめている「進学競争」に関して、その原因と方向性を書いておきたいと思います。

■「目的」と「手段」が逆転した教育

「学校教育がおかしい」と言われてから、もう数十年は経つだろうか。

何の抜本的変化もなく、相変わらず「勉強がわからない子どものための受け皿」として、学習塾は増えていったのでした。

本来塾は、私のような個人塾は、「必要善」でしたが、一九八〇年代位から、大資本による、大手チェーン塾がどんどん進出し、本来の教育から逸脱して、「必要悪」としての「教育産業」に独占されるような時代になってしまったのでした。「進学」を中心とした教育（試験技術を中心にした）がまともな教育ではないことは、すでに多くの識者が指摘している通りです。

ではなぜ、そうなってしまったのか、この論をこれまでお読みになった方なら、即時お分かりのことでしょう。

経済成長時代は、言い方を変えれば、日本では「物づくり中心時代」でした。

「物づくり」には、知識や技術が必要です。

製造業は当然ですが、金融業や他の産業も、高度な知識が必要です。

それを教えてくれる所はどこか。

大学をはじめ、専門学校、職業訓練校などです。ではなぜ大学進学が過熱したか。

理由は簡単ですよ。

大手企業が大学卒の給与を（中小企業より）高く設定したからです。

高校卒の人より、大学卒の人の方が給与が高い、さらに大手企業の方が中小企業より高いとなれば、誰だって、その方向へ向かうでしょう（可視化できるものに価値をおく風潮）。

そして、知識を測定する（可視化できる）偏差値が導入されてから、「おかしな教育」はさらに加速しました。

大手企業＝一流大学（偏差値の高い）＝一流高校という連鎖は止まらなくなったのです。

この風潮を追い風（？）にして、大手進学塾はその教室数を伸ばしていったのでした。

時代の価値観の変化や少子化にもかかわらず、相変わらず高学歴（高偏差値）志向の人々の間では、予備校、進学塾は根強い人気があるのです。

私は「勉強は必要だ」と思っています。

大学は本来、勉強する所であって、「手段」です。ところが日本では入学することが「目的」になってしまっています。

よく言われる言葉に「日本の大学生は入学すると勉強しなくなる」。でもなんとかなってしまう（大学卒の肩書きが得られる）のが、おかしなところではあります。

もし、企業が全体的傾向として、大学卒と高校卒の給与をほぼ同じにするというような方向へ向かうならば、「目的」と「手段」は正常にもどり、「大学は勉強（学問）のために行く」のであって、「就職のために行くのではない」という感覚が芽生えてくるだろうと思います。

そんなことを私は未来の姿として、想像、夢想しているのです。

そんな社会を創るために、企業に期待することも大切だが、前述した通り、教育制度そのものも変えていかなければいけない。

その具体策については、後述（第五章）させていただくとして、ここでは次に、進学競争のもたらす弊害について、うすうす気づかれてはおられることとは思いますが書いておきたいと思います。

現代の日本社会の中で、どれだけ問題なのかが、あらためてご理解いただけることでしょう。

誰もが「なんとかならないのかなあ」と悩んでいることなのです。

「目的」と「手段」が逆転した社会では、変な現象が起こります。

よく言われるのが、「学歴」（大学卒業）がものをいう。「学力」はあまり問われない。

いわゆる「学歴偏重主義社会」です。

自分で会社を作る人は別として、大多数の人にとっては「学歴」が意識される。

人間にとって、「学力」こそ最重要視されなければならないのに、それが評価されにくい。

しかも、知識優先教育のため、A能力の高い、いわゆる一流と呼ばれている国公立、私立大学の卒業生の評価が高いことになっています（高いことになっていると書いたのは、本当は違うのではないかと思っているからです）。

さらに、問題なのは、このような大学の学生達は、偏差値という魔物の洗礼を受けつつ教育されてきた人々です。

大学の勉強がそれに拍車をかけることになります。専門分野の研究をするということは、それだけレベルの高いA型人間になるということを意味します。B能力はつぶされていくのです。本人達はそれに気づかない。

まして、一流大学の学生は「まじめな日本人の代表」と言ってよい。

私のような団塊世代の人間もまた、まじめな日本人であったと思うが、基本的なまじめさはあまり今でも変わっていないのではないかと思うのです。

しかし、くりかえすようだが、一方向に走っていくまじめさほど危険なものはないのです。これではいけないと思います。

「まじめすぎる」のも考えものなんですよ。

一方、入学したら勉強しないで、アルバイト中心の生活をする学生はどうだろう。

こちらのタイプの人は、まず学力が一気に落ちる。今までせっかく勉強してきたのに、それを生かせない。だからといって、B能力が高まるわけでもない。早くから社会にかかわることで、計算高い（A能力）人間になってしまう恐れがあります。

AはAでも、学問におけるAよりも、レベルが低いAを身につけてしまうのです。

これもまた、問題なんですよ。

そうして、これらの二つのタイプの人々が社会に出ると、本当に困ったことが起こるんですよ。それについて書きます。

まず、社会は前者のタイプの人を、「エリート人間」という呼び方で迎えます。

本人達も「エリート意識」を持ちます。

そこまではまだいいのだが、危険なのは、「意識」（A能力）が、やがて「無意識」（B能力）の分野領域に入ってしまう瞬間からなのです。

A型人間が「偉い人だ」と錯覚（マインドコントロールの世界）してしまう。

「俺たちは偉い（何が偉いか本当はよくわからないのだが）」「あいつらはバカだ」という意識、そうです。それが困るんです。

ここで、現代社会を混乱、停滞、閉塞させているキーワードを提示させてください。

それは、『格差意識』なんです。

高レベルA型人間は「優越意識」、それ以外の人間は「劣等意識」を無意識領域まで、超洗脳。

東日本大震災は誠に痛ましい。

そんなことは誰でも分かっています。

今日本人が同様に知らなければならないことは、この「格差意識」なんです。

東日本大震災では、二万人近くの人々が死亡または行方不明になりました。

しかし、少し次のことも考えてみて下さい。

それは、日本人のここ十年間の自殺者の数です。正確ではないかも知れませんが、ほぼ毎年三万人を超えています。

ある時期（バブル崩壊期）から増えはじめ、ここ十年間、高水準で推移しているようです。

少子化を考えると、高止まりです。

自然力によって強引に命を奪われる。

それもつらいことですが、自殺とは「自分で自分の生命を絶つ」ことです。

しかも、毎年毎年、東日本大震災のレベルで、人の生命が消えてゆくのです。

異常な社会だと思う。

異常な社会は異常な人間が作っているに違いない。

政治家はこれに対して言う。

「自殺予防策」を講じなければならないと。

また、自殺の原因は「仕事がない」、「借金苦だ」、「病気を苦に」が多いと思っているようです。

私はそれに対して、次のような原因の方がむしろ多いと思っています。

「人間関係がうまくいかない」、「男女問題」、「うつなど心の病気がある」、「生きる希望がない」。

つまり、目に見えぬ意識に格差が生まれると、自分はバカだから、生きる値打ちがないなど劣等者的になり、生きにくくなるのです。

「少子化」もよく考えてみればわかります。

政治家は次のように考えます。

「経済的理由が大きいだろうから、子ども手当を出そう」と。

しかし、これも場当り的な対症療法でしかないことは明らかです。

例えば、戦前の家庭を考えればわかります。

昭和十年前後生まれの世代の方の兄弟数をみてください。五人や六人は当たり前、八人から九人の人もいるはずです。

全部が全部というつもりはありません。

あの経済的に貧しい時代に、物も食料も不足していた時代に、子どもは生まれているんです。

産めよ、増やせよという風潮はあったと思いますが……。

現在ではもちろん、国家の都合で、産ませることはできません。

以上のことから、「少子化」は別の理由があると考えられます。

それは、「子育てはむずかしいし、めんどくさいなあ」という意識なのではないでしょうか。

私はそう思っています（結論）。

まとめます。

A型エリート人間は、優越者意識（誤ったプライド）を持ち、他の人は劣等者意識を持つ。

その結果、後者が生きにくくなる。

でも、実は、両者とも生きにくいのです。

肩を張って生きなければならないからです。

また、全体として、日本人はA型人間にさせられていますので、子育てができず（B能力は苦手）、「少子化」が進んでいく。

このままのペースで、日本の人口が減少すれば、五十年後には約半分七〇〇〇万人程度になると予想されています。

それが良いことか悪いことか、私にはよく分かりません。

A型人間を作ってきた日本の教育制度が、「目的」と「手段」を逆転させ、「格差意識」を生ませた。

そのつけとして、「自殺者の増加」、「未婚率の増加」、「少子化」があり、人口減少社会になったと見ているのです。

もしこのままではいけないと考えている政治家がいるのであれば（私はいることを期待しているのですが）、本気で現行の教育制度を変更していかなければならないでしょう。

以上が日本の教育、そこから生まれた社会の現実的な流れについての私の考え方なのです。

次の項では、別の側面から、日本の教育、社会、欧米との比較等、私の考えを書いてみたいと思います。

日本の危険性が、よりはっきりと認識できると思います。それに対して、どのような方向性が望ましいのかも書いておきましょう。

■「正義」の行方

日本の戦後教育は、A型人間を大量生産し、その結果、現在の社会の様々な歪みを生み出しました。少なくとも私はそう思っています。

それらの事実や暗い社会現象のいくつかを前項で書かせていただきました。

実は、もう一つ、戦後教育の中で、肥大してしまったものがあるのです。

もともと、戦後教育は日本独自の思想なり、理念なりをしっかり持ったものではなく、米国のそれをお手本にし、指導を受けながら、ここまでやってきたものです。

それに加え、「進学競争」のあおりを受けて、大手進学塾（A型人間養成を主目的とする）に対抗する（負けてはいられない）ような方向で、学校教育そのものが予備校化してしまったのです。特に有名私立中高校などは、大学進学実績で、生徒集めをしているのが現状です。

つまり、現在の学校教育は、もともと理念がない、塾などの教育産業（やはり独自の理念などない＝教育とは呼べない）の影響も受け、二重苦の状態が続いているといってよいでしょう。方向性が見えないのですよ。

私は、ここで知識（A能力）がいけないといっているわけではありません。

私自身も多くの知識を子ども達に教えています。A教育は、個人の自由、平等、公平の視点から重要です。この重要性はこれからも変わらない。変わっては困ります。

しかしながら、ここからがさらに重要なのですが、B能力を軽視あるいは無視したために、次のような意識が強くなってきてしまったことなのです。これが問題なのです。

それは、『権利意識』なんです。

日本では、中学校までは「義務教育」です。

ところが、最近の傾向イメージとして、「権利教育」になっていませんか。

「教材費無料化」もいいのか、悪いのか、私には分かりません。

教育は人に任せることです。

「うちの子もしっかり教育してください」と。

ところが、最近では、いちいち指導に口を出してくる、いわゆる「モンスターペアレンツ」が問題になっています。

無理難題を押しつけられても困ります。

私のような私教育では、「やり方が気にいらなければやめてもらえばいい」という、切り札がありますが、公教育（義務）ではそうもいきません。この種のトラブルが多く発生しています。有効な手段も今のところ、あまりないようです。

学校側は学校側で、「指導がやりにくい」と主張し、保護者は保護者で、「それなりの言い分がある」のです。平行線をたどります。

A型人間を創ってきた教育が、教える側の役所（行政機関＝文部科学省や地方教育委員会など）、現場の教師とも、かなりレベルの高いA型人間であり、一方、教育を受ける側の保護者もまたA型人間になっています。

「A」vs「A」はうまくいかないのです。

お互いの「権利意識」がぶつかってしまうのです。

このような人間関係からは、どちらの主張が通っても、メリット（両者にいい）はない。

現代人は都市型のA的人間なんです。

自分の立場（教育側は法律を死守、相手はそれをくずそうとする）に止まってしまうんです。

公務員は法律にしばられているため、特に動くことができない人々なのです。

このような中で、最も迷惑しているのが、実は教育を直接受けている子ども達なんです。

主役がつらい立場に立たされている。

今の日本はこんな状態になっている。

これもすべて、戦後の日本の教育制度が創り出した現実の姿なのです。

この意味でも、根本的な「教育制度の改正」が必要なのは明らかでしょう。

私は少なくとも、そう信じているのです。

次に、もう一つの気になる現実について、書いておくことにします。

それは次のような教育制度の欠陥です。

我が国の社会思想（少なくとも、法の下での自由、平等、公平など）はすでに憲法に明記されています。

特に小中学校の教育には、この思想は、しっかり反映されなければならないでしょう。

ところが、戦後の教育は、経済優先主義に傾き、AB能力のバランスを考えない教育であったと言わざるを得ません。

つまり、「大人」（A）を大切にし、「子ども」（B）をないがしろにして、あるいはただ単なる「物」として、あつかってはこなかったかということです。四十人学級もそうです。マスプロ教育ではとても質の高い教育はできません。

私などは個人塾ということもあって、平均五、六人（十人以下）のクラス指導になっています。

多くは大手チェーン塾に行ってしまうこともあって、これ以上は需要がないこともあるのだが、逆に、それだからこそ、とてもよい教育環境ができます。一人一人に目が届くのです。

公教育では、「予算が限られているから」を口実にしているようですが、それは国家の思想が、A（大人）を優先し、B（子ども）を後回しにしてきたからにすぎません。半分程度が望ましいと思います。

「子どもを大切にしない国家はやがて滅びる」

少子化もそれを表しています。

経済面からのみ、これを論じるのはおかしい。それを私は言いたいのです。

それに関連して、こちらの方が、さらに言いたいことなのであるが、それは次のような現実です。

今の学校教育制度では、いわゆる「普通児」と「障害児（私はこの言葉がきらいなのだが）」はいっしょに勉強できないのです。

同じクラスで勉強できない。

確かに、「目や耳その他に障害のある子ども」は、通常のクラスではむずかしい。

それらの子どもさんには、「特別支援学校」（地方によっては名称が違うかも知れないが）などの教育機関が用意されている。盲・ろう学校の名称は変化なしと思うが。

この学校の名称は、以前差別的イメージがあったという反省をふまえて、イメージアップしたと思います。私のように「言葉にこだわる人間」にとっては、「よくやった」と拍手を贈りたいと思います。

何しろ私は、「言葉の力」で、この世の中のすべての差別、格差、不敬意などを、払拭してしまうことで、人と人とが信頼感を持てる、高度文化（高度経済社会ではなく）社会を創ることを目指している人間だからです。

ところで、私が気になる現実というのは、それ以外の「学習障害児」のあつかいです。たとえば、「ダウン症の子」は普通学級には入れない。学習障害児のクラス、たとえば「花の子クラス（名称）」などのクラスに入ります。

程度の軽い子なら、十分に普通のクラスで勉強できるし、そうさせなければいけません。ところが、他の障害児との線引きがあいまいで、法律に反する行為になるらしいのです。

だったら、この法律を変えるしかありません。

どのクラスで勉強するかは、親が決めるという形がいいと思うのです（自由意志）。

手間のかかる子は、他の子や勉強の進度にマイナスになるという考えがあるとすれば、A型人間の代表である官僚が考えそうなことです。戦後、民間は当然だが、国家そのものも、経済効率、利便性を第一にいいものと思い込み（洗脳されて）、やってきました。

これでは、とても憲法の思想（自由・平等・公平など）は反映されているとは思えない。

教育というのは、効率を求めることではない。むしろ逆です。勉強のできる（ただ単に記憶力のいい遺伝子をもらっただけ）子も、できない子も、運動のよくできる子も、できない子も、いっしょに学習し、その中で、人間とは何か、なぜ助けあわなければならないのかとか（道徳）、自分の能力を見つけながら、将来、自分のこの世の中にある役割を自覚させる、やっていいこととよくないこと等を判断させる（正義）などを自ら学んでいくことです。

口を開けば、国は言うでしょう。

「差別でなく、区別だ」と。

「経済活性化にお金がかかって、教育に回らない」と。もうこんな文言は聞き飽きました。

時代が一八〇度変わっているのに、発想や視点がほぼ戦前のままです。

断っておきますが、「教育は人」です。「教師の質」につきます。社会が悪いから、ロクな教育ができない、教育が悪いから、社会が行きづまる、混乱する。そのどちらも、言えないことはないだろう。相互関係にあります。

だからといって、公教育の教師（国民を創る役割、使命を持つ）が、「無策の策」（どうせ、子どもなど、なるようにしかならない、なにもやらなくても子どもは育つ、適当にやっておけばいいなどと）で、にげ教育をやっていては、この国の未来はない。

つまらない教育機器（電子黒板など）は必要ありません。自慢じゃないが、私の塾などは、カラーボード一枚しかない。それで十分だからです。私の世代は機器を使えないこともある。

教育は知識（A）を教えるだけではない。教師を増やし、人間をダイレクトに教えることです。いじめ問題にも有効だと思います。

もちろん、このような現実の中でも、公教育の教師、私のような私塾の教師、この国の教育を憂えている人々の中に、少数派のつらさを感じながらも、戦っている人々がいることを知っている。頭が下がります。

そのような人々から見れば、「今の教育なんて、毒にも薬にもならない」と感じているのではないか。このままではいけないと……。

学校教育は、この他にも、「不登校児の問題」、「勝つことだけを意識させる部活動」、一方で、能力差を評価しない「悪平等主義」（皆仲良く一等賞）など問題が多くあります。思想が具現しない。

憲法思想があるのに、「道徳」も「正義」も（黒板ではなく、身をもって）教えられない。これでは特に公教育は、このまま衰退するしかないだろう。

■日本型組織（現代）の危険性

前項では、日本の教育が、戦前（昭和二十年以前）ならば、「軍国主義」思想、それが消えた戦後は、「経済優先（西洋科学万能＝明治初期以来すでにあった）主義」思想により、国民を洗脳してきた実体を書いたつもりです。

特に戦後は、優れた日本国憲法（米国の知恵を借りたものだが）があるのに、A能力に偏った教育を行い、その思想の具現化に失敗しました。

ABのバランスを保つような教育であったならば、より確かに、その思想（自由・平等・公平）が、A的（社会意識）のみではなく、B的（心理意識）にも理解され、実感できる（身にしみて分かる）社会に、日本は構築されていただろう。

私はそのように考えているのです。

この項では、不幸にも、A型人間にさせられてしまったこの国の国民が、民間企業組織にしろ、官庁組織にしろ、今まで創り上げてきた組織に大きな欠点が出ても、何ら不思議はないと思っていた私が、二〇〇〇年頃から考えて（予想して）きたことを、少し書いておこうと思うのです。

まず日本人が「特殊な人種」であることは、すでに述べてきました。

「器用であること」と「好奇心が強いこと」。

また新たに、ここでもう一つつけ加えておきたい性質があります。

それは、「宗教的寛容さがある」ということです。一神教の国ではない。

すでにご存じのことでしょうが、世界の半数以上の人々が、一神教の世界で生きています。

人間というのは、長く慣らされてしまうと、洗脳されている意識も消え、「考えなくてもいいから楽だ」の世界へ入りこんでしまうものです。

しかし、そのような心的世界で生きる人々にとっては、「自国の正義は絶対善」です。

一神崇拝です。異論の余地はありません。

「X国の正義」と「Y国の正義」は当然はじめから違ってきます。そこに「バカの壁」が立ちはだかることになる。いつまで経っても平行線……。

日本はどうか。

仏教国ではあるけれど、他の宗教に比べて、仏教はもともとあまりおせっかいではなく、押しつけがましい宗教ではありません。

そこで、幕末以降特に日本人は様々な宗教を受け入れ、新興宗教を含めれば、何と全国に数千種類の宗教団体が存在するといわれます。

これだけでもおどろきですね。

そのような性質がどこからくるのか、それは多分、自然神（多神）思想からくるものであろうが、ここでは論点が違うので、これ以上書きません。とにかく日本は宗教天国ですよ。

さて、このような日本人が組織を作ったらどうなるか。私は次のように考えてきました。「器用さ」と「好奇心」が災《わざわ》いして、異常なスピードで「物」を作っていく。「文化」をはさむことができなくなるため、年中いそがしい。

動いていないといられない。いわゆる「器用貧乏」になる。余計なことは考えない。

日本の製造業は、高度経済成長期に、その組織を大きく拡大し、世界一の技術（A型人間の大好きな言葉）を誇り、時に、欧米から「エコノミックアニマル」と皮肉や揶揄《やゆ》を受け、それでもなお走り出したら止まらない「モーレツ社員」をかかえながら、やってきたと言えます。

航空など運輸、通信、金融などの業界も基本的には同様でしょう。

特に大手に成長した企業ほど組織が複雑化して、どこかに無理が出ることが予想されたのです。

バブル経済を経験し（これもいつかは来ることであったのだが）、十年ほど経った、二十一世紀のはじめ頃、今後十年位の間に、すべての大企業にとって、「あぶない出来事」が起こる可能性があると感じていたのです。

あくまでもB能力（感知）です。

具体的には、「倒産」「事故」「クレーム」「粉飾決算」「顧客不義」などです。

この予想は、次々に当たったといってよい。

これは決して結果論ではありません。

分かってほしいです。

私は、前述したように、五科目（数・英・国・理・社）全て、中学生に教えています。それぞれの専門家からみれば、浅いかも知れません。

しかし、「何でも屋」からは、それぞれの分野の関連がよく分かるというメリットがあります。

私も一応理系の人間なので、数学が好きです。文系の人のために、少し話をさせてください。

細かい数値は出てきませんので、ご安心ください。

「演繹法」（えんえきほう）という考え方です。

一般的に分かっている事柄から、個別の事柄へそれを当てはめ、個々の結論を導き出すという考え方です。

逆に、「帰納法」（きのうほう）というものもあります。

個々の具体的な事実を集め、そこから共通の理解や法則を導き出すという考え方です。

どちらも重要ですが、ここでは前者を使って、社会組織（Bであるべき）を予想してみることにします。

日本人は器用さ故に、「技術大好き人間」です。アナログ技術からデジタル技術へ移行するスピード（時間的）も異常なほど早かったと言ってよい。一つのことに集中すると、もう他のものが見えなくなる、アナログ技術は古いという風潮になってしまう。これが恐いのです。

技術や組織が一枚岩になってしまいます。

一枚岩は経済が右肩上がりの時代は強い。

しかし、そんな時代が一九九〇年代に終わり、下り坂を走っている時代には、もろいのである。

二枚岩、相撲や柔道でいえば、二枚腰でなければ、長く継続して、一流企業、名人の地位に留まることは不可能でしょう。

こうして、次々に私の不安が的中したのです。具体的に書いてみます。

私のような団塊の世代の青春時代には、学生運動があったとはいえ、夢多き時代でした。

大手自動車メーカー、電機メーカー、航空業などは、花形産業です。大学生就職ランキング上位を独占していたのです。

さて、これらの企業が今どうなっているか。

世界的にも大手になった自動車メーカーであるT社が「リコール問題」でゆれました。

A型人間の代表である技術者は言う。

「技術的には問題ありませんでした」と。

しかし、私はこれで終わるとは思いません。

A思考の頂点である電子制御技術は、非常時には誤動作を起こす可能性があると思っています。何しろ一枚岩技術だろうから。

二重三重の安全装置をつけなければ、顧客に安心安全をアピールできないだろう。

航空会社もあぶないと思っていました。世界には、多くの航空会社があります。日本の技術は、質量とも世界一かも知れない。したがって、多くの人々が日本を訪れたり、日本人も所得の増加から、海外へ行くという人の移動も活発になる。航空会社は安定している。

しかし、ここに落し穴があったのです。

航空会社にとっては、国内よりも国際線が勝負所であろう。だったら、外国航空との比較、たとえば、料金やサービス、ムードなど研究したのかどうかです。

「まじめさを前面に押しだした時間の正確さ」など、A能力だけでは本物の力にはなりません。ここでも、A型人間の姿がちらつくのです。こうして、日本を代表する航空会社であったN社も会社更生法を受けてしまったのです。

金融業界も、バブル（不動産投資）経営や、平成二十年に起こった、米国発のリーマンショックにより、多額の債務損失を出し、大手銀行のR社も公的資金投入救済を受けたのです。他の大手銀行も厳しい状況に変わりはないのです。

さらに、最近、大手家電メーカーS社の顧客個人情報流出問題がおきてしまいました。

この会社も、TVやパソコンなどハードが売りであったが、世界的に有名になったことと、最近では、韓国のメーカー、サムスンなどに追い上げられ、その活路をゲームや映画などのソフト提供（供給）に見出している会社です。信頼感の回復に、相当時間がかかるだろう。A的企業はA的人間に攻撃されます。

また、この他にまだ私が不安視している業界に、大手保険業界があります。外資系通信販売の「生命・損害保険会社」との激しい競争や、平成二十三年三月に起きた、東日本大震災による多額の支払いにより、経営環境はますます厳しくなるでしょう。

そして、ついに極めつきは、東日本大震災（これは予想外であったが）による、複合災害とも言うべき、「原子力発電所の事故」でした。

終わったことを云々したくはありませんが、よく考えてみると、この電力会社こそ、日本型組織の典型であり、日本国そのものを投影したモデルです。独占企業である点も官庁的でしょう。しかも最先端技術である原子力技術（A思考の頂点）が、想定外（A思考人間が考える）の事態が発生すれば、あっという間に、崩壊してしまうことを、私たちに教えてくれました。

原子炉そのものは、外国製とはいえ、その管理責任は電力会社にあります。

結果論になるが、安全装置（非常電源・冷却装置など）を二重三重どころか、四重五重にしておかなければならなかったのだと思います。

ところが、この会社は利益を優先（民間企業の宿命）したため、「予算が限られている」、「国の安全基準を守っている」という理由で、責任回避をする姿勢が見られたと思います。

「想定外であった」と技術者は言いたげでした。

でもそれは、A型人間の思考の限界と、哀《かな》しさを表している言葉だと思います。

戦後の教育で創ってきた人間の姿を、よく見た思いがします。これが人間作品だったのかと。いかに人間の教育が重要かということを、私たちは知らなければいけないのです。自分だって、あの立場にいれば、あのような発言をせざるを得なかったということです。他人事ではないのです。

また、国家の方針にも少しふれておきたい。

原子力の平和利用は、昭和五十八年頃に、中曽根首相内閣から特に推進されてきた。原子力発電はすでにあった（福島原子力発電所はさらに十年前位からの設備）が、さらにこれを強力に押し進めることでした。

ここで問題なのが、戦前の「軍国主義的発想の再現」だったのではないでしょうか。日本人は一方向にマインドコントロールされやすい性格であることは、すでに述べました。それは「器用さ」がそうさせているとも述べました。

A型教育は「原子力技術＝最高技術」という錯覚を刷り込み、その専門技術者を創ってきたといってよい。その後、CO_2の問題もからんで、「クリーンエネルギー＝原子力」の図式を守ってきたのでしょう。

この間、原子力発電に反対する学者は、「村八分」にされてきたのだと思います。

これでは、戦後せっかく先進国の民主主義を導入したのに、やってきたことは、洗脳し、される関係でしかなかったのではないでしょうか。

日本という国は、戦前は「軍国主義」（B思考）で、戦後は「先進技術」（A思考）で、それぞれ国民を洗脳し、「あぶない国」を創ってきたと言ってよい。そのような意味で、国民全体が被害者であったと言ってもよいのです。

あの電力会社のような閉鎖的、隠蔽《いんぺい》体質の会社を創ったのも、結局、国家教育によって生まれた人間達です。

だからこそ、「どのような思想を持って、教育するか」が、今、この国に問われているのだと思うのです。

官庁組織や大学などの学界組織も同じようなものだと思うが、後の項にゆずります。

最後に、もう一度、日本人について、まとめておきましょう。

①日本人は、AでもBでも、マインドコントロールされやすい。しかも懲《こ》りない。

②日本人は、マインドコントロールされても、それに気づかないか、仮に気づいても、自ら醒《さ》めることが難しい。

それを解くには、次の三つの方法しかありません。

（1）外圧（戦争や交渉など）

（2）自然災害（今回のような大災害）

（3）大きな企業トラブル（倒産やクレームなど）

これらの方法は、国家（政治）や各企業にとって、重要であることは、今までも、ごく一部の見識あるジャーナリストの人々によっても、指摘されてきたことだと思います。

それにもかかわらず、それらの忠告を無視して走ってきたのが、特に私の世代（いわゆる団塊世代）です。

しかも、この世代がまだ企業の中心にいる。

ここが一番の問題なのです。

私はある意味で、まったく逆の価値観で生きてきた人間なので、よく分かるのです。

今回の東日本大震災で、特に年配（六十歳以上）の政治家や企業経営者に言いたい。

「いい加減懲《こ》りたらどうだ」と。

この機会（最後のチャンスかも知れない）を逃したら、「物だけ作って、後は知らない（管理できない）」という、「無責任（お互いに責任を押しつけあう＝責任の所在がはっきりしない）社会」、「世界に目を向けない内向きの縦社会」はこれからも改善されないだろう（アナクロニズム）。

このままだと、最終的には、さらに大きなカタストロフィー（破局）が待っていそうな気がするのです。

そのヒントとして、次のような警告をしておきます（老婆心ながら）。
・人は不得意なものによってではなく、自分の得意なものによって、自滅する。
「技術大国の日本は、その技術が欠点になって、自滅する」ということです。

「自分で自分の首をしめる」と言ってもいい。
若い世代の人々は、これを意識して、技術至上主義（A思考）に陥ってほしくない。
六十歳以上の人はあまり期待できない。それ以下の若い世代に、期待したいのです。

■欧米の教育と日本の教育

日本の教育の、おおよその現状がお分かりいただけたと思います。

戦後から今までほとんど変わらず、相変わらず、A型人間を大量生産しているのです。「教育内容の見直し」により、教える範囲を若干変えたりしながらも、根本的な教育システムの変更はなく、結局同じことのくりかえしですね。小中高大学とも、昔も（終戦直後）今もさして変化なしだと思います。

そこで、気になるのは、欧米はどうなっているのかということでしょう。

私は教育の専門家（外国の教育システムや指導法、日本との比較など研究している）ではありません。

これから書くことは、外国生活をしている方の著書などから、私のB的思考を用いて、考えられること、そこに見える風景などです。あらかじめ、お断りしておきます。

専門家はもちろん、A型人間です。ですから、見方が逆に偏っている場合もあるでしょう。そのため、私がここで少し、私の考え方を書いておくことも、あながち無駄ではないと思うからです。

原子力発電所の事故が今問題になっていますので、これ（原子力）がいいか、悪いかという観点からではなく、欧州はこの技術に対して、どのようなレベルにあるか、その姿勢などを考えてみることにします。

まず、第一に考えなければならないことは、いわゆる科学技術の発達史です。

これはイギリスのニューコメンによる、蒸気機関の発明から始まりました。その後、ワットによって改良され、産業革命の先駆けとなりました。皆さんは、これがいつ頃のことか、ご存じですか。

おどろくなかれ、今から約三〇〇年前の出来事なんですよ。日本はその頃何をしていましたか。江戸時代の中期あたりでしょうか。

日本はその後、明治時代からが本格的な産業革命ですから、約半分の一五〇年ほどです。

いかに、日本の科学技術が、超スピードで後を追ったかが分かると思います。

日本人は器用だったことで、一五〇年間の遅れを、その後の一五〇年で、取り戻したのです。

多くの日本人は、特に技術系のA型人間の人は、「やはり日本人はスゴイなあ」と思うでしょう。

でも、それは一方的な見方でしかないと私は見ています。

三〇〇年かかって築いてきた西洋技術を、一五〇年で消化することは、同じ人間ですから、器用さを考慮しても、異常な速さであり、どこか消化不良の面がありはしないか。

くりかえすようですが、日本人は一方向へ目が向くと、他方を忘れてしまうのです。

欧州の科学技術は時間をかけて、A思考とB思考のバランスを取りながら、発展してきたに違いない。一時帝国主義によって、最新技術が悪用（兵器等）されてきた歴史はあるものの、各種技術の幅に余裕があると言えるでしょう。一枚岩技術ではないことが重要だと思います。

日本の技術教育はどうか。

短時間で、追いつかなければという焦りから、先端技術のマネごとを必死にやらなければならない。その中から、運良く、世界初の技術（A型人間の大好きな）が生まれたりしてきたのです。この間B思考はつぶされました。

しかし、今回の東日本大震災は、原子力発電所の大事故によって、日本の技術力、電気を作るだけではなく、場所を維持管理する能力の弱さを露呈《ろてい》させ、「こんな思考ではダメだよ」と教えてくれたのだと思います。

正に、自然災害が、「日本人の被洗脳を解いてくれた」と言ってよいのです（前述通り）。

このように考えてくると、ただ単に、「フランスは原子力発電が八十パーセントである」からといって、その国の技術レベルを考えなければ、「他国のマネをしても意味がない」のです。

この意味でも、日本はこの発電法について、再度検討しなければならない時だと思うが、どうでしょうか。

また、今回の原子力発電所の事故では、当初は、地震による事故ではなく、津波（想定外）の事故によるものとされていたと思いますが、その後、どうやら地震により、配管設備等に損傷が起きていたらしいことがわかってきたということです。

本来、日本は地震が多い。したがって、耐震設計には十分な経験が生かされていたはずです。他の技術はともかくとして、この建築技術は、人マネではなく、日本独自のものがあったはずです。

事実、今回の大震災は不幸な出来事でしたが、建築物についていえば、津波に流された家屋等を除けば、倒壊率が低かったと言われているのです。震度六強レベルといえば、十段階で上から二番目であったことを考えれば、驚異的であったと言っていいでしょう。

この技術だけは、低層から高層まで自信を持っていいはずです。

この工場設計は日本の技術が生かされていなかったのでしょうか。それを知りたいと思います。

さて、ここで、話を本題にもどして、欧州の教育システムと日本のそれを比較して、それから生まれる人間像を予想（B思考）してみることにします。

今回の原子力発電所の事故対応でスピード感があった、フランスを考えることにします。

『なぜフランスでは子どもが増えるのか』（中島さおり著・講談社現代新書）によれば、大学への進学を希望する者は、バカロレアという大学入学資格を得るための試験を受け、合格しなければならない。逆に合格してしまえば、大学登録は無試験であるといいます。

ところが、医学法学系を除いては、大学とは別に、グランド・ゼコールと呼ばれる高度な職業専門教育機関があり、バカロレア（一般入試）よりも難しい（専門的）入試が行なわれているといいます。

そこで、バカロレアで好成績を収めた生徒が二年間の準備をして、グランド・ゼコールへ進学します。

経済、理工、政治、人文科学系のエリートはここで養成されるのだといいます。

これを知ったとき、あなたはどのようなことを感じる（B思考）でしょうか。

私の予想はこうです。

大学はかならずしも、エリート養成機関ではない。むしろ、グランド・ゼコールの方がステータスであり、エリート・プライド意識が強い。しかも、日本の大学生より、熱心に勉強しないと卒業資格が得られないため、自信のレベルが違う。

真のエリート意識を持てる。

また、専門分化している高等教育機関であっても、日本よりは一般教養課程が充実していて、幅広い知識も得られているのではないかと思うのです。

ここにおいて、A思考（専門知識）とB思考（一般常識）の融合が図られるのだと思います。

したがって、原子力技術だけではなく、どのような分野の技術であっても、日本のような一枚岩（AならばA、BならばBだけ）技術にはならないだろう。成熟した大人の技術です。成熟した社会（民主化が進んだ）にふさわしい技術形態を持つと言ってよい。

これに対して、日本の現状はどうだろう。

A型人間を創るだけの教育をしてきただけなので、たとえば、偏差値（私のきらいな）によって、大学選びなどもしてしまうありさまです。医学部などは、どこの国でも、A型人間エリート（真のエリートとは違うと思う）になりやすい。

一方向に走りやすい日本社会では、なおさら加速します。

したがって、トップ偏差値の理系の人は、「東大医学部」、文系の人は「東大法学部」というような傾向になってしまう。

だからこそ、「医学部」に入ってみて、「やっぱり、自分は医者には向かないな」といって、方向転換していく人も出てしまうのです。

偏差値で自分の人生を決めてしまう悲劇がそこにあるのです（A型人間の悲劇）。

さらに、「目的」と「手段」が逆転している日本では、大学生の勉強意欲が不足し、卒業できても、それだけの自信も持てない。

これでは「大学卒の肩書」（学力ではなく学歴）だけの「ミエート」（見栄人）になるだけなのです。

偏差値の高い「医学部」と「法学部」が、フランスでは、大学のみであり、グランド・ゼコールのような真のエリート養成校にはないというのも、面白いことだと思います。

ドイツなどにも、職人養成のマイスター制度があり、社会的評価も高い。

一般的な印象として、ＡＢバランスのとれた人間を創り出しているのが、欧州の教育システムではないかと思っているのです。

最後に、米国はどうなのかと聞かれそうなので、私の感性の目で見える視座を書いておこうと思う。

結論から言うと、欧州とは違い、どちらかというと、日本に近いということです。

確かに米国の大学についていえば、大学は勉強（研究）するところという意識が強く、一般的には日本の大学生よりは勉強すると思います。

また、やらなければ卒業できないシステムになっていると思います。

特に、いわゆる一流エリート大（日本的に言えば偏差値の高い＝米国では偏差値ランキングがあるかどうか知らないが）では、なおさらであろう。

しかし、フランスのような真のエリート校であるグランド・ゼコールのような学校がないようですので、本物のエリート意識を持ちにくいのではないかと思うのです。

合格するのが目的ではないので、日本のような予備校はあまりないと思うが、結果として、大学卒の資格を求めて（将来の地位や収入）、多くの若者が大学進学を目指すのだと思います。

■非A型人間「養老孟司」先生著書との出会い

前項までで、私たち日本人は、いかに洗脳（マインドコントロール）されやすい民族であり、その結果、錯覚（思い込み）により、「劣等意識格差意識（経済格差意識より）」を創ってきてしまいました。民主国家としての「政治社会的自由、平等、公平など」はすでに達成されていると言っていいでしょう。

また、「経済格差」の問題は依然として残っているけれども（小泉内閣の方策が、結果として国民の所得格差を拡げたという説もあるが）、それはそれで、経済（成長）政策よりも、国民の生きる権利を基調とした、いわゆる「セーフティーネットの確立に関する問題」でしょう。

論点をぼかしてはいけないと思います。

したがって、今後の日本を考えるとき、次のことが言えるでしょう。

戦後の日本は、とにかくA型人間を創ってきた（戦前は軍国主義によるB型思考停止人間を創ってしまった）。その結果として、社会の様々な分野で、不幸な出来事を生んでしまった（演繹法による推理）。

また、様々な事件、事故などを調査検証することで、やはり戦後の日本人の教育がおかしかったのではないかと結論づける（帰納法による類推）ことも大切な考え方と言えます。

演繹―帰納―演繹―帰納―演繹と続く思考の中に、人として見えてくるものがあるはずです。この辺に人の真実はあると私は思っているのです。

戦後の日本人はこの循環思考がきわめて苦手なんだと思います。

A型人間は、現象面だけとらえて、何か重大事件等があると、「E」が悪い、「F」が悪い、責任はどっちにある、いや両者にあるとか、いそがしい。それで決着（裁判上）がつくと、それで終わり（忘れてしまう）になってしまう。

アメリカ的社会になってしまっている。

しかも、日本人はなぜかすぐに過去を忘れてしまう変わった性格なのです。

したがって、日本人にとって、今最も重要なことは、「A型人間も、B型人間も創らない教育を創造すること」。これに尽きます。

この教育創造によって、国民の間にある「意識格差」が消えてゆく。教育制度の根本的見直しとその具体策、その他の分野の若干の変更提言なども、すでに私の頭の中にあるのですが、それは最終章で述べることがらですので、ここでは次の言葉を述べておくことにします。民主化後の国家ビジョンはこれしかないでしょう。

『格差意識』のない国こそ、理想の国家である。

さて、ここから少し、日本の歴史をふり返って、人民（国民）の「格差意識」の流れを見てみたいと思います。話を分かりやすくするために、米国の人民との比較もしてみようと思います。

武家政治約七〇〇年の中で、人民は激しい政権の移り変わりの中で、あるいは自然災害による飢饉《ききん》、飢餓《きが》に苦しみながらも、意識格差の小さな村や町を形成して、逞《たくま》しく生きてきたと言える（土倉など悪徳金融業者もいたが）。

特に後半の江戸時代では、政権が安定し、身分制度があったにもかかわらず、現在よりずっと不平等意識格差の小さい大衆文化が花開いた時代であったと言えるのです。

意外に思われたことかも知れません。今よりずっと自由度の高い、生きやすい時代でもあったのです（経済格差意識も小さかった）。

一方、明治時代以後、この国は借り物民主主義、借り物教育制度の下で、ここまでやってきた。その結果どうなったか。

「経済格差」以上に、「意識格差」の大きな社会に変化していったのです。

私はそう思っています。A型人間（自分を主張するだけ）だらけになってしまった結果、ゆとりのない（日本人の器用さがマイナスに働いて）、せわしいだけの生活様式になってしまったのだと思います。あなたはどうお考えだろうか。

ところで、今度は米国のことを考えてみることにします。

十八世紀後半、米国は独立宣言を出し、歴史を一歩前へ進めた。自由、平等を基調として、その後南北戦争等も経験しながら、成熟した民主主義を押し進めてきたのです。

アメリカは、面白いことに、独立前は、黒人問題など、意識格差の大きな社会であった。ところが、独立後、その問題は次第に解消され、現在では、白人以外の大統領が誕生する時代にまで至ったのです。

しかし、米国には米国の問題が存在します。

それは、資本主義の悪い面が露呈していることだと思う。本来の資本主義とは違います。

確かに、国民は「自由・平等」を保障されている。いわゆる「アメリカンドリーム」が持てる。

しかし、結果として、富の分配は、あまりにも不公平であり、国民の間に不満がある。

能力差（実力主義）社会であり、能力が与えられている人はいいが、そうでない人はつらい。

努力だけではどうにもならない。

米国もまた全体として、A型人間社会であるから、異常な能力を持つ我欲人間が行きついたところが、あの、平成二十年に起こったリーマンショックだったのだと思います。

米国には米国の問題があるのだと思います。

このように考えてくると、それぞれの国の国家政策ビジョンは違ってくるのは当然であろう。

この意味でも、そろそろ他国マネではなく、日本独自の政策を打ち出さなければいけない時代に来ていると思うがどうだろう。

まとめます。

「経済格差」を解消するには、ある程度の「Ｅｃｏｎｏｍｉｃ　Ｇｒｏｗｔｈ」（エコノミックグロース＝経済成長）が必要である。

一方、「意識格差」は、高学歴の偽エリートＡ型人間（上から目線）と他の人々（下から目線）との隔《へだ》たりであり、これを解消するには、「Ｍｅｎｔａｌ　Ｓｔａｎｃｅ　Ｃｈａｎｇｅ」（メンタルスタンスチェンジ＝心理的変化）が必要であろう。

国別の状況と今後における国家ビジョンのあり方を表にして、ご提言申し上げます。

なお、「おせっかい」かも知れませんが、ＡＣジャパン（旧公共広告機構）のＣＭで、「おせっかい」と「親切」はあいまいで難しい云々というのがよく流れていましたので、私もマネして、フランスについても書かせていただきます。

こう考えてくると、それぞれの国にはそれぞれの国の課題があるのだと思います。

米国や仏国は、今回の原子力発電所の事故、また、東日本大震災における協力など、お世話

〈私が考える国家ビジョンと歴史的状況〉

〈用語説明〉EG＝経済成長　MC＝心理的変化

国別	民主化前	民主化後	今後の政策《ビジョン》
日本 （日本人が好きだから）	一般人民は「経済格差」も「意識格差」も小さく、より自由で、平等な社会であった。	明治時代以後は、国が「西洋文明」を一気に受け入れたため、「経済格差」も「意識格差」も生んでしまった。しかも、人口減社会になった。	高度経済成長が終了してしまった今、閉塞感が強い。これを打破するには、EGよりも、MCが有効である。「経済格差意識」よりも、「意識格差意識」の方が大きいからである。
米国 （日本の民主化から原発までのご協力のお礼として）	独立前までは、人種問題もあり、一般人民は、「経済格差」も「意識格差」も大きく、格差被害者の人々はつらかったろうと思う。	「生活格差」は以前より、解消されてきたと思うが、強欲人間がまだ存在（金融・資産家）する。それに比べ、「人種意識格差」はかなり小さくなったと思う。	「人種意識格差」は小さくなったが、「実力（学歴含む）意識格差」が存在する。また、実力主義が「経済格差」を生む。今後は日本と同様、MCとEGのバランスが枢要と思います。
仏国 （今回の原発事故に対する迅速な協力のお礼として）	一般人民は王制の独裁政治に苦しんでいた。だが、絶対王制は長く続いた。	民主化（フランス革命）後は、「自由・平等・博愛」の精神が行きわたり、人民の意識格差が小さくなったと思う。	仏は社会保障制度が確立されており、「経済格差意識」は小さい。「平等意識格差意識」も小さい。問題は「元階級意識格差」による、エリート住居地区、エリート学校の偏在をどうするかであろう。独自文化は守ってほしい。

になりました。私としては、自分にできることとして、お礼として、ご提言申し上げたつもりです。お役に立てば幸いです。

また、戦後、せっかくよい民主制度を教えていただいたのに、それを生かせず、世界にご迷惑をおかけしてしまったことを、おわびしたいと思うのです。

でも、私は日本人に期待しているのです。

なぜなら、今回の自然災害に対して、うれしかったことが二つあるからです。

一つは、「被災者の人々がパニック、暴動にならなかった」こと。

もう一つは、「全世界から多くの人々が、義援金を送ってくれた」こと。

これらは、A型人間を創ってきた日本の教育にもかかわらず、それに洗脳されることなく、B感覚をしっかり持ち、生きてきた人々がいたことを意味するからです。

少数派とはいえ、世界中で、現地の人々といっしょに汗して協力してきた日本人がいますよね。それらの人々のおかげで、日本人に対する信頼感が増したのだと思うのです。

それがあってこそ、世界中の人々が義援金を送ってくれたのだと思うのです。

このように考えてくると、戦後の日本は、優れた憲法（平和主義）を持つことができたにもかかわらず、偏狭な教育政策により、様々な社会の歪《ひず》みを生み出してきました。

そして、特に大企業に成長した企業ほど、「あぶない会社」になってしまったと言ってよい。

しかし、問題は企業だけではないのです。

それどころか、今最も問題なのは、「格差意識（経済や心理）」を生み出している現行国家教育制度（公立学校や私立学校も含めて）による教育界、官僚を中心とした官界、それと連携している学界（大学等学問技術研究機関）、その上に立つべき政界（実際には官僚につぶされている）なのです（憲法も一部改正が必要か⁉）。

そこでこれから、これら三つの世界の関係について私見を述べ、現状と今後どうすればよいか、本来のあるべき姿について考えてみることにします。

この本のメインテーマである「教育制度改正」については、後の章で詳しく述べることとし、ここでは、「政界」、「官界」、「学界」の関係を書いていきます。

まず、この三者の世界というのは、もうすでに想像がつくと思いますが、高レベルのA型人間でガチガチに固まっている世界です。

今回のような大災害（自然災や人災など）時には、法律規制にしばられ、最もフットワークが重く、支援物資に対する感謝の念もなく（届けてくれた人々に対する、ありがとうの言葉もないような対応＝忙しさでごまかすなど）、人間としてのまともな言動ができない人間の集団なのです。これ以上危険な集団はありません。

これは、親方日の丸の公人体質（上から目線）から出るものでしょう。

国民の痛みが分からない人々です。

本来ならば、「政界」は二者をリードして、この国を主導していかなければならない立場なのに、戦後一人もまともなリーダーシップ政治家（一国の首相）が出なかったことにその原因があると思います。「官界」、「学界」に頭が上がりません。

思想信念から出てくるはずなのに、それがないから、具体的政策なしのまま、与党も野党もお互いの批判に終始し、懲りません。

もはや国民にとって、「A党でもB党でもC党でも、そんなの関係なし」だと思います。

自分に対するインサイト、エスプリ、ユーモアのない政治家を私は信じない。

また、昔ながらの地方利権代表的政治家（B型的）も私は信じない。アナクロ的な高齢政治家は早く引退してほしい。日本のために。

次に「官界」については、優越者意識（偽エリート）があるものの、資質に問題はなく、教育制度改正すれば、非A型エリートも出てくるし、閉鎖的な縦割り組織も改善されてくるのではないかと予想しています。

最後に「学界」（大学等の学者、研究者）です。

実は、この世界こそ、戦後のA型人間教育が創り出した最も洗脳度の高い（マインドコントロールされた）世界であり、官界同様、「偽エリート集団（A型天才＝偉い人＝自他ともに錯覚意識を持つ）」なのです。

ここで、A型人間、B型人間という定義をはっきり、より詳しく説明しておきましょう。

これからの話がよりよくご理解いただけると思います。

表にまとめておきます。

〔人類分類表〕

・人には理性（A）と感性（B）がある。

〈私の考え方〉

A型	学者（特に理系）をはじめとして、物事を分析中心に考える人々
B型	芸術家や文化人のように、物事を総合的に考える人々

なお、文系の学者は、本来はB型であるべきなのですが、実際にやっていることは、分析中心（A）のようですので、準B型人間としておきましょう。二分《ぶん》ならA型になります。

次に、非A型人間、非B型人間という言葉について、私の考えを書いておきます。

表にまとめておきます。

〈私流理想の人間像〉

非A型	専門分野の学問を研究しながら、他の分野の知識教養も十分持つ人
非B型	生業としては、芸術系の仕事を持ちながら、他の学問も手がける人

私が目指す理想の人間像は、この二つのタイプの人なのです。教育の理想と言ってもいい。しかし、残念なことに、日本人は洗脳されやすく、戦後の科学万能（合理）主義に毒され、そのほとんどの人が、A型人間になって（されて?）しまったのです。

日本人は言う。「あの人は頭がいい」、「あいつはバカだ」と。これしか人間の基準がないのかと思ってしまう。

考えてみると、ここでいう「頭がいいとか悪いとか」というのは、A型能力（偏差値等で可視化できるもの）を問うものだということが、お分かりでしょう。

そして、学界（日本だけではないが）こそ、最高レベルのA型人間の集団であり、その意味では、A型エリート人間（文系学者もここに含めます）集団と言っていいでしょう。

日本人はこのような人々を「偉い人」と錯覚してしまったことから、「意識格差意識」が生まれてきてしまったと言えるのです。

マインドコントロール下では、どの宗教下でも、その教祖の教えが絶対になる。それと同じことなのです。

私の論によれば、学者などは「偽エリート」であって、ある意味で「ミエート（見栄人）」ではないかと思うのです。

狭い範囲の問題をさらに細かく分析し、その方向でしか見えない。進めない。特に日本人の一方向性思考が拍車をかける。そっちへ行ったら行き止まりだよと言われても、走り続ける、大きな失敗を犯すまで、気づかない。その後もまた、懲りずにくりかえす。

ミクロからマクロまで、分野を問わず研究（？）している。異常といえば異常な世界です。ところで、私が考える「理想の人間像」は、この日本に存在しないのか、ここ何十年か考え続けてきた私の前に、スゴイ人が出現したのです。

「最高レベル非A型エリート人間＝真のエリート」の出現でした。

数ある大学（日本には大学と名がつく学校が数百もあるらしい）の中でも、やはり日本では、A型能力エリートが集まるのは、国立大学であり、その頂点が東京大学です。

そこでは当然ながら、先生も学生も「偽エリート意識」を持って、日夜勉強や研究に精を出していることでしょう。

（中には、授業中眠っている学生もいるかも知れませんが＝日本では入学することが目的なので、入ったら勉強しない傾向があるため）

何百人の先生、何千（万）人の学生が在籍されていると思われるこの学校では、「A型エリート＝偉い人（自他ともに錯覚）」以外の人は存在し得ない世界という印象があります。

そして、中でも理科系では医学部、文科系では法学部などは、超最高レベルA型エリート人間の集団です。

この環境下で、「非A型エリート人間が存在すること」は、まったく考えられないことでした。

ところが、平成十五年頃、衝撃的な書物がこの日本国に出版されたのです。

あの最高レベルA型エリートが集まる東京大学、しかも、その中で最高レベルの医学部の先生の中に、なんと非A型人間が存在したという事実は、とてつもなく大きな衝撃であり、日本人の未来を教えてくれたような気がしたのです（日本国の未来は暗くない）。

とにかく、ビッグサプライズ、カルチャーショックといってもいい。洗脳が解けた。

きわめて少数派かも知れませんが、日本のどうしようもない大学（専門バカA型人間が集まる）の中で、しかも国立大学（特に高レベルのA型人間が多い）の中に存在していたという事実は重い・・ことだと思います。

ここまで書けば、もうお気づきの方もあるでしょうが、その書物名を書いておきましょう。

東京大学名誉教授　養老孟司先生著『バカの壁』（二〇〇三年四月）〔新潮新書〕

当然ながら（イメージギャップにより）、ベストセラーになりました。

あの高レベルA型人間の集団の中で、どうして、養老先生が生きてこられたのか、信じられないおどろきです。真に偉い人です。

私がもしあの立場（東大の先生＝あり得ないことだが）だったら、一年ももたないだろう。あの集団の中で、四十年以上（学生時代を含めて）やってきたなんて……。

B思考がつぶされていく中で、それを守り抜くことが、戦後の教育研究機関しかも超最高レベルのA型人間が多くいる東京大学医学部で、いかに大変か、気が遠くなるほどです。どうして耐えられたのか、先生にお聞きしてみたい気がします。「真に偉い人」です。

私の論から言えば、「ABバランスのとれた人間になろう」というのが、先生の主張されたことだと思います。私はそう解釈しています。

非A型、非B型の人々は、C型（AB融合型）人間と言ってもいい。そんな人間になろう。AもBも最高という人は、この世の中には存在しない。それは神（自然）の領域です。

したがって、職業的にはAだけど、Bも持っている、逆に職業的にはBだけど、Aも持っているというのが、人間の理想のあり方だと思います。それが真のエリートだと思います。

日本の歴史の中で、自分の役割をしっかり自覚し、仕事の中でそれを具現し、次の世代へ残していくという感覚を持つ。

そうすれば「真のエリート意識」、「真のプライド意識」も手に入れることができるのだと思います。

この「学界」も、根本的な改革が必要だと思います。

「政界」は、現代人にとっては「バカにする対象」になっているので、それでいいかも知れないが、本当はそれでは国民が不幸なのです。

また、「官界」や「学界」は、「偽エリート＝ミエート意識」しか持てず、プライドならぬブライド（自分の使命が見えない）状態になってしまう。

しかも、優越者意識（上から目線）により、一般国民に「劣等者格差意識」を与えてしまう。

「政界」も「官界」も「学界」も、民に「意識格差意識」を与えてしまう偽エリート集団です。

これが現代日本の元凶だと思う。

この意味でも、この三者の世界がこのままでいいわけはないというのが私の結論です。

■アピカの教育論

私のような団塊世代（昭和二十二年〜二十五年生まれ）は、今まで述べてきたように、高レベルの国家洗脳（科学万能主義＝人間の幸福幻想）により、錯覚や思い込みの世界で生かされてきたと言ってよい。

そして、ほとんどすべての人々が、日本人の特性を巧みに利用され、器用、好奇心、思考停止、まじめさが悪用された結果、現在の物心両面における日本閉塞状態（社会病）社会を生み出してしまったと言ってよいだろう。

「物があふれ（不況なのに）、心の豊かさがない」という、アンバランスの社会は、生きて行きにくい。今なら誰もが感じていることですよね。どこかおかしい、おかしいと思っているのではないでしょうか。

前述したように、様々な業種における大企業のあぶない経営状況、「政界」の混乱、「官界」や「学界」の閉鎖性、相互間にはびこるセクト主義（同世界にもある）なども、戦後教育のつけです。そして、最後に、「日本最大のガン」とも呼べる電力会社の「原子力村組織」にも、原発事故という人災的烙印《らくいん》が押されたのです。

これらの社会情況はすべて、良くも悪くも、私たち団塊世代が創り出してきてしまったと言ってよい。

確かに、私たちも（政治家も含めて）、洗脳されてきたわけだから、ある意味で、戦後教育の被害者です。だから、しかたなかったとにげる（責任を回避する）こともできると思うが、だからといって、いい大人が「我々は被害者だから……」と言っていていいのか。

大企業の幹部は、何か問題がおこると、よく「私共は被害者でして……」というような言い方をする。これはA型人間の「言い訳的発言」だと思う。自分達の組織管理が甘かったにすぎないのに、その責任を認めようとはしない。

裁判沙汰になってはじめて気づく。

こんなことをやってきた（今もやっている）のが、団塊世代（またはそれ以上）なのです。

これらのことで、若い世代の人々に、ご迷惑をおかけしたのなら、この紙面をお借りして、お詫《わ》びいたします（一人だけいい顔するなとA型人間は言うかも知れませんが……）。

さて、ここからは、本題である私の主宰する私塾「アピカ」（朝日学研の略称）について、特にその理念（戦後の国家公教育とは違う）についてお話ししてみたいと思います。

私は今から四十年位前（一九七〇年位）から、私塾を始め、平成二十四年春で約四十一年間の指導歴になります。途中十年ほどチェーン進学塾講師もやりましたが、他は三十年ほど個人塾をやり続けてきたのです。

少子化と言われる中で、私のような個人塾がよく生き残れたねと言われますが、やはりそれはそれなりの存在理由があったのでしょう。一般的に言えば、「個人塾などは四、五年でつぶれる」（大手塾の攻勢にあって）と言われています。しかし、私の塾はつぶれなかった。なぜか……。それをお話ししておきたいのです。

昭和四十三年頃、ご存じの方もおられるかも知れませんが、日本の大学で特に首都圏を中心に、学生運動（日米安保反対等）が勃発《ぼっぱつ》したのでした。体制不満が爆発したようです。

あの有名な東京大学（安田講堂）事件により、入試が行なわれない事態となりました。

他の有名大学（公私立）でも、同様なことが起こったと思います。その翌年、入試を受けて、私立大学理系学部に入った私はほとんど関心がなく、いわゆる「ノンポリ派」でした。

実験などをやりながら、他人（理系でしたが）のやっている姿（ヘルメットに角棒マスクスタイル）を眺めながら、「あいつら、何かをわめいているけど、あんなことで世の中なんて変わらないと思うけど……」と醒めた目で見ていました。結局、このような運動行動をした人々は、何てことはない、体制側へ入っていってしまったのではないでしょうか。

二年後、私はアルバイト的に小さな学習塾を始めました……。頼まれてはじめたのです。

もともと、教師志望ではなく、でも、教えてみると、（小中学生）皆んながよく勉強ができるようになり、「これなら、一生続けてもいいなあ」と思ったのです。

教える面白さがわかったのです。

個人塾へ来る子は、勉強が好きで来る子は少数派です。やはり、「学校の勉強がわからない」

という理由なのです。

勉強がわからないことの理由として、「その子の能力がもともとない」と言ってしまえば、気の毒です。今ならば分かることがあります。

大きく言えば二つあるのです。

その1	一人の教師が40名も教えることに、もともと無理がある（公立学校）。
その2	教師の教え方がうまくない。（公務員＝A型人間＝上から目線）

それに対して、私の塾は、「十名以下（一クラス＝スペースがない）」、「横から目線で教える」、これだけの条件で、ほとんどすべての生徒の成績を上げることに成功したのです。

これで約十五年（最初の四、五年は、生徒数が少なかったため、昼間はサラリーマン、夜間は塾指導をしながら）やりました。

その後、約十年位、駅前によくあるチェーン塾の講師（生活のため）をやり、再び私塾を開業し、現在に至っています。

「教育のイロハ」がわかり、学校教育の問題、進学塾の教育産業化（本来の教育とは違う）などをふまえて、私は次のような理念を、チラシ広告にあえて掲載したのでした。

〈真学力・連帯・互恵〉

個人塾「アピカ」（朝日学研の略称）の誕生です。

少人数（平均一学年五、六名。小学五年〜中学三年。それ以前より少子化やチェーン塾に取られてしまう事情もあった）で、しかも、ここが重要なことですが、「勉強のできる子もできない子も（できない子の方が多いのだが）いっしょにやる」という教育です。

「学校では人数が多すぎる」、かと言って、進学塾のように、クラス分け（成績順に）すれば、効率や私利私欲を求めるA型人間を強化してしまう。学校教育そのものが、A型人間を創っているのに、「さらにレベルの高いA型人間を創ってしまう」、たとえ教えやすくても……。

前述したように、「目的」と「手段」が逆転した教育ですね。

「〇△高校へ入ることが目的」、「勉強するのはその手段」、これはどう考えても変ですよね。

本来はその逆です。

「勉強するのが目的」、「そのために進学するのが手段」です。

勉強するのは、本来、「人間とは何か」という命題を考えることでしょう。

「どう生きていけばいいのか」と。

「アピカ」では、細々とした知識はあまり教えません。定期テスト（中学生）前には、その対策はやりますが、進学塾のように、各中学校に合わせた過去問研究などはやりません。

五科目（国・数・英・理・社）すべて教えているため、一つの教科の授業の中に、他の科目の内容が、ポンポン出てきます。

それぞれの関連性を理解させるためです。

学校のように、一教科一教師のシステムではとてもできないことなのです（中学校）。

小学校の場合は、一人の先生がほぼすべて教えているので、良いシステムだと思います。

一般的に、次のことが言えそうです。

・「学校教育」は（小学校はほぼ問題なし）、中学、高校で、「バラバラ知識を教えている」、教えるでもなく、教えないでもない、「毒にも薬にもならない教育をやっている」。

（公教育という名を借りて）

・「進学塾教育」は今のやり方では、「教えすぎてしまって、創造力が育たない（入試技術）」

どちらも一長一短ですよね。

本来勉強はとても楽しいものなのに、将来の収入と結びついている勉強は、苦しいものになってしまうのです（A型人間の姿）。

「ではどうすればいいのか」と人は聞いてくるでしょう。「アピカの回答」はこうです（初公開）。

『半分教えて、半分教えない』

▲「学校教育」は全体として教えない。

▲「進学塾（クラス指導）」は教えすぎる。

▲「補習&進学塾（個別指導）」はあまり教えない。

三者とも問題をかかえていると思います。

特に、塾の場合、講師の大半は「大学生」です。知識（A能力）はあっても、教え方（B能力）は未熟です。うまく教えられない。

「自分が分かること」と「他人に分からせること（教育）」は別なのです。

このような教育環境では、もともと遺伝的に優れた（記憶力等）子ならば、効果も出るだろうが、そうでない子にとってはつらいであろう。これらは教育と呼んではいけないと思うのです。

個別指導塾は先生を一人占めできるので人気があるが、「自立学習」（自力で解く）の美名のもとで、あまり教えてもらえないのが現実ではないかと思っています。

また、皆んなの中でやるのが教育なので、このような形式は自分本位のA型人間（自分だけできるようになればいい）を創るようで、私はきらいなのです（家庭教師も同じ）。

また、パソコン学習や通信教育なども、知識教育であり、対話により教師からの人間性をもらうことはなく、これも教育とは呼べないものだと思う（教育産業）。

教育とは、歌手や演奏家と同様に、ライブが基本で、最も重要なことだと思うのです。

さて、本題にもどろう。

「半分教えて、半分教えない」とはどういうことでしょう。

簡単に言えば、基礎学力（計算・漢字・読みなど）はくりかえし、くりかえしやらせます。やらせるというと、「今の子にはなかなか難しい」という声が返ってきそうですね。

そこをうまくやらせるのが、プロの指導者の仕事ではないでしょうか。

私は、様々なレトリックや成績向上賞などの仕掛けを使って、「生徒のやる気」を引き出します。来た回数で、ポイントをあげ、集めて何かの商品と交換するというやり方はしません。

成績が大きく上がったら、それに対する敬意を込めて、その生徒に賞を贈るのです。

基礎さえしっかり教えられれば（もちろん、その子に合せてわかりやすく）、後は教えない。

生徒が勝手にどんどん問題を解いていきます。困った時だけ、ヘルプします。

生徒（子ども）が主役、教師（大人）は脇役です。

「肩の力を抜く」と、「逆に力がでる」のです。

スポーツマン・ウーマンの方ならお分かりのこと（その他のことでも）と思いますが、肩の力が入ると、かえってうまくいかないのです。

本来のその人の持っている力が発揮されずに終ったりします。

将棋などの勝負事（私は興味がなく、やりませんが）の名人と言われる人は、力を抜くこと（入れるのではなく）を知っているはずです。

逆転の発想ですね。だからスゴイんです。

〈真学力〉とは、基礎力をしっかりつけながら、自ら学んで得る学力なのです。

また、〈連帯〉とは、何名かのグループ学習ですので、自分だけできればいいとはなりません。わからない子に私が説明している間、わかっている子も一応聞いている、共有することを教える。場合によっては助け合う。たとえばX君は数学が得意、Y君は英語が得意だとする。数学の時間は、X君がY君に、英語の時間はY君がX君に教えるようにする。

お互いに得をする。人は教えることによっても成長するんですよ。そこから学ぶものがある。今風の言葉で言えば、「ウイン・ウイン」（お互いの利益になる）です。それが〈互恵〉です。

本来、「国家」と「国民」の間も、このような関係でなくてはならないはずです。「国家のビジョン」がしっかりあり、それを教える。後は「国民の自由」（主役は国民）にまかせる。

現在のように「国家のビジョン」もなく、当然ながら、その具体策もない（ビジョンがなければ、その施策も創りようがない）のではどうしようもないですね。情けない現実です。

次に、私が生徒さんのご父母（保護者）にお願いしていることがあります。

「生きる力を身につける」ことが、結果として、「成績向上につながる」ということです。

三つの条件があります。

その1	「体力」
その2	「意志力」
その3	「素直な性格」

勉強は頭でやるものと思っていませんか。

A型人間に洗脳されている現代人は、「頭」と「身体」がバラバラに存在すると錯覚しています。

ここでいう「頭」は「脳」のことですよね。

「脳」は「身体の一部」ではないんですか。

一語で言えば、「物事を理解し、記憶するためには脳内ホルモンが必要」なんですよ。

脳から出るホルモンは数十種類あると言われているのですが、それは何を原料につくられているのかということです。

答は、毎日食べている食物の中の、主にたんぱく質（主成分はアミノ酸）なんですよ。

「体力」をつけることは、「身体（首から下）の健康」ばかりではなく、「頭の健康」にも必要なんです。

これでお分かりいただけたでしょうか。

「体力」がないと、試験前に熱を出したり、風邪をひいたりするじゃないですか。

人間にとって、「生きる力」の基本なんです。

具体的には「食事内容」なのですが、これは最終章に書きますので、ここでは書きません。

次に「意志力」と「素直な性格」です。

これは家庭環境のことです。

ご父母の夫婦仲が良ければ、やる気（意志力）も出ますし、性格も素直な子に育ちます。

母（父）子家庭の方も、基本的には同じです。

「お母（父）さん」がいつもにこにこしていれば、良い子が育ちますよ。

これらの条件を身につけさせてほしいのです。頭で分かる（A思考）ではダメですよ。

実行（B思考）して、はじめて身につけることになるのですから……。

剣道（私がやったスポーツ）では、「心技体」が重要視されています。格技では皆そうです。

若い頃は、これはバラバラにあり、それぞれ皆大切だと思っていましたが、今ではそうではなく、心↓体↓技↓心↓体↓技というように、循環するという考え方にたどりつきました。「生きる力」の三条件も、実は循環するのです。これができれば他に何もいらない。「アピカ」では、勉強を強制させない。成績を上げようとはしない。

だから、逆に成績が勝手に上がるんです。

このパラドックスが分かりますか。

「目的」と「手段」が正常な教育なのです。

しかも、「生きる力」は、その子どもの一生を支えます。高校へ入っても、燃え尽き症候群にならない（なりにくい）。「入れるのが目的ではない」からです。

当塾には各中学校のトップ生も、それなりにいたことから、「あの塾は成績上位生のための塾ではないか」と言われた時もありました。

そうではないのです。

結果として、成績が上がってしまっただけなのです。分かってほしいです。

「常識」と「非常識」が逆転してしまっている現代では、様々な誤解を生んでしまう。錯覚や思い込みを捨てれば、見えないものが見えてくるはずです。

当塾では、「勉強ができる子もできない子も平等」です。どんな生徒でもほぼ対応できます。子どもはB型であり、千変万化（心の動きが激しい）しますが、それについていけるのです。少人数なので、どの子にも合わせて個別対応できます（異常な性格の子は除く）。

「先生の塾はうちの子に合っている」と言われることがあります（うれしいことです）が、それは、「合っているのではなくて、こちらが合わせている」のです。お分かりいただけるでしょうか。塾教師（非A型の人なら）は職人ですので……。

なお、学校や家庭で、子どもの行動について、どちらが、どこまで責任を取るかは、難しい問題ですが、当塾は次のように考えています（学校はどう考えているか知りませんが）。

・**「小学校時代」は家庭（ご父母）で責任を取る。**

・**「中学校」になったら、学校（塾）が責任を持つ。**

A型人間を創らないように努力している全国の無名の多くの個人塾の先生の代弁者として、これだけは述べておきたいのです（声なき声）。

「日本のまともな教育は、私たちが支えている部分が多いのだ」と。

最後に、「学校のような多人数の環境では無理だろう」という声に対して、答えておきます。

「一クラスを二十～二十五名にして、特に中学・高校の教育制度を根本的に変えてしまえば、大幅に教育環境が良くなり、社会を壊《こわ》してきたA型人間を創らないようにすることが可能だ」と。その私的具体策は最終章にします。

「もし理想的教育システムができたら、塾は必要なくなり困るだろう」の声に対しては、「さらに成熟した教育機関になる」と答えておきましょう。

第二章　現代のご父母像

■「草食系男子」を創る母親

前章で述べさせていただいたように、戦後のA型人間創造教育によって、社会が様々な歪《ゆが》みを持ってしまったことは、十分ご理解いただけたことと思います。

当然と言えば当然でしょう。このような歪みや偏向がどこにくるかと言えば、社会の一番弱い部分、子どもや老人です。

この章では主に、今子どもが「どれだけつらいか」ということについて、お話ししてみたいと思います。

「子どもの教育」をしていると、問題は「子どもにはほとんどなくて、実は親（保護者）にある」ということが分かってくるのです。

もちろん近未来的には、私が提言する、非A型人間を創る教育に社会が進めば、問題は徐々に解決していくでしょう。

しかし、教育成果はショートスパン（短時間）では出ないのです。時間がかかります。

一国のリーダー政治家（首相）ならば、さしせまった問題（年金、社会保障、経済、医療、原子力など）を議論しながらも、一方で二十年、三十年後（五十年後でもいい）のことを考えて、「教育の方向性を変える決断」をしなければいけない時に来ていると思います。

「教育」を変えさえすれば、「少子化にも歯止めがかかる」、「意識格差意識が消え、国民が生きて行きやすくなる」、「経済も中度成長になる」。

このような演繹的な考え方を、リーダーならば、してほしいものです。

このままのペースで人口減少が続くならば、五十年後人口が約半分になり、日本国が消えてゆくのだから、年金も、社会保障も、経済も意味がなくなってくるのです。

ここから話を本題にもどします。

誤った教育から、誤った子どもが創られ、その子どもが親になり、また子どもを変な人間に育ててしまう。考えられることです。

新しい教育の成果が出るまでは、誰か（教育評論家や関係者など）が、偽の洗脳（マインドコントロール）を解いていかなければならないだろう。そこで、私も少し、変な風景を示し、その方向性と対策を考えてみることにします。

「子どもは親（社会）の鏡」とよく言われますよね。

でも、最近では、この意味がよくわからない人が増えているのではないでしょうか。

こんな語句は「死語（使われない言葉文句）」になりつつあるのかも知れませんね。

「人はその時代に受けた教育による作品」なんですよ。これはすでに述べさせていただきました。そして、その時代の親がやはり、子どもに反映するのです。

でも、錯覚した社会では、自分の行動の異常さに気づかないものなのです。

今一番親子関係で問題なのが、「自立」の問題だと思うのですが、どうでしょう。

明治から大正の世代の親は、子どもが多かった（五、六人）ことと、貧しかったこともあり、子どもを一年でも早く自立させようとしました。兄弟姉妹も競争が激しく、いやがおうでも、自立せざるを得なかったのです。

でもそれがプラスに働いて、それぞれたくましく大人へと成長していけたのでした。

現代の親は、「自立させないことが、子育てである」と思っていませんか。

少子化ということもあり、特に、「母親と男の子の相互依存関係」が問題になっています。

母親は甘やかし、男の子はそれに甘える。

これが二十年も続くと、いわゆる自立できない男子イメージである「草食系男子」を生むことになるのです。

「甘え・甘えられる」関係は、やっかいです。

この鎖（絆）を断ち切るのは難しいのです。

髪型や服装が「ユニセクシャル的」なのは、別に問題ではありません。

私のような団塊世代の男の「ダサイサラリーマンルックスタイル」よりは、ずっとカッコイイと思います。

問題なのは、その精神構造なんですよ。

何しろ、自立したくても、自立させてくれないんです。気の毒といえば気の毒です。

いつまでも、「お母さんのもの」なんです。

人間が人間をペット化するなんて変ですよね。ペットというのは、「自分の意志」を強く出せない立場なんです。

自立にとって大切な十代の時期に、その意志をつぶされ、自分の主張ができないまま、大人（二十歳）になってしまう。されてしまう。

これでは、「就職」、「結婚」、「子育て」など、大人の仕事が苦手になるのは当然でしょう。なぜなら、それらには、「自分の意志」や「行動責任」が伴うからです。

子どものまま、大人になるのだから、始末が悪いんですよ。少しつらいことがあっても、乗りこえられなかったりします。

一方、女子はどうでしょう。

男子に比べれば、自立心が大きいのです。

もともと、母親とは同性のため、反発心や対抗心があり、それがプラスに働いて、早く自立できるのです。

放っておいても、それほど心配はありません。十代も後半になれば、「この家にはいられないな」と感じるようになるのだから……。

ただ気になるのは、最近問題になっている、「娘と母親のパラサイト症候群（相互依存関係）」なんです。自立できない女子の姿です。

十年位前からマスコミで取り上げられてきたものですが、この問題について、私の考えを述べてみます。

前述した理由で、男性の非婚化も進みましたが、実は女性の非婚化も進んでいるのです。比率は低いものの、進んでいます。

もともと女性は自立しやすいと書きました。

しかし、私の論から言えば、次のようなことが言えそうです。

男女とも、戦後のA型人間教育によって、A型バカ人間にさせられてしまったのです。

本来、A（理性）は男脳の得意分野なので、男性が洗脳されやすい。女脳はされにくい。ところが、男子よりも、女子の進学熱が高くなるにつれ、高学歴女子症候群という病気にかかる女性が増えたと考えられるのです。つまり、女性がなんと男性化してしまったのです。考えてみると恐い。超A型。

「親（母親）といた方が生活が楽」、「下手な結婚して、苦労するのはイヤだ」、「仕事も生き方も親まかせ」、親の方も、「娘がいると何彼《なにか》と便利」。

この悪循環により、未婚ではなく、非婚女性が増えているのだと思います。

「親離れ」、「子離れ」がなかなかできない。

この連鎖を解くこともなかなか難しいのではないでしょうか。

男女とも、A型人間（自分の利益を優先する）にさせられてしまう悲劇です。それとも……。

「老若男女」、「親と子」、全部A型人間になってしまっては、社会が行きづまるのは極《ご》当然だと思います。何の不思議もありません。

では、一体どうしたらいいのでしょうか。

このままでいいという人は、それでいいでしょうが、（後はどうなっても知りませんよ）この古くて新しい「自立の問題」について、私の塾では、次のように考えて、子どもの指導（教科を教えるだけが教育ではないのだから）を行ってまいりました。

これが、「この問題」に対する「アピカの回答」です。

実は、自立には男女差があるのです。

ご存じのように、小学校五、六年生時の体格の差ははっきりしていますよね。

平均的に言って、女子の方が大きいんです。

女子はこの時期、体の変化がある。

これによって一気に自立する傾向がある。

女子は男子以上に、心と体が一体なんです。

そこで、男子と女子で二年程度のタイムラグを見込み、次のように考えます。

・**男子は中学三年生までに自立させる。**

・**女子は中学一年生までに自立させる。**

具体的には、欠席等の連絡などは、中学生になったら、全部自分でやらせる。

家庭から塾への連絡は、通常お母さんがしてきます。体調が悪い時は、それでいいのですが、それ以外の場合は、自分でやるということです。親を経由させたくない。

教育は「教師対生徒」の真剣勝負なんです。

ご父母はヘルパーなんです。

基本的に、私は「私のやり方でやらせてもらう」という約束でやっていますので、あくまで「自由意志」が働きます。親に口出しさせない。

これが自由社会の大原則です。

学校のように「半強制」とは違います。

塾の出入りはあくまで自由です。

そこに塾教育の意味、本質があるのです。

A型人間をさらに強化するような進学塾とは違う。ただ単なる補習塾とも違う。

個人塾は国家にも洗脳されない、独立性の高い（主宰し、経営している人間の思想を反映した）唯一の教育機関だと思います。

「草食系男子」はこれ以上創りたくないのです。

■専業主婦VSキャリア主婦

前項では、現代の家庭教育（B能力）が、変な方向へ行ってしまった（行かされてしまったと言ってもよい）結果、「子育て」がうまくいかず、自立できない男女を創ってしまったというようなことを書きました。

もともと子どもはB能力です。でも、大人はB能力（本能）だけでは生きていけません。人間は社会的動物です。

しかしながら、だからといって、A型人間の親があまりにも、「社会がこうだから、こうしなさい、ああしなさい」とうるさく言って、さらに一方で、「甘え関係」を作ってしまうと、「草食系男子」（自分の意志で物事を決められない）になってしまうのでしょう。

つまり、人間にとって、一番大切な十代の時期（主に中学生から高校生の時代を中心期）に、B型人間からA型人間へと、一気に子ども達は変身させられて（!?）しまうのです。

私の論から言わせてもらえば、「真の大人」というのは、「AでもBでもない人間」なんです。

「全部A、全部Bでは、まともな大人ではない」という結論になります。

「大人でない」ということは、「子ども」ですよ。

現代社会でおこっている様々な問題、対立などは「大人という名の子ども」が、「ああでもない、こうでもない」とわめきあっている姿なのではないでしょうか。

子どもは常識や経験（これが最も重要）が乏しいため、結論がなかなかでません。

不毛の議論が永遠に続くだけです。

「政界のバカ騒ぎ」、「電力会社の大利権構造」、「官僚界のセクト主義」、「学者界の村八分主義」、対外的に言えば、「日本の外交」、国際的には、「国家間の戦争（その理由は問わず）」など、数えればきりがないほどです。

私の尊敬する（今風に言えばリスペクト）養老孟司先生風に言えば「バカの壁ワールド人間」のやっていることと言えるでしょう。

「大人」というのは、いい意味での妥協、建設的な宥和《ゆうわ》などへ向かうものですよね。

それが出来ない人間は「子ども」なんです。

日本人は、その意味で、「AまたはBの子ども」です（現代ではAの方が多いと思うが）。

また、「子ども」って、責任を取りませんよね。

「企業のトラブル」、「官界の不祥事」、「各種犯罪」などの責任も常に被害者的な顔をして、誰も責任を取ろうとしない体質。

また、日本的資本主義である、自己倫理意識なき営利主義（売れるものなら、何でも売ろうとする＝その商品が社会的にどう影響するかを自主判断できない）なども、いかに無責任かを物語るものでしょう〈自己利益至上主義〉。

こんな「子ども的な人間」が多いのが日本社会の現実なんです。

ただ、最近は、団塊世代以上の「悪しき老人経営者」が消え、本来の資本主義の根本理念である「社会還元」をしていく若い経営者が出てきたことはうれしい兆しで、注目したいと思います。

さて、前置きが長くなりましたが、子どもを育て、「まともな大人」にしなければいけない時代に入ってきた現代、その役割はやはり、母親でしょう。

子どもを産むのは、女性であり、これは不変ですよね。生まれてから二十歳位までは、どうしても母親の影響を受けざるを得ません。

「学校教育」とともに、「家庭教育」も変えていかなければいけないと思うのです。

ここからは、生まれて間もないお子さんから、思春期のお子さんまで、子育て真っ最中のご父母（特にお母さん方）にお読みいただきたい部分です。母親のあり方についてです。

また、二十代、三十代の未婚の女性にも、将来結婚する意志があるなら、お読みいただけたらと思うのです。

この項では、「専業主婦」の方がいいのか、それとも「キャリア主婦」の方がいいのか、どちらとも言えないのかというような視点をテーマに、少し考えてみようと思います。

まず、主婦のタイプを分けてみましょう。

主に三パターンがあると思います。

①夫に十分な収入があるなどの理由で、特別な理由のない限り、専業主婦を通す。
②正社員で高い能力を持つ、独身時代からの仕事が捨てられないので、産休半年位で、そのまま続ける。キャリア主婦です。
③子どもが小さいうちは、週二、三回のパート・アルバイトはやっても、専業主婦で、末の子どもが中学・高校生位になったら、毎日仕事に出る人になる。
もちろん、いろいろな場合があって、夫の転勤にともなって、仕事をやめたり、逆に、夫がリストラされて、仕事をやらなければならなくなったり、離婚してしまったので、仕事をさがさなくてはならなくなったり、多くのケースがあるでしょう。

それはそれとして、大きく分ければ三つのパターンになると思いますので、私の考えとそれぞれの場合の課題と問題点、留意点などを書かせていただき、それが何らかの参考になれば幸いです。

まず私の考えはこうです。

子どもが生まれてから、経済的ではなく、精神的に自立するまでは、母親は家庭にいた方がよい。母親のみの家庭の場合は無理でしょうが。具体的には、末の子が男の子ならば、中学三年生まで、女の子ならば、小学六年生までということになります。

前述したように、自立時期に男女差があるのです。女子の方が早く自立するためです。

この期間は、何かとお母さんのヘルプが必要です。学校や幼稚園から帰ってきたときに、「お母さんがいないほど、子どもにとって寂しいものはない」のですよ。

これは理屈（A能力）ではないのです。

さてこれをふまえて、それぞれの場合を考えてみましょう。
①の場合
最もよい条件ですね。子どもは「いい意味で、甘えられる」のです。前述したように、「教えこまれた思考（A能力）」からは、草食系人間が生まれてしまいますが、それは「癒着《ゆちゃく》という甘え」だからです。ここを勘違いしないで下さい。

子どもを早く自立させたいから、仕事の方が子育てより楽だから（その収入で保育園へ入れてしまおう）、これでは、いい意味での甘えが育たず、変な自立（親に逆らうような＝場合によっては非行化する）になる可能性さえあります。やはり専業主婦は強いのです。

ただし、草食系人間を創らないように、「アメとムチ」をうまく使い分けて、お子さんをコントロールすることが大切だと思います。
②の場合
これはもう書く必要はないでしょう。

お母さん自身が「働くことはいい」とお考えになっているのですから、どうしようもないでしょう。ただつけは必ず回ってきますよ。

つまり、直前に書いたように、成人してから、変な大人（もちろんA型）になる可能性があるのです。いわゆる引きこもり人間です。

たとえば、技術系オタク族、ネット系オタク族などです。対面関係が苦手です。

母親とのスキンシップがなく、コミュニケーションも育たず、淋しがり屋さんです。

特に男子はあぶないですよ。

さらに考えられるのは、A型人間から一気にB型人間になってしまう場合もあります。

アニメ、漫画、ゲームなどのバーチャル系オタク族です。自分の感性（B能力）のはけ口をこんなものに求めていくのです。

人は、特に日本人は（母親も含めて）、「一直線にはやく進む」ことしかできないA型人間です。

大きな自然災害（今回の大地震など）や災難（原子力発電所事故）、大事件（若者による凶悪犯罪）などが起きてはじめて、事の重大さを知り、「どうしよう、どうしよう」とあたふたするのです。②のタイプのお母さんは、このことを十分自覚して、覚悟をしながら働いてください。

事が起こったら、あなた（母親）の責任です。
③の場合
まずまず、うまくいくと思います。
①と②の中間タイプなので、②のキャリア主婦に比べれば、A型度が低い（洗脳度が低い）

のです。ですから、被害はその分少なくすみます。子どもにとってはいいことですよ。子どもとうまくつきあいながら、非A型人間を創っていってほしいですね。

なお、親がひとりのご家庭でも、それほど問題はないと思います。父母両者の役をある程度演じ分ければ大丈夫。心配はないと思います。

また、親を失った孤児（育児放棄・災害など）については、児童養護施設（里親制度）などもあり、十分子どもは育つと思います。

「素直で、やさしい子」に育てられれば最高ですね。「他人の気持ちがわかる非A型人間」に育てることが、今最も日本の母親に求められていることだと思います。

フランスのように、「専業主婦＝無能な女性」（A型思考）にまどわされることなく、自分の生き方を決めてほしいと思います。

■子どもの育て方がわからない

これからの項は、いくつかの具体的なことがらについて、私が教えてきた（教えている）子どもたちから見える、ご父母の姿を書いておこうと思います。

まず最初にお話ししておかなければならないことがあるのです。

それはこんなことです。

現代人はA型人間がほとんどですよね。

特に日本人は余裕のない（器用さとまじめさが禍《わざわい》して）A型人間にさせられてしまっていますので、「待つ」ことと「我慢する」ことが、とても苦手です。しかもかなり重症ですよ。

物事を時間をかけて考えることができない。

「器用さから生まれた技術」がさらに拍車をかける。利便性だけが追求される。

「ボタンタッチ社会」といったらいいでしょうか。

すべてがタッチです。

「お風呂」、「エアコン」、「電気ポット」、「炊飯器」、「ストーブ」、「車のエンジン」など、数えあげればきりがない。生活の中で、それ以外の部分があるのか、と思ってしまいます。

それで私は、いつも生徒さんのご父母には、次のようなことをお話ししています。

・「子育て」と「教育」は、長い時間をかけて、「辛抱」、「努力」、「長期戦」である。

これだけは、ボタンタッチ社会の常識は通用しません。

このことだけは、しっかり頭に（いや身にしみて）入れておいてほしいのです。

ＩＴ社会は、「右へ向け」とコマンドすれば、「右へ向き」ます。

ところが、子どもってB型ですよ。千変万化します。育児書通りにいかないんです。

個人差（遺伝子からくる体などの動き）も大きくて、ややこしい、やっかいです。

「左に向いたり」します。逆になったりします。

すでに、今のご父母の世代は、いわゆる「ゲーム世代」になっていますよね。それに映像世代（映像を優先する）でもあります。

そこで、生まれてはじめて、子育てがはじまる頃、「子どもって、思うようにいかないなあ」と実感するのではないでしょうか。

いままでの常識が通じない。

「ああすれば、こうなるはずだ」が通じない。

特に高学歴のご父母はあふれる知識を持っています。しかし、その知識が災いして、「子育てうつ」になったりもします。

昔は祖父母が近くにいた人が多いため、困った時には、助けを求められました。

しかし、今は違いますよね。

いっしょにいる人は少ない。相談相手がいない。そこで、ネット情報やメル友情報でしょうが、それでも、うまくいかないことが多い。なぜか。情報は一般的なことだからです。自分の子にピッタリあてはまらない。

少しややこしい言い方になりますが、「情報知（情報から得る知）」は、第一章のはじめに示した「人間能力分類表」によれば、様々なメディアからやってくる万人的な「知識」でしかないのです。

自分の子の現実とは違います。

一方、祖父母のそれは、「知恵（実践）」です。

実際に経験しているのだから、これほど確かなことはない。遺伝的適合性もあります。

もちろん、時代は常に動いていて、一日とて同じではない。毎日毎日人は変化しています。人が創る社会もまた変化しています。

だから、祖父母の知恵がそのまま、自分の子に当てはまるかは無理な面もあるでしょう。

しかし、人は遺伝子にかなりの部分を支配されている（この話は後の章で書きます）ことを考えれば、祖父母のアドバイスは、他情報より有効なことが多いのではないかと思うのです。

変化の激しい時代は、「情報は発信した瞬間に古くなり死んでいく」

それに対して、「人は子どもに限らず、常により大きく変化しながら、生きていく」

人が常に先を行く。その後を情報が追いかける。「情報が早い時代だ」と言われるけれど、そうじゃない。人の行動の方が早い。

しかも、個人差もあります。

このような意味でも、子育てが難しい時代だと言っていいだろう。

一方、高レベルA型人間ではないカップルの子育てはどうだろう。

今結婚が「二極分化」している（早婚、または晩婚）中で、学生時代（中学高校）に学力が平均以下であった人は、十八歳から二十歳位で結婚する人が多い。結婚へのハードルが低いのです。

学生時代は、無理やりA型人間（知識つめ込み教育で）にさせられるものの、もともとあまり勉強に興味がもてない人々なので、卒業後は、自分の仕事に関する資格等はあるかも知れないが、全体として、B型人間にもどってしまう傾向があると思います。

B型人間カップルが親になったら、どうなるのでしょう。

もともと勉強はあまり好きではないのだから、情報があっても、あまり参考にしない。かといって、祖父母にも相談しない。

情報にふり回されないことはいいのだが、今度は、「無知」と「無茶」の世界が待っているでしょう。子育てがうまくいかないと、いわゆる「虐待《ぎゃくたい》夫婦」に変身してしまう恐れがあります。

現在問題になっている「親子や夫婦間のＤＶ」です。離婚の原因にもなっていると思います。

こう考えてくると、A型夫婦もB型夫婦もなかなか「子育てがうまくいかないなあ」の世界で生きていると思うのです。

「情報があり過ぎてもうまくいかない」（A型）

「情報を得ない、または自分の好きな情報は集めるが、子育ては面倒臭《めんどくさ》いので二の次だ」これも困ったものです（B型）。

この状況は、「少子化」にも関連します。

A型カップル＝「子どもは難しい」ので、一人か二人でいい。夫婦の生活を楽しみたい。

B型カップル＝「経済的にも大変だし、子どもも将来苦労するだろう」から、生まない。

前述した「意識格差意識」である。しかも、「心理的格差意識」の方が私は強いのではないか（経済的なそれより）と思っているのです。

昔の女の人（大正初期）は、経済的には貧しくても、多くの子どもを産んでいたのだから。

最後に、子どもについての見方、考え方を書いておきたいと思います。

子どもはもともと、親の意向で（何人作るか）云々するものではないと思うのです。

昔は「子どもは授《さず》かるもの」という見方がありました。だから、「子宝」なのです。

世の中には、身体の不調（病気）で、子どもがほしくても、できない夫婦が何百万組もいるのです。誰が悪いわけでもないだろう。

好きで病気になる人はいないのだから（身体の問題は後の項で書きます）。

もちろん、「子どもは作らない」という哲学があり、いない夫婦もいる。それはそれでいい。あるいは、「独身主義者」も増えています。

だから、ある意味で、「子どもが生まれる」ことはスゴイことなのです。男がいい、女がいいと贅沢《ぜいたく》を言わず、謝意《しゃい》で育ててほしいです。

■子どもの躾《しつけ》は必要

子どもは動いている。毎日毎日成長します。

個人差もある。子育てに正解はありません。

予防接種など身体的なことは、自治体から連絡がきます。それに従えばよい。

それ以外のことは、親も毎日毎日が勉強だと思って、子どもにつきあう以外にないのです。

その場合、あまり考えない（ああなれば、こうなるはずだと考えない）ことが大切だと思いますよ。神経質すぎるのはよくない。

「学ぶ」という作業は、「お互いに学ぶ」ということなんですよ。コミュニケーションの中で。

「先生対生徒」、「親対子ども」、この関係は対立するものではなく、「お互いに学ぶ」ものです。

A型人間はこれが苦手です。

先生は生徒に、親は子どもに、一方的に教えようとしていませんか。

私に言わせれば、B型人間である生徒や子どもがあくまで主役なんですよ。

これについては、第一章でも書きました。

そうは言っても、「ではどうすればいいんですか」という声が聞こえてきそうですね。

そこで、これからの項はいくつかの重要なことがらについて、私なりの回答をお届けしたいと思うのです（永年の教育経験より）。

若いご父母が過《あやま》ったり、悩んだり、無関心だったりするようなことです。

まず「子育て（教育も同じ）全体」について言えるキーワードはこれです（特にお母さん）。

気づいているのに、できないことです。

「上から目線語を使わない」

「～しなさい」、「こうしちゃダメよ」、とうるさく母親は言う。心ではわかっていても（B能力）、実際には、A型人間用語を使います。

A型人間にさせられてしまっている人は、自分でもどうしてこうなるのか、わからない。

叱《しか》ることしかできない。フォローもしない。

なぜ叱られるのか、子どもはわからないこともある。ではなぜそうなるのか。

物心がついてくると、子どもは「なぜか」を考えるようになる。親の行動についても。

母親はその「なぜ」について、答えてあげないといけません。

これを答えないで、ただ「～しなさい」調では、子どもは迷う。すっきりしません。

たとえば、人から「物や気持ち」をもらったなら、「ありがとうございます」と教える。

これは正しい。三歳位までは、それだけでよろしい。しかし、四、五歳になったら、きちんとその意味を教えてあげるのです。

この作業をしないといけない。

一つの物が出来るまでに、それが自分の手元に届くまでに、どれだけの人が関係し、動いたかを順を追って説明してくださいよ。

子どもを納得させなければいけません。

「公共施設に行ったら、どうするか」、「病院へ行ったら、どうするか」、「電車に乗ったら、どうするか」、ルールやマナーを教えます。

そして、その理由も教えます。

できるだけ早く教えましょうよ。

一般に、「心」と「言」は循環するんです。

感謝の心（理由づけがあり）から、ありがとうの言語行動がある。この場合の「心」はAであり、「言」はBである。A↓B↓A↓B↓Aです。

「ルールやマナー」についても、同様です。

精神（なぜ騒いではいけないのかがわかる）、そして、その態度行動（型といってもよい）がとれる。A↓B↓A↓B↓Aです。

精神↓型↓精神↓型↓精神という循環です。

小さい頃は精神がよくわからない。だから、型から入っていく。それでいいのです。だんだんに循環を教え、身につけさせていく。これが躾《しつけ》であり、教育だと思うのですが、どうでしょうか。「躾《しつけ》」は「身を美しく」ですよ。

私の論では、小学校まではご家庭の責任ですから、学校の先生まかせにしないで、子どもをしっかり躾けてください。

今からでも遅くはありません。

「～しなさい」ではなく、「～しましょうよ」です。

理由づけも忘れずにお願いします。

なお、躾に無関心、キャリア主婦なので……時間がないなどと言っているお母さんはどうなるのでしょう。

私は知りません。必ずそのつけは回ってくるでしょう。「因果応報」です。手遅れになる。どんな形でくるかわかりません。

「非行」、「不登校」、「ひきこもり」、いくらでも考えられます。とにかく不幸な出来事に違いありません。すべてご父母の責任になります。

女性（母親）が働くことは、経済的より重大な、家庭的に大きなリスクを伴《ともな》うものです。

それを言っておきたいと思います。

なお、お子さんが中学生になったら、先生に任せる方がいいでしょう。

親はヘルパーになる。それがいい。

私は中学生のよくある質問、「なぜ多くの科目の勉強をしなければいけないのか」に対して、「今必要なくても、人生のいつか必要になる場合もある」と答えることにしています。

それも躾の一つなのです。

■「過干渉」VS「放任主義」

躾《しつけ》がうまくいけば、後は放っておいてもうまくいくのですが、大きな問題が起こる前の段階として、多くの母親がやってしまうことがあります。

自立を迎える中学生の時期に、子どもに対して、うるさく干渉してくる行動です。

最近のお母さんは過保護ですよね。

それは誰も（母親自身が認めている）わかっている。でも、私から言わせれば、「過保護」ではなく、「過過保護」なんですよ。

それほど遠くもないのに、塾の送り迎え（車）をする。それをおかしいと思わない。

中学生になったら、自分の足で通わせてくださいよ。特に男子がダメなんです。

「過保護は悪くない」と私は常々言っています。

「最近は、犯罪も多くて……」という母親の声も聞こえてきます。「どう通おうと、うちの自由」という考え方もあるでしょう。

でも、私は、それは「過過保護だ」と思います。

「自分で通うことも、学習、教育の一つ」なんですよ。自力で来るよう、うながします。

「甘え」がいつか「草食系男子」を生むことは、最初の項に書きましたよね。

ところで、「過干渉」はどうでしょう。

実は、これも「甘え」の裏返しなんですよ。

「癒着行動」と言っていい。本人も気づかないから、始末が悪い。わずらわしい。

中学生になれば、次のような変化が起きます。

「おしゃべりだった子が、急に話さなくなる」

「自分の部屋から出てこない」

「家族といっしょには行動しなくなる」

「友達の方を大切にする（家族より）」

「自分の意見を出してくる」

「異性のことを意識してくる」

子どもが自立する現象（サイン）なのに、過干渉によって、これをつぶしてしまうんです。

「子ども」にとって、とても迷惑なのです。

うっとうしくて、いやな存在でしかない。

自分自身が変わらないと、変化が大きい子どもとの間にギャップが出てしまう。

「子離れ」ができない。甘えた親になります。

一方、「放任主義」はどうでしょう。

二十歳前後に結婚して、子どもを持つご父母は、一般的イメージとして、「放任主義」でしょう。躾《しつけ》もあまりしないし、声がけもしない。

子どもも、どうしていいかわからない。

身体の扱いがうまくないので、事件や事故を起こしたりする。そこではじめて学びます。

人間って、やっかいですよね。

どちらに傾いても、あまりいいことはないと思うのです。

もう数十年前のことだと思いますが、時の若者について、次のようなことが言われました。

今もそうかも知れません。

「三無主義」です。

「無気力、無責任、無関心」だったと思います。

最近では、感動もあまりない（スポーツや芸術などでエネルギー消費できる人はいいが）ので、「無感動」も入れて、「四無主義」です。

こんな子どもや若者が増えているとしたら、これほどつらいことはありません。

「親がうるさくて、ビクビクしている」（小中学生＝特に男子）〈本来なら困った時だけ助言する〉

「何を言っても分かってもらえない」（高校生）

「相談事はしたくない。どうせ否定されるのだから……。友達の方がいい」

「話をしてもムダだから、話さない」

今の子どもの家庭環境はかなりひどい。

人は好き好んで、ニヒリズムになるのではないと思います。

ニーチェやハイデッガー（哲学者）がそれを云々したとして、それが若者の思想になるのはおかしい。納得がいかない。

それぞれの生きた時代背景の中で、そうなってしまったのだと考えたいのです。

私は思う。「歴史」は「身体精神自由化の歴史だ」と。古今東西、社会体制、家庭環境等の外部要因によって、人々は生きて行きにくい状況におかれる。それはどうしようもない。

A型人間がB型人間を威圧するのです。

国家（A）が国民（B）を支配する。〈自由を奪《うば》う〉

親（A）が子ども（B）をペット化する。〈同右〉

どちらもB側が不幸になる。A側の都合。

罪深いのは、A側は洗脳している（実は自分も洗脳されているのだが）ことに気づかない。

犯罪者がよく「悪いこととは知りながら」などと言う。「罪の意識」がある。そこは救いがある。

それに比べ、A型人間は、その意識がないのです。

「犯罪者より罪が重い」。私はそう思う。

罪の意識がなく、自分達の主張を通すとどうなるか、国家的事件と言えば「強制自白による冤罪《えんざい》事件」、「検察官不祥事」など、数えあげれば（小さなものも含めれば）きりがないだろう。「子どもの家出や犯罪」も、原因は子ども（B）よりも、大人（A）側に多くあると思うのです。

A型大人がその自覚もなく、無意識の世界まできて物事をやるとき、社会は混乱する。家庭問題である、子どもに対する「過干渉」や「放任主義」も、ともに「大人の無責任」でしょう。

■教師をリスペクトできない時代

前述したように、国家や親がA型人間をやっていると、それは子どもの人格にストレートに反映する。私はそう思っています。

くりかえすようだが、「子どもは親の鏡」、「親は子どもの鏡」なんですよ。親の行動をみれば、子どもの行動がわかり、子どもの行動をみれば、親の行動がわかる。これは当っています。

全体的に現代のご父母は、(学校の)先生にはあまり期待していません。表向きは、「先生を頼りにしていますので、よろしくお願いします」という顔をしている。でも、結局、今の学校制度、社会システムでは、(それがいいとは私は思っていないのだが)受験を重視せざるを得ない。

とにかく、「目的」と「手段」が逆転している日本国では、進学塾や個別指導塾の先生方の方が信頼されてしまう。それがいいかどうかは一概には言えないが、現実はそうです。

教育は(家庭教育を除き)、他人に任せる作業です。だから、親は「公教育だろうと塾などの私教育だろうと、余計な口をはさむべきでない」。そんなこと当たり前じゃないですか。

しかし、現代の現実はどうだろう。

私の教育論によれば、教育は畢竟《ひっきょう》、「生きる力」を子ども達につけてやることなのです。

これが正しいならば、次のことが言えます。

「知力」、「体力」、「意志（精神）力」、「素直な性格」。

私は、このうち、「知力」を除いた条件を、「生きる力」として、提唱してきたのです。

それはそのまま、「受験成功三大条件」になるという考え方なのです。

「知力」をなぜ除いたかと言われれば、世の大人達は、「知力」＝「頭の作業」と勘違いしているからです。A型人間である現代人は、気づかないかも知れませんが、実は「知力」＝「体の作業」なのです。それはどういうことか、次の項で書きますので、ここでは書きません。

とにかく、「体力」をつけることは、すべてを変えるキーポイントなんです。

ところが、今の親はおかしいんです。

「モンスターペアレンツ」は特殊な人々だとしても、ごく普通の親でもこう考えてしまう。

「危険な遊びはやらせないでほしい」

「スポーツにおける競争はよくない」

「長時間の徒歩遠足はさせないでください」

「体力」「意志力」を鍛えなくてどうするんですか。いつ身につけるんですかと言いたくなります。

私のような私教育にも、注文というか、親の身勝手さから、変なことを言ってくる人もおります。こんな親や生徒は教育できません。

「夏講習の時間が、うちの子には多過ぎるので、半分だけ受けられますか」

「選択科目の理社、ちょっとやめたいんですけど」（子どもがイヤがってきたらしい）

それぞれの塾には、それぞれのやり方があって、それがいいか悪いかは別にして、その塾で勉強している以上は、その塾に従うのが原則だと思うのです。

ところが、学校でも塾でも、特に塾では、権利意識（授業料を払っている）があり、そんな変な行動になってしまいます。

特に、私の塾では、「通常授業」→「夏期授業」→「通常授業」→「冬期授業」と、すべてが関連して流れていきますので、途中はぶかれると、後の授業がやりにくく、効果も期待できません。

結局、授業料もムダになり、思うような高校（志望校）へも不合格になったりもします。

「体力」がなく、すぐに熱を出したり、「親の都合」で、やたらに塾をお休みさせたりする親や子は、もう一度考え直してほしいと思います。

このような理由で、最近では、次のような学校の先生が増えているようです。

「親がうるさいので、ほどほどにしておこう」

「授業中寝ていても、あまり注意しない。騒がれるよりいい」（学級崩壊を恐れて）

逆に、元気な先生は生徒の自由度を制限する行動に走ったりします。

「授業態度を細かくチェックする」

「服装や髪型をうるさく注意する」

「集合時間に神経質になる」

また、中学校であれば、高校進学へ直結する内申書（生徒への所見）を盾にして、生徒をおどしたりもするでしょう。

これでは、結果として、やはりうまくいかないのではないでしょうか。

弱気な先生も、強気な先生も、どちらもうまくいかない。国家教育行政（文部科学省）も、各都道府県、市町村の教育委員会も、これといったアイディアもなく、悩んでいるのが現実だろう。どうしたらいいか、分からないのです。

A型エリート人間の教育は、「上から目線」または、「後ろ向きの妥協」のどちらかでしかない。これはもうはっきりしてきたことではないか。議論する余地などないと思う。

親も学校の先生も信頼できず、子ども達は今、何を信じたらいいのか悩んでいます。

大人のウソも見抜く。だから、自分達もウソを言ってもいいのだと、狡《ずる》さも身につける。

こんな状況が今続いているのだと思います。

権利意識が強く、教師を信頼や尊敬（リスペクト）できない親、その鏡である生徒、また親子間、教師と生徒間の溝もあります。

本来ならば、この三者は、よい循環である信頼関係で結ばれていなければならない。

そうならなかったのはなぜか。

もちろん、戦後教育に問題があったからに違いない。くりかえし述べるA型人間大量生産教育のつけです。

「ではどうすればいいんですか」の切実な声に対して、そのヒントとなる考え方を、はっきり書いておきたい。

このことが私の「この質問に対する明快な回答」です。

「真の関係を結ぶ」

これはどういうことだろう。

読者は思うかも知れません。

この関係は、欧米人には馴染《なじ》んでいるのだが、日本人には意識しづらい考え方なのです。

たとえば、こういう事実をあなたはご存じでしたか。

欧米人は、ある「ルール」について、力を入れ、そのルールを創るまでに、「ああでもない、こうでもない」と長く長く議論します。

でも、一度決まったら、全員それを守る。

日本人は違います（昔の村社会の慣習か）。

「ルール」を創るのは、早目です。簡単です。

でも、決まったあとに、「あれはよくない、これはどうも……」とぶつぶつ言いだす。

前者が「真の関係」なのです。

「一度決めたら、（当事者間で）それを守る」

教育は「教師対生徒」の関係ですよね。

だったら、親は直接関係ないのです。

親はあくまでヘルパーです。

「教育を受ける」ということは、そういうことです。教師の指導に口出ししてはいけない。

その代わり、教師も、任せられた以上は、命がけで生徒を指導する。当たり前です。

それが教師の役割（使命）です。責任教育。

「真の関係」を結ぶには、「自由意志」が必要です。

そのような意味で、塾（私教育）の方が有利ですよ。入るか入らないか、自由ですから。

その塾が自分に適していれば入るし、適さなければ入る必要はないのだから。

学校は公教育だから難しいのです。

特に小中学校は義務教育だから、「入る権利」もあるけれど、「好きでもない勉強をやらされる義務意識」も残る。まして、いい先生に当たればいいが、やる気のない先生だと困ります。

先生の方も、生徒をやめさせることはできない。これはどう考えても、「真の関係ではない」ですよね。その点、塾はどちらからも関係を断つことができます。

では、学校での教育はどうすればいいのでしょう。無理なのでしょうか、理想的教育は。

実は、「そんなことはない」と私は思っているのです。要するに、何が問題かと言えば、教師の質なんですよ。ここに問題があるのです。

大学を出る（教師志望の人はまじめですので）と、A型エリート先生になりやすい。子どもはB型なので、つきあいにくい。

先生も「今の子はあつかいにくくて困る」ということになる。親もうるさい。まじめな先生ほど苦労する。場合によっては、「うつ」になり、若くして自殺したりします。

私はこれに対して、秘策を用意しているのです。それは最終章で具体的に述べますが、ここではポイントを書いておきます（二つ）。

・教師の皆さん（小中高とも）を、非A型人間に変えてあげればいい。

・今までの教育、教員採用制度を一部変えればいい。

私塾ほどの自由度は得られないかも知れませんが、今よりずっと良くなるはずです。

公教育は公教育の役割（使命）があり、私教育にはまた別の役割がある。「人間」は「人《ひと》の間《あいだ》」です。

教師、親、子どもの間《ま》をうまく回転させてあげれば、必ず日本の教育は再生するはずです。

■「頭」と「身体」のアンバランス

戦後教育が要するにA型人間を創ってきたことに、異論の余地はないでしょう。「A能力＝知識」です。一方、「B能力＝知恵」です。そのバランスがくずれて、ほとんどすべてA能力だけになり果てました（苦笑）。

「知識偏重＝知育偏重」教育という言葉は、すでに数十年前から言われてきたことでしょう。誰もがおかしいと気づいています。

でも、どうしたらいいか、誰もわからない。

私の尊敬する養老孟司先生の書物にこんな言葉がある。

「大学へ行くとバカになる」（昔の人の言葉）

「東大のバカ学生」

なるほどそういうことかと私は思いましたね。皆さんはどう思いますか。

東京大学の中でも、最高偏差値（理系）人間が集まる医学部の先生が、この言葉を述べていることに、カルチャーショックを感じませんか。どういうことか、とまどってしまう人もいるかも知れません。

今や「常識」が「非常識」になり、「非常識」が「常識」になってしまった世の中では、当たり前のことが当たり前に理解されなくなってしまうのです。これらも、教育が変わればそのうち正常にもどると思いますが、ここしばらくは時間がかかると思います。

何しろ、「教育と子育て」は時間がかかりますので、「ボタン一つでハイ変わりました」というわけにはいきませんよ。

そこで、この項では、B能力を育てるにはどうしたらいいか、あわせて前述した言葉の意味などを考えてみたいと思います。

今の教育制度では、B能力を育てることは難しいというのが私の基本的考えです。

でも、国家公教育行政機関（文部科学省）は、無理やり、「ゆとり教育」や「自然教育」でもやってみようかというレベルで考えます。

知識（A）だけじゃダメだから、体験（B）させようということでしょう。主旨はわかる。ゆとりの時間（知識つめ込みをやめて）を作って、総合学習をしましょう（B教育）。

その結果どうなったかと言えば、ご存じのとおり、「子ども達の学力の低下」を招いたのでした。ゆとり教育の失敗ですね（それでも、世界的に見れば高い方ですが）。

そこで、平成二十三、二十四年度で、小中学校の学習内容大幅増加完全移行になります。何てことはない、元にもどっただけなのです。学習塾のテキストは昔から学校の教科書より詳しく広いので、それほど右往左往することはありません。ほぼ今まで通りです。

英語なども、私塾では昔から小学生に教えていたので、「小学校の英語義務化」と言っても、「今ごろそんなことを……」という感じですね。

一方、「自然教育」はどうでしょう。

自然の中で学ばせると言っても、年に何回か、イモほり、大根ぬきなどをやらせても、あんまり意味はないのではないかと思うのです。それでは身につかない。

自然を学ぶということは、子育てと同様に、そんなに簡単なことではないと思います。タネをまくことからはじめて、途中の世話をして、途中でダメになることも経験しながら、「なかなかうまくいかないなあ」とタメ息をつく。それから学ぶことが体験ですよ。

こう考えてくると、公教育は、自らの矛盾をかかえて（ジレンマ）、できないくせに、無理やりやろうとしていませんか。

自然を学ばせるのは、「家庭教育（B）」でいいと思いますよ。学校は欲ばらなくていい。自宅で動物や植物を育て、最初から最後まで面倒をみる。そこから、子どもは何かを学ぶようになる。これでいいと思います。

「大学へ行くとバカになる」というのは、「頭でっかち（知識しかない）」になり、実生活ができなくなるよ」という警告なのです。

A型人間の成れの果てが東大医学部だから、変な学生も入ってくる（非常識な感覚の学生）。

こんな人が「人をみる医者になるのか、困ったものだ」という意味を込めて、「東大のバカ学生」と呼んだのでしょう。人は「生体（B）」だから。

小中学生の通知表（成績表）の欄に、よく子ども達の行動に関するものがあると思います。「整理整頓ができる」、「他人と協調できる」、「奉仕心がある」、「公平な行動ができる」。

まあ、よく考えたなあと思うのだが、これらも、よく考えてみるとおかしいのです。

自ら学ぶことで、「判断力」、「分析力」、「総合力」、「忍耐力」、「持続力」など、人間に必要な能力、態度や行動力が身につく（B）のです。

教育の中で、それらを教えていくのが教育なのに、それをやらずに、あの欄に○をつけても意味がない。教育の意味がない。

おかしいといえばおかしい教育ですね。

頭（A）だけで考えて、行動（B）がともなわない教育。理念だけで、具体的行動がなければどうしようもないのです。

また「数学などの知的遊び」でも、うまく教えれば、基礎（A）→応用（B）→進化基礎（A）→進化応用（B）の循環思考を経験させることができます。〈言葉遊び〉

さて、最後になりましたが、前項でふれました、「知力＝体力」に関して、少し書いておきましょう。

「勉強は頭（脳）でする」に対して、脳も身体の一部だから、「勉強は身体でする」と私は主張しているのです。「頭（脳）」と「身体」はバラバラではない。

それでは「体育」をやると、頭が良くなるのですかと言われそうですね。

「体育」は、それはそれで大切です。

体を鍛えることは、生きる力の一部になります。持久力をつけることに意味がある。

しかし、ここでいう体力は、そういう意味ではなく、脳（身体の一部）を強くする栄養素のことです。そして、それは他の部分（体）も強くするという話なのです。

一般に、「今の子は体力もなく、運動能力も劣る」と言われています。

最近は、下げ止まり傾向になってきているようですが、それでも弱体していると思います。

そうすると、大多数の人が「運動しないで、ゲームばかりやっているからかな」と思います。

しかし、私の見方は違うのです。

確かに、スポーツ部ではない子どもは運動不足もその原因の一つでしょう。

でも、それだけではないと思うのです。

私は「今のお母さんもお子さんも家族も、ある栄養素が不足している」と考えているのです。

その詳細（現代人の不足栄養素）は最終章で述べますが、次のことが言えると思います。

現代の女性は「丈夫な赤ちゃんが産みにくい体質になっているのだ」と。

今の子を見て感じることは、昔の子よりも、男女とも体が大きいか、逆に小さい、しかも、筋肉が硬《かた》い、そのためか骨折しやすい傾向があると思います。

運動能力も劣る（個人差もあるが）。骨折はカルシウム不足と考えるが、それだけじゃない。

成人女性なら子どもができない。一人いても二人目ができない。体の弱い子がいる。外的要因（子宮の病気など）以外は体質に問題がある、と考えられる。
ここにも、少子化の原因があると思います。

■「読書」VS「ゲーム」

「読書離れ」が叫ばれてから久しい。

もちろん、その原因は「映像文化」、「ゲーム主義」の台頭であろう。

この項では、避けて通れないこの二つの関係について、私なりの考え方を書いておこうと思います。若い世代（五十歳代以下）の方に参考になればいいと思います。

当塾の新聞チラシ広告に、「読書習慣のあるお子様はより高く学力が伸びます」と書いたことがあります。

このチラシを読んだお母さんは、頭（A）では、「やっぱりそうなのかなあ」程度で受けとめていたことでしょう。

昔は、トランプ程度はありましたが、ゲームと呼べるものは、それほどありませんでした。だから子どもは本を読んでいたのです。もちろん、漫画もありましたが、ほのぼのとしたものや、正義感を教えるものや、未来物でも「鉄腕アトム」（今でも使われている）など人間くさいやさしさを演出した作品が多かったと思います。不健全なものはあまりなかったように思います。

ところが昭和五十年代だったと思いますが、「インベーダーゲーム」が登場したあたりから、異常な時代がはじまってしまったのだと思います。

「人を攻撃することに、快感をおぼえる」ような思想が、若者に植えつけられてしまったのです。近代合理主義は、人との接触を避け、利便性を追求する。ボタンタッチ文化を生み出し、それに呼応するかのように、手先だけでものを動かす（日本人の器用さはそれに拍車をかけたと言える）文化がはじまってしまったのです。こんなものは文化とは言えない。

それから現代まで、ひたすらゲームは進化し、車や家電品とともに、一大市場へと変身していったのでした。

「アニメ文化」も同様です。

世界中で受け入れられているからといって、ただそれだけで、文化と呼ぶのはおかしい。

私はこの本の「はじめに」で、「言葉を正すことで、まともな社会を再生したい」と述べました。

日本人はもともと言葉には敏感だったはずなのに、戦後の教育により、鈍くなり（A型化）、物事の判断ができなくなったのだと思います。

「バトル物」、「学園女子物」などは、文化も、思想もなにもない、狂った社会の裏反映でしかない。日本人として、はずかしくないのかと思ってしまいます。私の感覚が古いのだろうか。

バーチャル（仮想）世界で遊ぶこと自体は、悪いことではないけれど、「人をボタンで殺す」、「女子の痴態《ちたい》」を売りものにすることは許されない。文化が消えていく兆候だと思います。

「ゲーム」や「アニメ」があるのが当たり前の顔をする現代では、子ども達ばかりではなく、その親の世代もすでにゲーム洗脳世代であり、どうすることもできないところまで来ているのだと思う。これといった特効薬もない。

このようなわけで、まともな読書はますます、日本人から遠のいていくようです。

では書物の世界はどうか。

若者に受けそうなものは、「ゲーム化」され、「アニメ化」される。「書物」・「ゲーム」・「アニメ」の三現化で攻めてくる。「映画化」もされます。

それはそれでしかたがない「企業文化」かも知れないが、前述したように、資本主義のあり方は本来、「何でも売れればいい」という無責任なものではないはずです。

自分達（大人）のやっていることが、社会にどう影響を与えるかを考えてほしい。

この世界はB能力なので、B型人間もまた問題をかかえているのだと思います。

次に「猥褻《わいせつ》漫画」に関する議論がかまびすしいようですので、私の見方を書いておきます。

「十八歳未満禁止漫画、図書、ＤＶＤ」などは、絶対子どもには見せてはいけない。

また、特に漫画の表現は「どこまでがワイセツか」の線引きが難しい。「警察vs作家（表現の自由）」になる。そこで、この種の本は、本屋さんの売り場の中で、「別部屋」を作り、売ればどうだろう。今は青少年にも見える所にある（!?）。

国家が作家の表現の自由を奪うのは、憲法上問題があります。裁判沙汰になりかねない。

また、だからと言って、作家も今のままでいいと考えないでほしい。前述したように「売れるものなら何でも描く」（少女の体の部分を大人化して、強調するような裸体画など）態度は、まともな大人が取る態度とは思えないが、どうだろう。作家も人の子。子ども時代に抑圧された人間が、大人になって、あんな絵を描く人になってしまうこともあるのです。

もともと、A型人間に向かない人（少数派ながらいるのです）が、戦後のA型人間教育の中で苦しみ、その抑圧感情を爆発させると、ああなるのかも知れない。

性犯罪への抑止力になっている場合もあります。

識者（A型人間＝学者や評論家など）の意見は当たらない。「けしからん」と偉そうなことを言ってもはじまらない。あの人々の生活もあるのです。

淋しいのです。母親が外に出ていて、いつも一人ぼっちだったのかも知れない。愛情に飢《う》えていたのかも知れない。社会が悪い。

このように、この問題にも演繹《えんえき》法を用いることが大切なのだと思います。

なお、成人（十八歳以上）したら、個人の自由です。大人の責任で、それらを管理（子どもには見せない）しながら、楽しめばいいと思います。

以上が私の考え方ですが、いかがでしょう。

さて、これから、本題にもどります。この項では、「ゲーム」や「アニメ漫画」よりも、まともな本を読む読書について書きます。

本の世界も実は少し問題があるのです。

たとえば、「ミステリー（推理）ブーム」である。

大人も子どももミステリーが好きです。

確かに、一昔前も、江戸川乱歩の『怪人二十面相』にみられる少年探偵小説は、「ミステリー作品の始まり」といってよく、今に始まったわけではありません。

大人向けの作品は、「殺人ミステリー」がほとんどです。個人的な怨恨《えんこん》事件がほとんどです。中には、ここ五十年位の間で、松本清張や山崎豊子など、社会派小説（犯人探しだけではなく、その犯罪の社会的背景を描く）を書く作家も出てきているが、その数は多くない。

一方、子ども向けのミステリー作品はどうでしょう。少年探偵団小説は、犯人探しというよりも、少年らしい正義感が前面に出ていたように思う。社会を正すような……。

しかし、現代もののそれは、「学園ホラーミステリー」が多い。ここには正義はない。

そこにあるのは、「陰湿ないじめ」です。

子どもの恐怖心をあおるようなイメージです。これは大人の作品にもあるのだが。

もともと、日本人は性善説であった。

しかし、近代合理主義は、その教育とともに、日本人を性悪説に変えてしまったのではないか。そして、好奇心の強い日本人は、「それを見たい」として、「ミステリー作品」に飛びついたのではないかと推理する（!?）のですが、いかがでしょう。

それを売り物（恐怖心）にしていたら、世の中を良くする方向に導いていくことにはならないと思うのですが、どうでしょう。

ここでも、「売れるものは何でも書く」という偽エネルギー資本主義がみられるのです。

このように考えてくると、大人が「ミステリー」を読みながら、子どもには「それは読むな」とは言えない。今のご父母は、なかなか本を子どもに読ませることができないということになります。親がまともな本を読まない。

だから、子どもも読まない。

小学校時代に読書習慣がない子が、中学校に入ると、国語の成績が伸びない。他の科目も伸びない（日本語がまともに読めないので、他の科目の内容も理解できなくなる）。

当然といえば当然ですね。不思議はない。

こう考えてくると、まともな本は、それ以外の本から選んで読むしかない。親や教師がすすめてもいいし、子ども達が自ら探すのも悪くはないと思います。

できれば、オタク化しないように、なるべく広いジャンルの本を乱読した方がいいのではないかと思います。自分の興味だけを満たしていては、いずれ大人になって、「バカの壁」を作りやすくなってしまうのだから。

最後に恐い話をします。

世のお母さんはご注意ください。

「ゲーム」「携帯電話」「インターネット」など映像機器ツールをやり過ぎる（一日三、四時間またはそれ以上）と、いわゆる「ゲーム脳」になりますよ。

「ゲーム脳」というのは、「ゲームだけに反応する脳」のことです。人間の脳は新しい脳（外側の新皮質）と古い脳（内側の辺縁系《へんえんけい》）、さらに中心に脳幹があるのです。このうち、真ん中の大脳辺縁系の中にある、「扁桃核《へんとうかく》」という脳部分が、好き嫌いを判断していると言われています。

物事や、食物等の好き嫌いを決定します。

ここで「ゲームは好き、他は嫌い」と判断してしまえば、子どもは「ゲーム脳」になります。ましてて子どもの脳は、三～五歳でほぼ完成してしまいます。そこへ毎日毎日ゲーム漬けの生活をさせ、十年も経てば、完全に「ゲーム脳」になりますよ。これは親の責任です。

私たち私塾の教師は、このゲーム脳の洗脳を解くために、苦労しています。

早い人で半年、遅い人だと一、二年位かかります。それまで成績はあまり上がりません。

「塾へ行っているのに、成績が上がらない」と文句をいうご父母に対して、「お宅のお子さんはかなり『ヘビーゲーム脳』ですので、二年位かかるかも知れませんよ」という回答をします。

今のお母さんは、「時間を待てない」「欲ばりである」、この二点で成り立っています。

国語のボタンを押せば国語、数学のボタンを押せば数学、英語のボタンを押せば英語というように、成績が上がると思っています。

教育は自動販売機じゃない。

勘違いしないでほしい。

小学校時代に、きちんとまともな本を読ませておけば、中学校になってあわてる必要はないのです。

中一ショック（中学になって急に成績が下がる現象）も受けなくてすみますよ。国語ができれば、数学もできる（文章の意味がよくわかるため）ようになるし、他の科目も良くなります。わかれば面白いです。

また、「数学はいいのだけれど、英語がよくないので……」というように、欲ばるお母さんも困ります。人の能力はかなりの部分遺伝子で決まってしまう（これについては第三章で述べます）ため、中学校以上の勉強では、科目間のバラツキ（能力差）が出てきます。

全部の科目ができる、いわゆる優等生は、全体の約五パーセントだと思います。それが現実です。

ただ勉強があまりにできないと、B型人間（物事の道理がわからない）になってしまいます。

子どもがゲーム好きだからといって、将来プロになれるかといったら、なれません。

ゲームメーカー、漫画家、作家などはそうとうな能力が必要。普通の人は生きていけません。

普通の人が生きていくのに、ある程度のA型脳も必要なのです。

■父親の役割

A型人間は、頭が硬くて、「バカの壁」を作ってしまう。一方、学習力がないと、B型人間（理性力を欠く）になり、生きて行きにくい。

「理屈ぬきの反対人間」になったりして、こちらも「バカの壁」を作ってしまう。

どちらも、生きて行きにくい人間になります。

だからこそ、私はこの論の中で、非A型や非B型（C型と言ってもいい）人間を目指そうと主張しているつもりなのです。

ところで、現実のご家庭における父親の存在感があまりなくなってきたと言われて、数十年位経つでしょうか。

戦前（昭和初期）の軍国主義時代の父親像と言えば、「何の根拠もない（国家洗脳された）強硬型人間」であり、思想性（国家に忠誠する）もあり、B型人間と言っていいでしょう。

思考停止人間ほどあぶない人間はいない。

自分の行動に反省がない。

A型人間もそうだが、B型人間も、自省して、検証することができない。

やらないのか、やれないのかよくわからない。困った人々です。

その単なる反動から、戦後の日本の父親像は、「物分かりのいい優しい父親」になっていったと考えられるのです。

その方向性は間違っていなかったと思います。

最近では、共働き夫婦が増えているため、家事や育児を手伝う、いわゆる「イクメン男性」が登場してきています。

これも、悪いことではないと思います。

しかしながら、このまま父親の存在感がない社会でいいのだろうかと考えてしまう。

母子家庭や単身赴任などで父親が家にいない場合はしかたがないが、ご父母がいる家庭で、いてもいなくても同じということであれば、問題であろう。

私はやはり、父親の役割はあるのだと思うのです。

そうでなければ「生活費を運ぶだけの機械」にすぎない。それでは人としての価値がない。

私は思う。今母親は一言で言えばA型人である。だから、男子である父親はA能力を修正してあげればいい。

学校の勉強は主にA（知識）であるが、母親はそれをうるさく言う。強いる。それを子どものためと言うが、実は自分の見栄のためなのです。見栄は理性であるから、A思考です。「うちの子は勉強ができる」。それだけ。

父親なら、「知識などそんなものそれだけでは、何の役にも立たない。それがネックになって人生をあやまることもある」という言い方をしてほしいものです。

日本人は技術だ。しかし、その技術が自分の首をしめる（文字通りネック＝首）こともある。

このパラドックスをしっかり教えること。

「あぶないから、ナイフは持たせない」と言う母親に対して、「ナイフを上手に使うことも必要だ」と教えること。これも教育です。

父子でボランティアもいい。ここにおいても、A能力B能力のバランスが必要でしょう。

■祖父母の役割

現代の家庭は核家族化が進み、祖父母との同居が少ない。もちろん、最近の経済状況の中で、親の敷地内に同居する例はあるかも知れない。特に長男夫婦の場合です。

一般的に、親と離れるのは、独立したいということもあるし、仕事の関係で（たとえば、転勤等）、一つの場所にいられないこともあるだろう。若い世代の夫婦は特にそうだろう。

このような時代に、祖父母の役割はないのだろうか。子どもが小さい時、子育てへの助言については、前述した通りです。

ただ全体として、「自分たちも永い間働いてきたので後の半生は気楽に楽しみたい」という考え方の老世代が増えているような気がします。

この世代の旅行ブームもある。

今、デフレということもあって、消費をすることが経済活性化に貢献するという考え方から か、経済的に余裕が持てる世代に消費してもらおうという風潮もある。

それも悪いことではないと思う。

でも、それだけの存在だったら、今までの人生経験が無駄になるような気がするのです。

本当は人生の知恵を、若い世代に伝える仕事がまだ残されていると思うのです。

私も思うのだが、若い頃はXだと考えていたことが、年を重ねるとYになってきたということがあるのです。

人の考え方は二十、三十、四十、五十と歳を重ねることによって変化していくのが普通です。A型エリート人間（学者や教師など）はあまり変わらないかも知れない。

何しろ、「人は変わらないことがいいことだ」と信じている人が多いからです。自意識が強いと錯覚（洗脳＝思い込み）の世界から覚めない。これでは人生はわからない。まともな人なら、「若気の至りでした」なんていう言い方をしながら、若い時の失敗談などを話す。このような話の中から、若い人は何かを学んでいくものであろう。

「失敗7、成功3」位がいいかなあと思う。

子どもにも、叱るしか能がない親に対して、祖父母は「子どもはほめて育てるものだよ」とアドバイスします。人生は「物ではない」と教えます。

「ほめる8、叱る2」位がいいかなあと思う。

叱った後は、フォローする（なぜ叱られたのかよく考えさせる）ことが大切なんですよ。

親の一方的な感情表現で、うるさく言われても、子どもにとっては大迷惑です。

物事の良し悪しも、年齢がものを言う場合もあるのです。必要に応じて助言してほしい。

ただ問題は、現在六十歳から六十五歳位の団塊の世代は、A型人間に強力に洗脳されている場合もあるので、その点は注意してほしい。

これらの人々の価値を押しつけられても困るからです。「物と経済成長しかなかった」世代だから。この点は政治家の責任ではあります。

祖父母はやはり必要な存在です。偉い存在です。通信手段はいくらでもあります。「後期高齢者」など老人を侮辱《ぶじょく》する言葉を使う国家に明日はない。

第三章　人間の本質を問う

■人間の宿命

肉体を持つ点では、動物（B的）であり、理性（左脳）を持つ点ではA的である。また感性（喜怒哀楽＝右脳）はB的です。

複雑きわまりないこの人間の本質を知ることで、人間はどうあるべきかを考えていこうというのが、第三章の目的です。

一体人間という生物は何を考え、何を目指して存在しているのだろうか。

今私は、人間の本質を知ると言ったが、そんなことは、古今東西の哲学者が、知力を尽くして考えても解決しなかった問題でもあります。

したがって、普通人が考えてもどうにかなるわけでもない。無駄だと言われるかも知れません。

ただ私は、哲学者のように理性を極限まで使って云々するタイプではない。そんなことをしたら疲れきってしまう。理性に自信はない。でも感性は通常の人よりあるのではないかと思っています。

カント（ドイツの哲学者）は、有名な著書「純粋理性批判」「実践理性批判」「判断力批判」を通じて、人間理性の批判検討を行なった。

「理性」の限界を「感性」で補うという考え方だったと思います。これは私流の解釈ですが……。


たとえば、具体例を上げて説明してみましょう。

ある科学者が、害虫にだけ効果がある殺虫剤を開発したとする。

これによって、人は農作物の収穫量が飛躍的に伸びたことで、殺虫剤を良しとする。

ところが、その殺虫剤の使用で、虫が減少し、その虫を食べていた周辺の鳥が減少する。

その現象を見て、ある作家が「鳥が減少したのは殺虫剤の使用が原因である」とつきとめ、殺虫剤の禁止を訴えた。

科学者はA型人間であり、作家はB型人間であることが多い。

環境保護団体（B型思考の人々）は、やはり感情的に反対するのが普通です。

科学者は言うだろう。

「感情論で押し切ろうという人間が一番困る」

自然保護的に言えば、今地球に何千万種類の生物（動植物）がいます。

ところが、生物学者に言わせれば、現時点で、中生代（今から二億年位前）に比べて、約二〇〇〇万種類多くいるという。幸か、不幸か、生物の進化のためには、絶滅（多くの生物が死ぬ）が必要だという。

そこで、一年で約四万種の生物が絶滅していると言われているので、今から約五〇〇年はこの状態が続く方がいいという結論になる。

私的感情を思想にしてしまうことほど恐いことはない。この時点では科学者の勝ちです。反論できない。

しかし、本当はそうだろうか。

もう少し考えてみると、こう考えられないだろうか。

「殺虫剤や農薬を使用して収穫量を増やす」のは、何のためなのか。

法定伝染病（ペスト、コレラなど）やインフルエンザのような伝染病などの予防に、ノミ、ネズミの駆除、ワクチン接種、加熱加工するのは、ウイルス、細菌を殺すために行う。

では、それは何のためなのか。

科学者は言うだろう。

「そんなこと決まっているじゃないか」と。

人を生かすためです。

でも、それが正しいかどうかは誰が決めたのですか。これに答えられる人はいないだろう。

理性の限界がもうここにあります。

人間の理性なんて、こんなものなんです。

地球の寿命は約一〇〇億年だという。

そのうち約半分がすでに過ぎている。残り約半分五十億年。人類が生存できるのは、このうち約五〇〇万年ほどだという。

なぜなら、男性だけが持つY染色体（X染色体は男女とも持つ）に傷がつき、遺伝情報が少なくなり、男性の存在意味がなくなる。

さらに、これから先CO_2が、全体としては地球上から消えていき、一〇〇〇万年位で、全生物が絶滅するというストーリーです。

CO_2が減少すれば、光合成（理科で勉強したと思う）ができなくなり、植物が生存できなくなり、それを食べ続けていくなら、動物（人間以外）も死滅する（食料不足になる）。

生物が存在しなかった地球に、太陽光＋CO_2＋水の作用により、単細胞生物が誕生した。それが約四十億年前。約三十億年経った頃、多細胞生物の時代へ。そして今から約十億年から五億年前に、「理科」で勉強した「古生代」「中生代」「新生代」へ入っていくのです。

この間、氷河時代を何回かくりかえし、絶滅を経験しながら、逆にその種類を増していったと言われています。

人類はと言えば、今から四、五〇〇万年前に、アウストラロピテクス（猿人）からと言われていますので、ごく最近のことですね。

そして、前述したように、男性遺伝子の傷で、これから先約五〇〇万年で人類は絶滅する予定ですので、人類は約一〇〇〇万年程度しか地球に存在できないことになります。

その後他の生物もCO_2（二酸化炭素）が減少すれば、五〇〇万年程度で絶滅し、無生物の地球にもどり、その後五十億年程度で、地球の終わりが来ます（太陽が劣化し、地球そのものがなくなる可能性もある）。だが、不確実性もあります。

宇宙は膨張《ぼうちょう》し、エントロピーは増大し、人間の理性などは、あてにはならない。

科学的真実などはないと思う。

A型人間（学者など）がB型人間に、「感情で物を言うな」と言うなら、B型人間は逆に、「論理だけで物を言うな」と言い返せばよい。

「鳥は死んでもいい。人間が生きられれば」はおかしい。鳥に言わせれば「鳥の生命の方が、人間の生命より大切だ」と言っているかも知れない。地球にとって、人間はいてもいなくても関係ない。地球一〇〇億年の歴史からみれば、一〇〇〇万年程度はないに等しい。

結論として、次のことが言える。

・**「感情論はいけない」**。**でも「感性論はいい」**。

・**「感性論」は「理性論」と同等の価値を持つ。**

ともに思想でしかない。

A型人間は「感性論」を認めず、B型人間を「感情人間」としてみる。その思想を嫌がる。

しかし、A型人間のやっていることもまた、客観的論理的なものではなく、一つの思想にすぎない。A型人間が大きな顔をしている現代では、たいてい被害者はB型人間である。

洗脳（自分たちは正しいと）されていても、それに気づかない人々ほど、始末に負えないものはない。これは前述しましたよね。

人間は結局、どんなことを主張しても、絶対というものはなく、どんな考え方も、ぐるぐる回って矛盾にぶち当たる（統一不能）。

矛盾した脳を持つのが人間だとも言えます。

しかも、完全な脳などあり得ない。

全知全能の神と言うけれど、正に全知全能は神の領域の話なのです。

ロシアの文学者（作家）、ドストエフスキーが、人間の精神の矛盾に悩んだことに共感をおぼえる。どれだけ苦しかったことだろう。

哲学者や文学者が何について考え、何を悩んだのか、思いを馳《は》せたいものです。

科学者（A型思考人間）の「論理論」はもうあきあきしている。主観的思想をこれ以上押しつける（一般の人に）のはやめてほしい。

人間は地球の生物の一部でしかない。

地球が人間を創ったのであって、人間が地球を創ったわけではない。人脳も不完全だ。

子ども（人間）が親（地球）の能力に敵《かな》うわけがない。虚心や初心（今では死語になっているようだが）をとりもどすことが大切だと思うのです。

人間について、もう一つだけ述べておきたいことがあります。この歳になり実感すること。

それは遺伝子についてです。

人は遺伝子を無視して生まれてくることはできない。これを否定することは誰もできないだろう。宇宙物理学、原子物理学などはあまり信用できないが、地球物理学（大陸移動説など）や生命科学（医学や動植物学）の中には、否定できない事実があると思います。

子どもは親に似る。身体（顔や体型）もそうだが、性格も似る場合がある。

遺伝子が発見されていなかった時代は、なぜそうなるのか人々は分からなかった。

でもそれは当然のこととして受けとめていたのだと思う。それを不思議だとは思わない。

そして、遺伝子が発見されてからは、いやが応でもそれを認めないわけにはいかなくなった。

このことが人間にとって、幸か不幸かはよく分からない。事実は事実です。

子どもを学習塾へ通わせているお母さんはたいていこう考える。

三教科（国数英）を取っている場合、特別な子（優れた遺伝子を親からもらっている子）を除いては、科目間に成績のバラツキが出る。

そんなこと私に言わせれば当たり前です。

ところが、お母さんは違う。

「三科目取っていれば、三科目とも上がる、しかも同時に同じ位」、などと考える。

成績が上がらないのは先生の教え方が悪いのではないかとまで考えます。

別の塾へ転塾させる親もいる。

でも、結果は逆に出る。かえって私の塾から出ることで、多くは成績が下がっていくのです。

これはそれぞれの子どもの遺伝子がどれだけ違うかを示すものだと思う。

少し詳しい話をします。

親の身体型は子どもに遺伝しますよね。

「背が高い親から背の高い子が生まれる」

「指先が細い器用な親から同様な子ができる」

「鼻が高い、低い」、「顔が横丸型、面長型」、「ガッチリ型、痩身《そうしん》型」、「声が高い、低い」など。

これらの違いは形質遺伝そのものです。

だったら、頭（脳）も身体の一部である以上、形が違うはずです。脳細胞の数は同じでも、各脳の器官の大きさや働きに違いがあるのは当然です。

一般に、「頭がいい」と言われるのは、「記憶力がいい」ということでしょう。

記憶するには、ホルモンが必要なんです。

脳からは数十種類のホルモンがでているのですが、視床《ししょう》下部を中心にして、全身のホルモン分泌を支配しています。

たとえば、自律神経のうち、交感神経が高まると、ノルアドレナリンを出させ、副交感神経が優位に立てば、アセチルコリンが出てきます。これらは神経ホルモンとも呼ばれています。

私の考えでは、このホルモンを出す命令組織（視床下部）の働きが良いか悪いかによって、そこに個人差があり、ホルモンが多く出る人とそうでない人があると思うのです。

また、記憶には「海馬《かいば》」という組織があり、その機能の良し悪しもある。

もちろん、それを支える栄養も関係します。

なお、自律神経はバランスがくずれると、うつなど心身症（自律神経失調症）になります。

現代人は常に交感神経が高ぶる生活をしていますので、記憶にもマイナスに働きます。

両者のバランスで記憶が進むと考えられるからです。

人間は、生来遺伝子も違うし、環境も良くなければ、あまりにも不平等に生まれていますよね。「数学も、英語も、国語も」と欲ばってみても、なかなか難しいのです。

今のお母さんは、「せっかちで待てないこと」、「欲ばりなこと（ないものねだり）」と言ったのは、これでお分かりいただけたでしょうか。

私にしても、そうです。

「もう少し器用（技術者を目指していたが、大学時代に、プロとしては器用さに欠けることが分かった）だったらなあ」と思います。

日本人らしくない（!?）日本人だったので、教育の世界で生きたのです。でも、今はこれでよかったと思っています。

「気も小さいし、体も小さい、物事をゆっくり考える（現代の日本人ははやく器用に考える）タイプ」であり、これも遺伝子のせいだとあきらめています。良くも悪くも、次のようなことが言えそうですね。

・「人間は、遺伝子によって振り回される」

最近では、「パーソナルゲノム（個人遺伝子）」が分かり、「ガンになりやすい」とか、「結婚したら、理想の子ができる」とか、知らない方がいいようなことまで、事前に分かってしまうらしい。このことが、倫理的にいいか悪いか分からないが、人はどこまで知っていた方がいいのか、知らない方がいいのか、難しい問題だと思う。病気を早く発見予知するにはいいけれど、子どもを産む前に、あまりに知りすぎると、男女間の産む産まないの意見の相違や、女の子なら産んでもいいけど、男の子は難しいからやめた方がいいだとか、というようなことになりかねない。

人は知らない権利も必要かも知れません。

人間の宿命として、「矛盾した存在である」、「遺伝子に振り回される」という二点を強調して、この最初の項を終了します。

次の項からは、これらをふまえ、「気になること」と「ではどうあるべきか」を考えてみます。

■天才というもの

「あの人は天才だから……」と私たちはよく言いますよね。天才と言われる人々は、様々な分野に存在すると私も思います。・

・「**学問の天才（〇〇賞を授与されるような人）**」

・「**芸術の天才（音楽、美術、演技、文芸など）**」

・「**スポーツの天才（オリンピックレベルの人）**」

・「**技能の天才（技術、記憶力、勝負事〈将棋など〉の名人）**」

では、これから私の論や前項の人間の宿命に関する考え方を絡《から》めて、天才とは何か、天才の種類（仕分け）と向きあい方などを述べていきたいと思います。

自分が天才だと思っている（他人から言われている人も含めて＝このような人はそれほど多くはないと思いますが）方々も、そうでないと思っている方々も、このような考え方でいた方が、楽に生きられますよということを書いてみようと思います。

まず天才の誕生についてです。

「天才は一パーセントのひらめきと、九十九パーセントの努力」

こんな言葉が日本にも定着しているようですね。この言葉に対する見直しもまだされていないようです。

これは世界の発明王エジソンが残した言葉だったように思いますが、定かではありません。日本で言えば、中松義郎氏（最近東京都知事選挙に立候補しました）です。

エジソンの後のエジソンと言われています。

何千という発明特許を持っていると言われていますし、特許数だけで比べれば、中松氏の方が多いと思われます。スゴイですよね。

しかし、私はここで面白い話をしてみたいと思うのです。意外に知られていないかも知れないからです。こんなエピソードです。

何と、エジソンは、小学校時代に先生から、「知的発達の遅れた子」（物憶えの悪い子というイメージ）と言われ、学校などろくに行かず、新聞配達をしながら、自分の好きな研究（独学）をやり続けていたのです。これが発明王のスタートです。

これこそ真の天才だなと思いませんか。

両氏とも科学者としても優れ、学問の天才と言ってもいいでしょう。

また、中松氏は自らを「ブンジニア」と称して、文《ブン》系＋理系（エンジニア）の融合をはかっています。まさに超天才タイプですね。

また、それ以後、このような人が世界から出ていないことを考えると、一〇〇年に一人程度しか出現しないと言えるのではないでしょうか。これこそ天才中の天才です。

そこで私はこれらの事実から、天才は「学校へ行くか行かないかは関係なく、独自の能力を持っている（遺伝子によってその素質がすでにある）人」と定義できると思うのです。

だから天才について私の考えはこうです。

・「天才は九十パーセントのひらめき（遺伝子力）と、十パーセントの努力」。

また、実際の努力も、その半分は努力遺伝子（たとえばやる気ホルモン＝ドーパミンなどが出やすい脳構造を持つ）に支配されており、親や先生の応援による努力は、五パーセント程度（環境遺伝子？）ではないかと思っております。

生来遺伝子（持って生まれたもの）の方が、環境遺伝子（生活教育環境により生まれる）より、はるかに大きいということです。

また、ひらめきには記憶力も必要です。頭の中がカラではひらめきようがありません。

このように考えてくると、天才というものは、自分の力（生まれてからの努力）で生まれるのではなく、真に天才（天から与えられた才能）なのです。英語でｇｉｆｔ（ギフト）という言葉は、普通は「贈り物」という意味で使いますが、実は他に「天賦《てんぷ》の才能」という意味があるのです。

ご存じの方もいらっしゃるでしょう。

「天から与えられた贈物」なのです。

天才の素質がもともとあれば、その環境さえ与えてあげれば、（どの分野に向いているかはなかなか難しいが）天才が誕生します。

音楽の父バッハも、何代も続く音楽一家の中から生まれました。おそらく、遺伝子の組合せが頂点（ある特殊な地点）に達したとき、火山が爆発するように、出現したのでしょう。

一〇〇年に一人の天才ですね。

「天才はすでに悲劇である」という言葉があります。好きで天才になったのではない。

「何かがやらせている」という感覚なのです。

一〇〇年に一人か二人の天才はもちろん、十年に一人か二人の天才にしても、希有《けう》な存在であり、頂点遺伝子がなければどうしようもないのです。「努力だけでは天才は生まれない」ということを、しっかり頭に入れておきたいものです。

また、天才と言われている人は「自分は特別な遺伝子を持たされて生まれてきた」という自覚を持ち、間違っても「努力すれば自分のようになれる」、「自分の価値が絶対だ」というような発言をしないでほしい。普通人には迷惑です。

特に〇〇賞などを手にした科学者が、それを盾にして、「科学技術万能思想」を垂れ流し、アナクロニズムでしかない「日本は技術立国」という錯覚（洗脳）をこれからも押しつけるなら、国民は不幸になるだけであろう。

技術に関して言うなら、「環境技術」（自然と人間の調和＝人が生きやすい）は今後重要だと思うが、災害や気象、宇宙開発シミュレーションなど（A型人間が考えそうなこと）に何百億円という貴重な国民の税金を使うことはどうかなと思うのです。無駄になることが多い。

A型人間（理系に多い）は、感性がにぶくて、0に等しい人々もいる。想像力（B）がない。「自分のやっていることが、たとえば、少子化や自殺者等を生んでいないか」を考えることができないのです。〈原子力技術が国民に不安を与え、少子化を促進〉

日本は今「自殺大国」（韓国に次いでアジア二番目）です。

一言で言えば「技術万能国」になり、生きて行きにくい（せわしいだけの）国になってしまいました。

A型エリート（天才）人間の責任は重い。

前述したように、このまま日本の人口が減少すれば、五十年後には約半分の七〇〇〇万人、一〇〇年後には、滅亡する予定です。

その時になっても、メダルを下げた科学者が、「日本は技術立国」と一人叫んでいるのでしょうか。これはもう笑い話にもなりません。

私は思う。

国家（政治家）は、五十年後を考えて、事業仕分けをしてほしい。貴重な国民の税金を「自殺防止対策」「少子化対策」「生活（セーフティーネット）対策」などに少しでも回してほしい。

国立の研究機関や大学が、これ以上（科学技術者の見栄を満たすために）国民の税金を、暴力団よりひどい圧力で奪い取るのはやめてほしい。日本人として恥を知ってほしい。

原子力技術者も歴史的変更を迫られています。地球上に、日本人がいなくなっても別に何ら困ることはありません。

自分で自分の首をしめて、自殺行為をしている人間などどうでもいいからです。

でも、今の日本の自殺者はB型（または非A型）が多いと思う。これらの人々は、A型人間を作ってきた国家の犠牲者と言えるでしょう。心やさしい人々が生きづらい。

日本は戦争によって、多くの犠牲者を出した。そして、戦後は飽き・も・せ・ず、今も犠牲者を出し続けている。恥ずかしい国なのです。

良くも悪くも、国家国民にとって、天才の存在は無視できない。このような人々の言動によって、社会は動かされてしまうからです。そこで、私流ではあるが、私がこれらの人々の位置（社会的）を表にまとめておきましたので、見方、考え方の参考にしていただけたらと思います。分野別に書いておきます。

〈天才の見方、考え方、向きあい方〉
〔社会的評価〕○＝高い、△＝中間、×＝低い

〈学問分野の天才〉

	種類	人間型	社会的影響	評価
理科系学者	科学者 ・数学 ・物理学 ・化学 ・生物学 ・医学など	A型 （分析中心のA思考）	突っ走ることしかできない日本人の科学者は特に危険である。自らブレーキ制御できない。自分の世界で遊ぶのはいいが、他人にその価値（格差意識）を押しつけないでほしい。他人には迷惑になる。	△
	臨床医師 （総合医） 〈ジェネラルドクター〉	非A型 （生体を扱う人）	欧米では専門医〈スペシャルドクター〉以上の評価がある。 局所よりも全体をみることの重要性。	○
	臨床医師 （外科）	同上	どんな難手術でも、この人々にかかると成功の確率は高い。なくてはならない人々である。ただ、手術実績を地位向上の手段にしてはいけない。	○
	建築家 （公共建造物）	非A型 （人の動きを捉える人）	建築家は造形芸術要素もあり、美意識も必要。非A型人間でなければとても優れた作品は創造していけないのである。	○
文科系学者	研究者 ・誰かの学問を研究している人が多い。	A型 （本来文科系の学問はB型なのだが、やっていることはA〈分析〉中心である）	自己満足の人が多いと思う。理科系学者に比べれば天才的な人は少ないかも知れない。あまり社会的影響はないと思う（良くも悪くもない）。 理系に比べて、あまり押しつけがましくないと思う。	△

〔まとめコメント〕非A型天才を除けば、A型エリート（天才）人間は、感情論を否定するが、自分達の脳だって神様そのものではない以上、矛盾することに気づかない。感性（B能力）が0に近いため、「感性＝感情」と錯覚（思い込み）している困った人々である。○○賞などは自分ワールドだけの価値でしかないことをしっかり自覚してほしいものである。

〈芸術分野の天才〉

	種類	人間型	社会的影響	評価
音楽	作曲家	非B型	社会に人の魂や時代の精神を伝える役割がある。クラシック、ポピュラーとも価値があると思う。対立的に考えてほしくない。	○
	演奏家	非B型	歌手も含めて表現者の役割も大きい。作家（作詞・作曲）の魂を聴衆にしっかり、正確に伝えてほしい。	○
美術	画家	B型	美意識も強く、手先の器用な日本人の作品は美しい。だが魂の格闘が感じられない作品が多い。	△
	彫刻家	非B型	美術館から外へ出た作品は社会に対して人間の情念を伝える力があると思う。心が豊かになる作品が多い。	○
映画（演劇）	監督（脚本家）	社会派作品非B	どんな問題でも社会にアピールできる。	○
		個人派作品B	恋愛ものなどは良くも悪くもない。	△
	俳優	社会派作品非B	脚本家・監督の意図を表現する役割がある。演技力が求められる。	○
		個人派作品B		△
作家（文芸）	詩人歌人	社会派作品非B	ACのCMで有名な金子みすゞの詩は人の真実を伝える。生きる力を与えるような作品。	○
		個人派作品B	情景描写だけでは人の心に響かない。	△
	流行作家	社会派作品非B	仏教思想を基にした説得力ある評論の五木寛之さん、時代の感性を持つ村上春樹さん。	○
		個人派作品B	私的小説を否定しないが、思想性がなければ読み捨てられてしまう。	△
	推理作家	社会派作品非B	松本清張さんや山崎豊子さんのような正義感のある作家が今はいない。	○
		個人派作品B	「殺人ミステリー」「学園ミステリー」など大人にも子どもにも読ませたくない。性悪説は時代に逆行。	×
伝統芸術（茶道・華道・舞踊・書道など）		非B型	型がなくなった日本人にそれを教える意味は大きい。ただそれが拝金主義になってしまえば、形骸化する。	○（×）

〔まとめコメント〕音楽の天才の中にはB型（自分の歪んだ感情をそのまま出したり、時代に合わない私情的な）作品を出している人もいると思う。

しかし、本来は、芸術というものは現在や未来の人の内面や時代のあり方を示す役割がある。過去においては時代に悪のりした作品も売れた事実もあると思うが、これからはそのような作品は無視されていくだろう。人間の本質を追求してほしいものである。

〈スポーツ分野の天才〉

<table>
<tr><th></th><th>種類</th><th>人間型</th><th>社会的影響</th><th>評価</th></tr>
<tr><td rowspan="2">団体競技</td><td rowspan="2">野球
サッカー
バレー
バスケット
ラグビー
⋮
など</td><td rowspan="2">B型
※アマチュアはやや非B型</td><td>〈プロ〉〈セミプロ〉
プロや社会人スポーツの人々は世界大会やオリンピックレベルです。勝敗にこだわれば、「目的」（参加すること）と「手段」が逆転してしまう。</td><td>やや
△
（○と△の間）</td></tr>
<tr><td>〈アマチュア〉
スポーツの目的は「スポーツを通して健康な生活を営む」ことであろう。能力を伸ばすよりも、全ての人がそれぞれの役割を果たすことを教えることである。</td><td>○
・監督さんの人間性が重要</td></tr>
<tr><td rowspan="2">個人競技</td><td rowspan="2">テニス
卓球
水泳
スケート
ゴルフ
陸上競技
格技
（柔道、相撲
空手、剣道、
レスリングなど）</td><td rowspan="2">B型
※アマチュアはやや非B型</td><td>〈プロ〉〈セミプロ〉
〈アマチュア〉〔個人戦〕
同上
☆アマチュアでも個人戦だと勝負にこだわってしまう。</td><td>△</td></tr>
<tr><td>〈アマチュア〉〔団体戦〕
同上</td><td>○
・同上</td></tr>
<tr><td colspan="5">〔まとめコメント〕〈スポーツ基本法〉が半世紀ぶりに生まれ変わる（2011）。スポーツは身体そのものです。だから何よりも遺伝子そのものです。天才遺伝子なくしてオリンピック選手にはなれない。国家予算をプロ化した選手にかけるか、アマチュアにかけるか、よく考えなくてはいけない。プロ（天才）の見栄（メダル）にかけるより、「目的」と「手段」が正常なアマチュアスポーツ振興に広くかける方がよいと思うが、どうだろう。</td></tr>
</table>

〈技能分野の天才〉

	種類	人間型	社会的影響	評価
技術系	リニアコライダー、スパコン	A型	世界一が大好き人間（科学洗脳）が懲りることなく、まだやっている。こんなものに1兆円レベルの国税を使うのはムダであろう。人間のあぶない理性を加速させる。	×
	ロボット（人型）	A型	ロボットは産業用に限るべき。この種の人々は人間の尊厳がどれだけ大切かが分からない。	×
	人工臓器	A型	心臓などの人工臓器があれば、移植しないで人を助けることができます。でも脳死判定をどうするんですか。	△
記憶系	特殊記憶	A型	円周率を何万桁も憶えてる人っていますよね。でもそれ自身はあまり社会的に意味がないですよね。	△
	資格マニア	A型	5ヶ国語が話せる人や、一人で何百もの資格を持つ器用な人もいますよね。取得するのが目的になっている。	△
バーチャル系	アニメ（マンガ）	B型	ヒューマニズムにあふれた作品も少しはありますが、多くはバトルものか、特殊なキャラアイドルものですよね。	△
	ゲームクリエーター	A型	バーチャルそのものは創造だから文化行動であるが、想像力を育てるものではなく、「CならばDである」式のA思考ゲームが多い。	×
	玩具クリエーター	A型	ゲームに比べれば、リアリティがあっていい。	△
勝負系	棋士など	非B型	人間力を育てるので、他のゲームとは違う。対面が原則である。名人は天才そのものである。	○
〔まとめコメント〕この分野は勝負系を除いては、日本人の悪い面、走り出したら止まらない（止まれない）人間のやっている分野である。基本的には科学系、芸術系の天才と同等である。技術系は発明家の一人といってもよく、ある程度までは社会に役立つが、限度を越えれば、危険になると思う。				

人間というものは、こんなことをやりながら、人生を歩いているのだということを知っておいてほしいのです。

人間型については、Ａの中にも非Ａ、Ｂの中にも非Ｂが例外的に入っている場合があるでしょう。でも、それは例外なのです。

また、長い人生の中で、非ＡがＡ、非ＢがＢになってしまう時期もあるでしょう。それも人間だから責められない面があると思います。

もちろん、私は非Ａ、非Ｂ型人間を目指すことが、人間としての完成だと考えているのです。

真の天才とは何か。私の論点では、

・『非Ａ、非Ｂを一生追い求めていく天才』

したがって、どの世界、どの組織でも、ごくごくわずかしかいない人間であることが、ご理解いただけることと思います。

何しろ、○○賞をもらうような科学者や発明家も、ほとんどＡ型天才であり、「真の天才ではない」ということになってしまうからです。

逆に、無名のスポーツ指導者（アマチュアスポーツ指導）の中に、「真の天才」がいる可能性もあるのです。すなわち、思想力を持った人。

科学も一つの思想だが、そこには哲学（人はどう生きるべきか）がない。あるのは、分析発見だけです。

これはやはり、宗教よりもレベルが低い思想かも知れない。哀しい学問ではあります。

さて、この項の最後になりましたが、奇跡的にしか出現しない、非A型天才の話を一つだけして、終了したいと思います。

日本が生んだ世界レベルの天才建築家。

「丹下建三先生（東京大学名誉教授）」です。

近代建築の基は、フランスの天才建築家、ル・コルビュジェからはじまる。

丹下先生は、逸早く日本にその思想を（たとえばピロティの重要性など）定着させ、次々にその傑作を公共建築物の中に、具現化してみせてくれました。

数多くある傑作の中から、一つ二つ紹介してみます（多くの方がご存じかも知れないが）。

先生は著書『人間と建築』の中で述べていました。

・**『詩人は時を知らせる』（未来を予見する）**

芸術に関係する人々はその自覚を持たなければならない。詩人に限らずである。

さらに、スゴイ言葉が並ぶ。

・**『機能的なものが美しいのではなく、美しいものこそが機能的である』**

この言葉こそ、丹下美学の結晶と言っていい。究極の言葉なのです。

この言葉に出合った時、私は二十歳。何も分からない若者であった。四十年経って、その言葉の意味がようやく理解できるようになりました。

一〇〇年誰も解けなかった問題を、やっと解いた数学者の感動と似たような感動を味わっているのです。数学の世界は閉じた世界（A能力）だが、芸術の世界は「人に感動を与える世界」です。だから、感動のレベルが違うと思います。

「機能を優先する」か、「意匠（統一デザイン）を優先する」か、半世紀前の論争に決着をつけた。

「機能→統一→機能→統一→機能→統一」と終了しない循環の中で、結論を出すこと。

私の論で言えば、「機能＝A」、「統一＝B」であるから、「A→B→A→B→A→B」である。

この思考循環から、先生は、「機能美は存在しないし、単なるデザイン性も存在理由はない」と述べたかったに違いない。

このような、しなやかで柔軟な考え方は、当時の日本人にはほとんど理解されなかったと思う。何しろ、一方向へ進むしかできない単純思考人間であふれていた時代であったからです。

理解する脳を誰も持ってはいない。

しかし、こうした先生の情熱が、東京オリンピックを前にして、「五十年後の時代にマッチする結晶建築を創る」として、あの有名な「東京代々木体育館」を誕生させたのです。

先生が予見した通り、ほぼ五十年を過ぎようとしている現在、今の時代にマッチしていると思う。少しの古さも感じさせない。

しかし、当時は違っていた。

「これは何だ。スゴ過ぎる」と称賛された一方、「構造に不安がある、あの天井を支えられるのか」、「地震に自信はあるのか」などです。

私は思う。

どのような分野の天才にしろ、（たとえば音楽なども）その時代を飛びこえて存在するため、それが一般の人に理解されるまでに、時間がかかるのである。タイムラグが存在します。

時代が天才を追いかけると言ってもいい。

ようやく、時代が丹下美学を理解できるところまで来たのだろう。

もう一つ作品を提出してみましょう。

あのツインタワーデザインの「東京都庁舎」です。コンペ形式で行なわれた設計案の中で、丹下先生の作品が選ばれたのです。

先生の作品としては、晩年の作品と言っていい。この案はA型人間（公務員）を入れる建物であったため、タテ割り部署（行政）をやりやすくするため（それが良いか悪いかは別にして）、多少の妥協が入った案とされているのです。

本来は（五十年先を考えれば）、もっと低層にして、横の動きを重視すべきを、「これでは動きにくい」とした現場の意見を優先し、あのようなデザイン（高層）になったらしいのです。

事務人間というのは、超A型人間です。頭の硬い人々の集団です。もちろん、このような行政システムが悪いのですが、しかたがないとも言えるのです。

ところで、これに関して、面白いエピソードがあるのです。

実は、あの設計コンペには、丹下先生の弟子である、磯崎新《いそざきあらた》さんの作品もあり、低層ビルで都民中心のホール形式（丹下先生の思想）建築であったそうです（朝日新聞より）。

ところが、権威主義がまだ色濃く残っていた昭和末期のこと、高い建築（文字通り上から目線＝本来の人民主権の理念と違う）を役人達は望んでいたらしいのです。

今ではこれなどアナクロニズムにすぎないのですが、この案は落選してしまったのです。

次回は磯崎先生案が有力だと思いますが、経済との関係もあり、いつになるか分かりません。多額の費用がかかるからです。

磯崎先生に言わせれば、「あのビルは、今では古く見える」そうです。

建築を理解してもらうことは、それほど難しいものなのかも知れません。

磯崎先生より十歳程若い天才建築家、安藤忠雄先生もおられる。この先生は独学で建築を学び、東京大学教授になられた人です。

「フォートワース現代美術館」（アメリカ）、「光の教会」、「表参道ヒルズ」など多数の作品があります。

この他、日本には、世界的な天才建築家が二十人程度（年齢も四十～七十歳代まで様々）おられると思う。安藤先生も、ル・コルビュジェの思想を持っています。「創造の論理」を。

「機能＝部分」、「統一＝全体」とすれば、「部分→全体→部分→全体→部分→全体」へ。

こうした循環思考の中から、「優れた意匠を持った建築物の創造」が行なわれるのだと思う。

それ以外のところからは、何も生まれない。

「人の動きをうまく創り出せるかが最も基本であり、そこから建築は創造されるのだ」と。

その時代の人々にも「あっと言わせる感動」を与え、五十年後にも、「その時代にマッチしている」、「シンプルかつモダンである」こと。

建築家の魂《たましい》達が叫んでいるようですね。

なお、車、衣装、家電工芸デザイナー等にも天才がおられると思いますが、社会的影響が比較的小さいと思われるため、「天才表」には入れませんでした。

皆さんも、「天才との向きあい方」について、考えてみてはいかがでしょうか。

■「大人」と「子ども」

前項までで、人間の宿命や様々な分野における天才の存在、さらには、天才にも二種類あり、今まで私たちが考えてきた人々は、そのほとんどがA型またはB型の天才でしかなかったこと、人間の矛盾を出発点とした哲学を持つ非A型、非B型の天才達は、きわめて少ないこと（私論によれば、真の天才）、これらの事実がはっきり見えてきたことと思います。

人は不平等に生まれてくる。すべては、遺伝子の宿命なのかも知れませんね。私たちの努力は五パーセント程度しか力になれない。努力はほとんど無力です。

たとえば、私にしても「もう少し大きな体をくれていたら」、「もう少し器用な手先を与えてくれ」、「もう少し大きな気をもらいたかった」と言ってみたところで、神様は言うでしょう。「お前にはその遺伝子は与えない。違うもので我慢しろ」と。それを「わかりました」と素直に受けとめて、生きていくしかないのです。

お母さん方もそうです。

「五科目全部の成績を同じように上げてくれ」と言われても、「それはムリです」と答えるしかない。今のお母さんは欲ばりすぎです。

教育さえ受けさせれば、即すべてが可能になると思っている（正しくは思い込まされている）

のです。教育などは幻想でしかない。

子どもの教育の難しさが、そこにあるのです。現在の学校教育は、これに関しても無責任です。何しろ、各教科の成績をつけるのが目的であり、能力を伸ばす工夫とかいうものはほとんどありません。特に中学、高校はそうです。

学校も進学塾のマネをして、進学競争をあおるようなこともしているのが現実です。

公立も私立も似たりよったりです。

だから、教育とは能育（能力を伸ばすこと）よりも、共育（いっしょに勉強する中で、生きる力を育てる＝先生も生徒から学ぶ）でしょう。

私はそれでいいと思います。

それ以上のことは考えたくない。

私の塾では、「成績向上」はあくまでも「おまけ」か「付録」でしかない。

こうすれば、「目的」と「手段」が正常に保たれるのです。

「大人」というのは、自己矛盾をしっかり持ち、「子ども」に無理なプレッシャーを与えないこと。それが「大人であることの資格（品格）」です。

こう考えてくると、「大人」とは、「振り回される遺伝子を自己の責任において、コントロール（アクセルとブレーキを使い分け）できる人間」と言えるだろう。

それが私の言う「非A型」、「非B型」人間なのです。よって「A型」、「B型」人間は「子ども」になるのです。

自分で自分の遺伝子にブレーキをかけられない「子ども人間（大人の仮面を被《かぶ》る）」がいかに危険かを一つの例としてあげ、警鐘を鳴らしておきたいと思う。特にA型天才は危険です。
☆遺伝子組み換え技術者の最後。
なぜ遺伝子をあえて組み換えるのか。

素朴な疑問を持っている人もいるだろう。

彼らは言う。植物にしろ、動物にしろ、

「病気に強い種を作る」

「低温でも育つ稲を作る」

「肉質のいい豚を作る」

「収穫量の多い大豆を作る」
・
・
では、なぜその必要があるのか。

つきつめて考えれば、簡単です。

一見社会のためになると見えるが、実はそうではなく、「自国の利益のため」なのです。

A型天才はもともとその遺伝子を持ち、さらに先進国では一般にA型人間教育が行なわれているため、やり出したらどこまでもタイプの人間が作られやすい。

ブレーキの効かない日本人は特に危険です。

今問題になっている技術は、日本の大好きないわゆる「最先端技術」になるものです。

「遺伝子技術」、「生化学的技術」なども、いずれ輸出技術にされる可能性もあるものです。

事実、「原子力技術」は、輸出実績もある（!?）と言われているのです。今回の大きな原子力事故によって再検討されるかも知れないが……。

国立（公立）の研究所などでは、経済（国益）に絡《から》めば、予算が取りやすいこともあり、ブレーキをかけることは悪であると洗脳されてしまうのです。「遺伝子技術」はこれからとしても、もともとブレーキが効かないA型エリート（？）研究者が、国の後押しで走るのだから、どうしようもなく、進んでしまうでしょう。

本来なら、遺伝子は神の領域のものだから、手をつけてはいけないものだと思います。

このような書き方をすると、「あなたは○宗教ですか」と言われそうですよね。

そうではない。哲学の問題であろう。

品種改良などは、他の方法もあると思います。

日本人の頭は悪くない（この場合はB能力）のだから、その方向で考えた方が安全です。

遺伝子組み換え食品の安全性が問われている。これは、今問題になっている放射線量と同じです。

どれだけ食べたら、人体に影響が出るか、出るとしたら、どのようなものか、何年経ったら出るか、誰も分からない。

放射能汚染の影響が誰にも本当のところは分からないのと同様です。

クローン動物が誕生したことを素直に喜べない。人間への応用は倫理上禁止されてはいるが、ブレーキの効かない天才技術者（?）はあぶないものです（国益＝既得権益者の利益）。

男女産み分け、知能レベル、形質（外見）などまで来てしまえば、社会は大混乱することになるだろう。バランスが保たれなくなった社会は早期に滅亡します。

男女のバランスがどちらかに偏《かたよ》ることは、生命バランスを脅《おびや》かすことになるだろう。

以上、お分かりいただけたと思います。

「最先端技術」は「最危険技術」と言える。

また、別の言い方にすれば、こうなります。


「最先端技術」は、「子どもの技術」である。


演繹的に物事を考えられない。

自分がやっていることが、将来社会において、どのような公害を出す可能性があるのか、ありとあらゆる視点で考えてほしい。

そうすれば、ここまではいいけれど、これ以上はいけない位のことは分かるはずです。自律＝他からの倫理ではなく、大人的な考え方ができる人間にならないといけない。

東京大学など、学者界、研究者界は、このどうしようもない、「A型子ども人間学者」が何万人といるのか、よくわからない世界です。

シミュレーションして、論文を書いて、○△賞もらって、「私が○○を発見しました。私が理論を確立しました」なんてことをやっている。自己満足（専門分野の閉じた社会）ならいいが、世間にその価値を押しつけたりします。

場合によっては、国家予算を強奪《ごうだつ》する、無反省な態度はあきれるばかりです。

しかしながら、面白いことに、そのようなどうしようもないA型学者の中で、十年に一人ぐらい、非A型エリート天才学者（私の論で言えば、真のエリート）が出現していることです。養老先生も、丹下先生も、磯崎先生も、安藤先生もそうです。

東京大学は良くも悪くも、「大多数の子ども学者」と「ごくごくわずかの大人学者」で成り立っている、ヘンな大学と言ってもいいだろう。

私は思う。

子どものまま、自分だけ主張するB型人間も、子ども人間です。

一方、自分の分野の価値だけを押しつけるA型専門バカ人間も、やはり子ども人間でしかない。ミエート（見栄人）意識人間。

それも、すべては遺伝子のせいだから、仕方ないといってにげるのは簡単だが、わずか五パーセントの現世の努力の中で、能力のある者は、それをコントロールし、恵まれなかった人は、それを恨むことなく、自分でできることをコツコツやっていくことが大切だろう。

教育もその方向へ変えていかねばならない。

■現代人は神経質

近代合理主義はA型人間を大量に生み出した。学者界や官僚界のみならず、偏った価値観を持つ。「利便性こそ文化である」と。

利便性＝機能性です。

となれば、現代人は「都会人」を好む。都市に住む。なぜか。便利（生活）だからです。

ここで言葉を正しておきたい。

言葉を正しく（イメージ）使うことが、人間を知ることになるからです。

人はどう定義するか知りませんが、あいまいだとよく分からないため、ここで、「文明」と「文化」という言葉を再定義させていただきたいと思います。

私たちはよく「物質文化と精神文化」というような表現をしますよね。

私はこれを、物は文明（A能力）、心は文化（B能力）としておきたいのです。

つまり、「物質文化」はない。

「物質文明」と「精神文化」です。

「目に見えるものが文明」、「目に見えないものが文化」です。

そして、この二つのものは、時代の成熟にしたがって、一体化していくものと私は考えているのです。

決して対立するものではない。

日本人は、くりかえすようですが、一方向へ走り続ける（教育も悪いのですが）性格です。まじめすぎると言ってもいい。

「物＝経済」、「心＝文化」とすると、今は不況にもかかわらず、物はあまっていますよね。だから、今は本当は「心の時代」なんですよ。

でも、日本人はまだ気づいていない。

あいかわらず「経済」なんですよ。

物があるのだから、心が豊かになっていなければならない。でも、都市に住む現代人はそうはならない。あいかわらず、満たされない心をかかえて、せわしく動いています。

自分は恵まれているという感覚を持てない。

なぜか。これもまた、日本人の特性である、器用さなのです。器用すぎるのです。

私は違う世界で生きてきたので、逆によく見えるのです。

物も心も大切にしなければいけないのに、意外と簡単に捨てたりしていませんか。

たとえば、物を修理することをしないで、新品を買おうとしていませんか。

売る側も安く売れるので、「修理するより、買った方が得ですよ」というような売り方をする。

こうして、いつでも忙しくなります。

「自分で自分の首をしめる」という図式です。

こんな風にして、都会人の神経は休まらないのです。場合によっては対応できず、自殺したりするのです。

都市にいると、自分の遺伝子を忘れてしまう。自分の持っているものを捨て（大切にしない）、他人の持っているものをほしがる。

キリがない。物があることに価値をおくと、一つ一つに愛着がわかない。溜まった物を今度は断捨離《だんしゃり》の気合いで、一気に処分したりする。不自然な生活だと思いませんか。

とにかく、速いことがいいこと、便利なことがいいこと、絶対価値になっています。

物に関しては「速く手に入れたい」でいいと思いますが、たとえば、学習とか、読書とか、脳のトレーニングをするときは、逆発想はどうでしょう。

現代人は時間がないという考え方から、「速読法＝ハウツー本」などが売れているようですが、それで内容が読み取れるとはとても思えません。物事をゆっくり考える私のような人間にとっては無理なことです。

それも遺伝子かも知れませんが、少し意識して、ゆっくり読んでみることをおすすめします。事の本質が見えてくることもあるからです。これまでの見方が変わることもあります。

自分が少し神経質だなあと思える人は、やはり、A型洗脳現代人なのです。

そのような人は、仕事の他に、スポーツや趣味をやるのもよし、それもできない人は、生活行動スピードやリズムを変えることで、思わぬ変化、サプライズが起こることもあるでしょう。

何事もワンパターンのくり返しはダメだと思います。

既婚者の方であれば、夫は妻の、妻は夫の今まで見えなかった部分が見えて、うれしい経験もあるでしょう。

子どもに対する見方も変わりますよ。

「うちの子もこんなにいいところがあったんだ」と。見直すきっかけにもなります。

未婚者であれば、婚活中の男性の場合、ワンパターンで女性にアプローチしてもうまくいかないこともあるでしょう。

そこで、意表をつくやり方をしてみる。

女性に対して、普通は「きれいで、頭がいい」が決まり文句ですよね。

現代女性はよろこびます。

でも、プライドの高い女性はそれだけではダメな場合もあると思います。

それで多くの男性はあきらめてしまいます。

でも、あなたがどうしてもその女性をあきらめきれない場合はどうしますか。

現代人は男女ともA型人間ですよ。

理屈が好きです。まして、高学歴のプライドの高い女性は、一筋縄《ひとすじなわ》ではうまくいかないのです。さあ、どうしますか……。

私が若くてカッコイイ男だったら、こう言いますね（自分に自信がある人だけですよ）。「君は思ったよりバカだね。スタイルも並みだし……」「自己満足していていいのかなあ」と。多分、その女性はショックを受けるでしょうが、その日からあなたのことが気になるはずです。そこから結婚への道が見えてくるはずです。それはなぜか。

ほめられてばかりいる女性は、ほめられることに不感症になっています。

そんな言葉はむなしくひびくだけです。

逆転の発想なんです。

現代人は心も体も硬《かた》いのです。硬すぎるといっていい。日本人は真面目すぎる。

日本人はもともとおおらかな民族でした。

それが明治開国以来、欧米の近代合理主義（科学万能主義）が宗教（一神教）の仮面を被《かぶ》り、日本人を洗脳していったのでした。

国そのものが洗脳されてしまったため、まともな思想はタブーとされ、無視されてきたのです。考えてみると恐い国ですね。

思想とは、押しつけるものではなく、あくまでも国民一人一人が自由に構築するものですよ。そこで、ここでも言葉を正す必要がある。「合理主義思想」という言葉はあってはならない。合理主義など思想でもなんでもない。

ただ単なる宗教（しかも一神教＝自分の神が絶対）の一つでしかない。偽思想。

日本はまちがいなく、宗教国家です。

手先の器用さが、科学と手を組み、「科学万能教」という名の宗教国家を生み出したのです。

さらに、経済界（特に製造業）を優先した言葉「我が国は技術立国である云々」が妄信《もうしん》的な盾《たて》になり、浪費文明（文化ではなく）を加速させたのです。

■「理性欲」と「感性欲」

「物」と「心」は成熟した社会においては、一体化する（どちらかが優先されることはない）と、前項で書きました。適切な量と質が重要です。

日本国が未だに「物」を追いかけているとしたら、まだ成熟していない社会ということになります。言い方を変えれば、「子ども国家」から抜けきれていないのです。

子どもは際限もなく、「物」をほしがりますよね。与えたらきりがないのです。

この項では人間の欲をどうコントロールするかということについて、少し書いてみることにします。

人間の欲望は二つに大きく分けられます。

「理性欲（A能力）」と「感性欲（B能力）」です。

現代人国家（特に先進国）は、「理性欲」に問題があるのですが、ここでは、先に「感性欲」について話を進めてまいります。

「感性欲」というのは、「本能欲」（B）のことです。

具体的には、「食欲」と「性欲」です。

つまり、「動物欲」です。動物に共通した本能欲です。疑う余地はありません。

生きるために食べますよね。グルメの人は食べるために生きるというかも知れませんが、普通は逆です。

また、生物は動植物とも、子孫を残そうとします。それが性欲（生殖欲）です。

これらは生物として強い欲求なのですが、（ヘンな言い方になりますが）意外にその欲は小さいのです。そんなに欲ばりではない。

都会において、過激な性本などで性欲望を刺激されても、それに反応するのは、男性の方だけですよ。それはなぜか。

理由は簡単です。五感のうち、視覚に敏感なのは男性です。女性はあまり反応しません。

女性は視覚以外（聴覚、嗅覚、触覚など）に反応しやすいのです。

ただ、男性の場合、自己コントロールしないと性犯罪になることもあるので、気をつけないといけません（いわゆるセクハラなど）。

全体としては、マスコミや良識派（？）が叫ぶほど、性は乱れておらず、健全だと思います。

性欲を規制するなどは、バカげています。

神経質の代表であるメディアの方が、不健康な場合もあるのです（神経質すぎる）。

もっと、おおらかになりましょうよ。

食欲の方は問題なし。日本食は体にいい。

ただ、栄養の偏りが多少あると思いますが、それについては、後章で書くのでここでは書きません。肉食を少し控えればベストでしょう。

現代の日本人にとって、問題なのは、やはり、「理性欲（A）」なんです。やっかいな欲です。

これは、科学文明先進国共通の問題でもあるのです。

これにも二つあって、一つは「見栄欲（権力や名声）」、もう一つは「金品欲」です。

「感性脳」は古脳（内側）で大脳辺縁系（B）、「理性脳」は新脳（外側）で大脳新皮質（A）です。

また、左脳はA、右脳はBを主に担当すると言われています。

人間は進化の過程で、「理性脳」を肥大化させてきてしまったのです。後にはもどれません。

これは、人間だけが主に獲得しているものです。動物にはありません。

動物は「感性脳」だけです。したがって、感情（喜怒哀楽）はありますが、「物欲」や「見栄欲」はありません。当然といえば当然です。

ところが人間は違います。

自己コントロールができない、大多数のA型人間は理性欲そのものですから、これに執着します。始末が悪いのです。

こうして、「エリート」ではなく、「ミエート（見栄人）」が生まれてしまうのです。

国の首相を終えたら、即引退（自分のやるべき仕事は終ったとして）すべきなのに、ダラダラ意味もなく居残っている姿。

これは、はずかしい政治家の見栄姿にしかすぎない。

それなのに、その自覚もなく、役に立っているという錯覚。国民にとっては迷惑でしかない。それが分からない人々なのです。

この「見栄欲」が一番困るのです。キリがない。

こう考えてくると、人間の欲をうまくコントロールできる人が理想であり、成熟社会への第一歩になるのではないかと思うようになりました。

イタリア人にスポットをあててみます。

イタリア人は、世界初の技術とかいう言葉を好みません。原子力電力比率も少なく、最近では反原発宣言（国民投票により）もしました。

キリスト教文化と、科学文明が他国に比べて、バランスを取っていると思うのです。「物」と「心」のバランスの取り方がうまい。

物のデザインセンスもいい。魅力的です。

ファッションはミラノ、車はトリノ。

日本もまた、本来は仏教国であり、平等を基調とした（すべての人が救われる）文化国でした。だとしたら、仏教思想をメイン思想として、国民の「物」と「心」のバランスを取り、「大人国家」へと変身すべきではないでしょうか。

私はそう思うし、またできると思うのです。

■個性なんていらない

人間として、この地球上に生まれてきたことは、運命です。

また、一人一人の人間が、持って生まれた遺伝子に振り回されるのは、宿命です。

社会生活に合わない遺伝子を持たされた人は悲劇です。好きでこの世に生まれてきた人は一人もいません。

親の身勝手で生まれてきたのです。

でも、よく考えてみると、その親にしても、また祖父母の身勝手で生まれてきたのです。これはキリがない話なのです。

親を「どうして自分に能力を与えてくれなかったのだ」と、恨《うら》んでみても仕方のないことなのです。親も責められない。親だって、祖父母を恨みながら生きてきたかも知れないのだから……。誰も恨むことはできないのです。

ただ、たとえば戦後の日本のように、科学万能主義宗教を押しつけられた時代では、器用さを持つ、日本人らしい日本人は生きやすかったと思うが、私のように考え方も身体の部分も無器用に生まれてきた人間にとっては、生きにくい社会だったと言えるだろう。遺伝子を恨むしかない。遺伝子に翻弄《ほんろう》されながら、じっと我慢しながら生きていなければならなかったのです。

したがって、科学万能主義の行き止まりが、高度経済成長期からバブル期（平成初期）までで、その後低成長時代に入ったことで、世間では不況不況と騒いでいても、私のような人間にとっては、「いくらか落ち着いてきて、いい時代に入ってきたなあ」と考えられる時代になってきたと言えるのです。

最近では、物が売れないため、製造業の業界では、「エコ省エネ」（環境問題に対応する）を前面に出し、売り込みを図っています。

でも、よく考えてみると、なるべく物を持たないこと。車を持つことよりも、できれば持たないこと。持っても、あまり使わないこと。やたらに買いかえないこと。

要するに、物を持たないことが、地球環境に一番いいのです。考えてみれば当然です。

平凡ですが、悪しき資本主義に乗せられないことです。

物を持たなければ、節電対策にもなります。

このように、時代は物（経済＝目に見えるもの）から精神（心＝目に見えないもの）へと移行しているにもかかわらず、あいかわらず、経済対策が、この国のメインテーマになっています。

いわく、「失業率の増加に歯止めを」、「年金財源の補完としての消費税率上げ云々」など、時代の認識にズレがあり、こんなことばかり議論していても、日本の問題は解決しないと思います。洗脳されたA型国家のバカ政治。

前にも述べましたが、ここ十年以上、自殺者が年平均三万人を越えています。東日本大震災の犠牲者は、二万人位の見通しです。どちらも、つらい事実で、お気の毒ではあるが、自殺者は毎年毎年出るのです。一〇〇〇年に一度、一〇〇〇年に一度ではないのです。しかも、経済問題（失業、借金等）よりも、心の問題（うつなど）で、自ら命を断っている人が多い気がするのです。すなわち原因不明的自殺です。

しかも、決定的な証拠に、「経済成長がピークに達する失業率が低い四、五年間に、一気に自殺者が増えた」というデータもあるのです。

国家はこの事実にどう答えるのだろうか。

「経済競争に負けたのかも知れない」で、片付けるつもりなのだろうか。

私は思う。

この悪しき資本主義の国日本では、これ以上経済を前面に出す政策は、悪でしかない。ますます少子化が進み、自殺者も減らない。くりかえすようだが、前述した通り、このペースで少子化がすすめば、何と一〇〇年後には、単純計算上人口は二〇〇〇万人位になり、日本国は消滅すると考えられるのです。

「経済」で物事を解決できた時代は、すでに遠い昔のことでしかない。タイムラグがあります。今、無思想のこの国は、何も分からず、まともな政治リーダーもいない状態が続いているのです。

もうさすがに、高度成長を目指すことはしない（できる時代ではない）と思うが、それに代わる確かな目標がないのです。〈国家目標なし〉

そこで、苦し紛《まぎ》れにか、大人が若者に向かってヘンなことを言い出しました。

「君達、個性を出しなさい」

特にA型バカ人間である、団塊世代（現在六十〜六十五歳位）の老人達は、国家に飼い慣らされた人々です。今ごろ（定年になって）気づいた（洗脳から解けて）のかも知れない。

しかし、これらの人々は、どうやら、この言葉を次のように考えているらしい。

「今までの技術では、世界に通用しない。日本が以前と同様に新技術で成長を続けるには、ユニークな発想が必要である。だから個性をみがきなさい」と。A型バカ国家の現実。

これって、ヘンだと思いませんか。

一見正しそうにみえても、よく考えてみるとウソだと分かる。

今、技術面だけをみれば、その最先端技術と言われている「原子力技術」も、今回の事故で、「あぶない技術」のレッテルを貼られてしまったのです。物質の極限である原子、その力を借りる技術、しかもこの技術はすでにもう半世紀以上前からあったものです。

原子核エネルギーは、天体エネルギーそのものですので、これ以上の技術はもはやない。

核融合にしろ、核分裂にしろ、そのエネルギーを利用することは最終技術です。

「技術」なのだから、「人工技術」です。

だから、危険きわまりない。自然でない。

人間の理性など自然の前では真無力でしかない。A型バカ技術者は、「自然が人間を創ったのであり、その逆ではない」ということを認めようとはしない。

たかが人間の脳で、そのエネルギーをコントロールできると思っているのです。

自然（神）に対する畏敬《いけい》がない。なめている。

その思いあがりが、今回の原子力事故になったのだと思う。曲がり角に来ている。

話は少しそれましたが、若い人はもうこれ以上の技術はないし、ユニークな個性を持つ必要はないと考えていいのです。

また、遺伝子が形質を決めてしまうので、たとえば、身体の違い（大きい、小さい、指が長い、短い、足が長い、短い、目が大きい、小さい、顔が大きい、小さい、丸い、長い、声が高い、低いなどあらゆる違い）はすべて遺伝子そのものです。個性はすでにあります。

したがって、スポーツ能力などは遺伝子そのものです。争うことはほとんどムダです。

また、脳も身体の一部ですので、思考方法、理解する速さ、物事に対する反応、性格や癖《くせ》なども遺伝子に左右されるのです。

個性はすでに与えられているのです。現世でできるのは栄養改善位です。

したがって、個性はさがすものではなく、自分に与えられたものを、自助努力（自分で自分を助ける）によって、みがきをかけることでしょう。また、ただ単に好きなことをやるだけではなく、自分に与えられた能力を、どう社会に生かし、自分のやっていることが、社会に悪い影響を与えないようにコントロールするか、こんな見方でいいのではないでしょうか。個性は意識しなくていいのです。

本書は、二十歳代から五十歳代の方まで、幅広い年齢を対象にして書きました。「自分の仕事はこれしかない」と腹を決めてやっている人もおられるでしょうし、まだ人生の途中で、「自分はこれをやっていていいのか」と悩んでいる人もおられるでしょう。

また、二、三十代で「まだ自分のやりたいことが分からない」という人もおられるでしょう。私はそのような方に対して、アドバイスとして、こう述べたいと思います。「まず、少しでも興味のある分野の本を、手当たり次第読みまくる」。多ければ多いほどよい。選択の幅が広がるからです。

その中から、自分の現実を考えて、消去法により、自分のやるべきことを発見して、決定するとよい。自分の好みを大切にしていいのです。

■「バカの自覚」がある人とない人

個性は創られるものではなく、すでに与えられているものだということを知って、あとは自分の生き方の中で、みがきをかけていくという考え方が楽ですよ。

身体はストレートですし、脳の活動（考え方など）も個性が多少出ます。しかたがない。遺伝子に支配されている私たちの宿命なのです。この自覚を持たなければいけない。

前述したように、現代人はとても自意識が過剰であり、神経質です。

「お前はバカか」と言われれば、多くの現代人は「カッ」となるでしょう。心の余裕がない。「神経質と粗暴さ」は一つのものであり、逆に、「繊細さと大胆さ」は一つのものでしょう。

現代人はもちろん、前者ですよ。

政治家の不毛な議論をみるがいい。

どうでもいいようなことを、ああでもない、こうでもないとしながら、いつまでたっても結論が出ない。出せないのです。

仮に、私が「もうロクなアイディアもないのだから、やめたらどうですか」と言ったらどうだろう。おもしろいかも知れない。

与党はともかく、野党は目の色を変えて、こう反撃するでしょう。

「日本を良くするために、真面目に討論しているのに、何言だ。不謹慎であろう云々……」A型人間は、とても頭が硬い。すぐにカッとなる。なぜか。自分の考えが正しいと堅く信じているからです。

政治的判断というものは、人間の本質（前述したように矛盾している）を自覚すれば、すべてが「あいまい」でしかない。正解などない。

だから、本来、議論というものは、「冗談を言いあいながら、ニコニコするもの」であろう。それが真剣な態度だと思うのです。

ところが、A型人間同士の討論はそうならない。自分側の主張をくりかえすばかり。いつまでたっても平行線です。

人間の理性などあてにならない。

感性の方がよっぽどあてになる。

その自覚があれば、いい議論ができるのにと思ってしまう。感性（B能力）0の政治家では無理なのかも知れませんね。

目の色を変えて、大声で言葉をちらかすような政治家の醜い顔を見るのが大きらいです。

さらに、「自分が社会を良くするリーダーだ」などと主張されると、開いた口がふさがりませんね。絶望してしまいます。

こんな人々が日本（他国の政治家もそうかも知れないが）を動かしているのだから、良くなるはずもないですよね。

政治家に限らず、A型人間は自分を主張します。たいていうまくいきません。A型人間vsA型人間になってしまうからです。反対派もA型人間なので、いい意味での妥協ができないからです。

理性などあてにならないという自覚があれば、「あなたはバカなところがある」と言われても、「カッ」とならない。むしろ、「己は確かにバカだなあ」と心から思えるのです。

これがまともな人間の感覚です。

常識にとらわれない判断もできますよ。

まして、今の世の中、「常識」と「非常識」が逆転していますので、まともな人が異常な人と見られてしまうこともあるからです。

「バカ」と言えば、学者などの「専門バカ」が有名です。専門家は必要だし、別に悪いことは思いませんが、この人々に「バカの自覚」があるかないかなのです。

「バカの自覚」がある人とない人では大きく違います。「ある人」は救われるけれど、「ない人」は救われません。自分が見えないからです。

特に「ない人」は、自分の判断で、「自分は偉い人だ」と錯覚してしまう恐れがあるので、やっかいです。困ります。迷惑なんです。

この論では、A型またはB型人間は、「バカの自覚」がない人になります。

「バカの自覚」がある人は、結局「非A、非B型人間」という結論になるのです。

■人間を変える教育

A型人間は「なぜ理性を信じ、自分の正しさだけを主張してしまうのか」、それはどこからきてしまうのか、真面目に（?）考えてみたいと思います。

戦後の日本の教育は、くりかえすようですが、合理主義（宗教）教育でした。

その世界では、人間は理性で説明できるとして、その矛盾について誰も教えてくれませんでした。学校では教えてもらえなかったため、他の方法、文学や芸能、芸術などで、人間の本質を学んできたのです。

学校教育で完全に洗脳されてしまうと、他の方法で学んでも、なかなか価値判断を変えることができなくなります。

たとえば、A型人間は次の言葉が理解できません。意識が無意識化されているからです。

・**「笑っている人間が、最も苦しんでいる人間である」**

前項で、「真面目＝真剣」、「笑い＝非真剣」という硬直した脳回路（精神）ができあがってしまっているようなことを書きました。

これは、そのような教育を受けてきてしまったからなのです。

また、団塊の世代を中心に、日本人は真面目すぎることも原因の一つだと思います。

物を売るだけの能力しかなく、昔、エコノミックアニマルと呼ばれた時代もありましたよね。品格もなにもなかったのです。

労働の意味について、こんな落語がありますよね。こんな内容だったと思います。

ご隠居さんと、働かない遊び人との会話。

「お前、ごろごろしていて、少しは働いたらどうだ」

「働いたら、何かいいことあるんですか」

「そりゃあ、あるよ」

「何ですか」

「物が買えるし、お金もたまる」

「お金がたまったら、どうなるんですか」

「働かなくても、生活していけるようになる」

「もう、そういう生活してます」

労働の意味をいやというほど皮肉っていますよね。これは大切なことなのです。

戦後の日本人は、経済動物になり、生活が便利になることにのみ価値を見出して生きてきた。それ以外のことは、ほとんど無視してきた。文化価値（目に見えない）を低くみてきたのです。

近代日本を代表する文芸評論家、亀井勝一郎の言葉に次のような言葉があります。

『無用の用』

たとえば、部屋に花を飾る。

花を飾ったからといって、空腹が満たされることはない。経済的価値はゼロです。

もっとも、本当に貧しい時代であれば、「花よりダンゴ」かも知れない。

人間というのは、「衣食住足りて礼節を知る」という感覚を持ち、「心のあり方」を大切にしなければならないということだと思う。

「用がないところに、用がある」のである。

働くことだけが能じゃない。

この場合、花もまた「大量生産された花」を飾るのは（花も産業化されてしまったという意味で）どうかなあと思うのです。

自分で育てた花を飾りたいものです。

ワーカホリックの日本人は今こそ、生活そのものを見直すべき時に来ているのかも知れません。いい機会だと思います。

ところで、人間そのものの存在を見直す意味で、生命倫理の視点を少しお話ししてみようと思うのです。

前述したように、「子どもの技術＝遺伝子操作技術」によって、生命体があぶなくなることは、ご理解いただけたことと思いますが、この考え方は、私だけの考え方ではないのです。

実は、学者としてはごくごく少数派の、非A型生物学者である中村桂子さんの考え方も同様なのです。

「ロボットの犬と、本物の犬は、どこが違うか」。子どもに考えさせたりします。

遺伝子操作によって、生命体バランス（動植物連鎖、人間の男女など）が壊れたらどうなるかという問いを問いかけているのです。人間がやってはいけないことがある。

仏教の世界では、「人の行動というものは、ただ仏の大きな手のひらの中で、動くのみ」という考え方です。

ジタバタしても、仏が怒れば、「あっという間に、にぎりつぶされてしまう」というようなイメージですよ。

仏教思想はスケールが大きいのです。

A型（ミエート）人間は、自分の価値を押しつけてくる。発信、干渉してきます。

「何かを発見した」、「理論ができた」、「体を動かすことだけが（目に見える）労働だ」云々。

それに対して、私たちは反論しなければいけない。

「むやみに発見するな。そんな競争するな。A型バカ人間達よ」と。

物事には、節度があることを、もう一度ここで確認しておきたい。

親や教師は、子ども達に自分の価値基準を押しつけるのはやめよう。

私なんかは、思いを（頭の中で）めぐらしている時間が多いため、外から見れば何もしていないなまけ者ですよ。

そのような頭脳労働を認め合いましょう。

様々な人が、様々な生活パターンで生きる。

それは、バラバラで勝手に生きるということとは違う。安定を保つ上で重要なことだと思う。

安定とはもちろん、社会の安定です。

もう一人の生物学者（この先生も非A型だと思う）である、福岡伸一先生は言う。

「生命は時計仕掛けのような、明確な要素と機能の一対一の対応があるのではなくて、要素と要素が相互作用をしながら、ぼんやりと作用をもたらす平衡状態があるだけ」

それを、『動的平衡』と呼んでいるのです。

この言葉は、ヒットワードになりました。

人の社会というのは、やはり生命体であり、この考え方が自然だと思うのです。

社会もまた、「動的平衡」であっていい。

そうでなければおかしい。

バラバラのようでいて、一個の生命体が動いている。一つの社会が動いている。

生体システム論（人がそれぞれ動きやすいようにする）が今、だからこそ、必要なのです。

日本の縦社会は動きにくい。でも横社会だけでもうまくいかない。ではどうするか。

価値は多様であっていい。単一価値の押しつけによって、私たちは過去において、多くの誤りを犯した。戦争などです。

どこの国を見ても、悩みはつきない。

うまくいっている国なんてないのだから。

ここで私は、これからの社会について、こうすればいいというヒントを提示しておきたい。後の章に繋《つな》がるものです。

まず、どうするか。

・**「A型人間を創らない教育システムを創る」**

これにつきる。しかしそんなことできるのか。

「できる」と私は回答しておきたい。

そして、「非A型エリート」（真のエリート）が、この国を創るとき、「官僚組織（国家公務員）」にしろ、「民間企業組織」にしろ、今までにはない、『縦横連係社会組織』と呼ぶにふさわしいシステムが出現するということです。

教育は時間がかかる。だから、二十年なり三十年なりは必要だろう。それでいい。

しかし、これをやる意志があるか、ないかであろう。原子力から自然エネルギーへの移行も、やる気があるか、ないかの問題であろう。日本人の能力はあると思う。後はそれをやる意志があるかないかだと思うのです。

自然エネルギー技術は、先端技術ではない（どちらかと言えばアナログ）のです。それほど移行時間がかかるとは思えない。既に少比率で在るのだから。

粒子加速器などに、一兆円も国税をかけずに、自然エネルギーにかけたらどうですか。

教育とは人を変えることです。人を変えないなら教育の意味はない。先生だから教えるのではない。教えてこそ先生なのです。

■見えない競争をする

物事の意味を云々すると「それはお前の主観にすぎない」という批判が出てきそうです。

たとえば、前項で、「教育は人を変える仕事である」というようなことを私が述べました。

しかし、反論として、「今の教育は知識偏重教育であり、とても他人（子ども）の思想など変えることはできない。また公教育で、戦争はよくないことを教えても、原子力はよくないと断定するような教育はできない」

「そもそも、人を変えるなどということを、お前がどうしてできるのか。人は神ではないなどと偉そうなことを言っておきながら、思い上がりもはなはだしい」

確かに現代のようなA型人間中心の社会（日本だけではなく先進国全体に言えることではあるが）では、すべての意見がその正当性を持ってしまう。どれが正しいかどうかは誰も分かりはしない。だから、価値の多様化ということになる。統一性などない。

私たちは、戦後六十年も長く、自民党政権を支持してきたのです。他党も若干政権を執った時期もあったが、影は薄いものでした。

そして、その自民党は、原子力を推進してきた党なのです。

だから、原子力に関しては、有権者である私たちにも責任があるのです。

「原子力に意味がある＝価値がある」ということになるのだから。

そして、国が決めてしまえば、それに従う方が利口な生き方（Ａ型人間の考え方）ということになるのです。

その利権にむらがる人々がたくさんでてきても不思議ではない。はずかしい話ではありますが、経産官僚の原子力関係天下り機関への再就職、電力関係会社の人々。国家公務員から民間人まで、それが現実の社会なのです。

したがって、この社会の現実は、国家が創り出した現実になる。それ以外ではない。

さて、国家とは何か。少なくても、神様ではない。生身の人間が運営しているのです。

もっと言えば、人の脳が創り出している。

したがって、現実を変えたければ、脳を変えるしかない。どうだろう。

あなたがもし、「天下りはよくない」と本気で思うなら、人の脳を変えなければならないと考えてほしいのだ。

ところで、これから、私は、人間の本質についての考え方を述べておきたいと思います。

少しショックを受けるかも知れません。

「全て、人の行動には意味がない」

どういうことなのか。

「人間という生物は矛盾そのものである」と先に述べました。それから言えることなのです。人間はどうしても意味を求めたがる。A型人間社会は、これなくして生きていけないと悲鳴を上げる。身がもたないのです。

たとえば、原子力発電について、次のような流れがありました。

「地球が温暖化している→CO_2（二酸化炭素）が関係しているらしい→クリーンエネルギーが必要だ→原子力しかない」

このような思考の流れだったと思います。

ところが、今、「CO_2と地球の温暖化との関係は、はっきりしていない」というのが専門家の見方なのです。もちろん、学者間の意見の違いもあるかも知れない。

要するに、誰も正しいことは分かっていないのです。

私たちは、物事の判断として、次のように言えるのではないでしょうか。

・「**物質世界においては、可視的なものは信じられるけど、ミクロやマクロの世界は信じられ**

ない」

地球は丸い球である。誰もそれをウソだとは言えない。宇宙からの地球の写真を見せられれば「その通りですね」と言うしかない。

疑う余地はない。真理である。

でも、写真のない十五世紀に、それを言ったら、「お前、本当にそれで正しいのか」と、疑問視されたりもしたのです。でも今は、そんなことはない。

しかし、可視化できない、たとえば、放射能汚染などは、誰にも予測できない。何年経ったらどうなるかなど、個人差もあり、一概《いちがい》には言えない。無責任にならざるを得ません。

国を追及しても、分かるはずがない。

専門家だって分からないのだから。

人知を越えているのです。

信じられなくてもしかたがない。人間にはまだ分からないのだから。

将来的にも分かる保証など全くない。

結論として、次のことが言えそうです。

「原子力発電に意味はない。意味がないものに、意味付けをして（CO_2が減るに違いない）、意味のないことをやってきてしまった」と。

「意味がないことを意味がないと教える」ことに、「意味がある」と私は思っているのです。

少しややこしくなりましたが、これからの世代である、十代の若者に、それを教えることで、人間を変える教育ができるのではないかと、私は思っているのです。

十代にしっかりとした思想（A型人間の価値などを押しつけない）を伝えることができれば、一生を左右することになるでしょう。

その長い時間の中で、エネルギー問題の解決点も見えてくるのではないでしょうか。

さて、ここから後半の話に移ります。

物質的な意味で、目に見えない世界ではなく、文字通り、目に見えない心の世界の話なのです。A型人間がさけて通ろうとする、B型人間の能力の世界なんです。

戦後の世界は、技術という道具を使って、あらゆる分野の問題を解決しようとしてきたのです。器用な日本人は、それをよいこととして、ますますそれに頼るようになってしまったと言ってよい。

たとえば、医学の世界。

「患者を診ないで、症状を見る」

投薬して、ハイ終わりである。

心の問題はめんどうだから、考えない。

症状が出たら、どんな病気でも投薬中心、検査中心でやる。A型医師のやり方です。

病気は文字通り、「気の病《やまい》」からくるのであるが、そこを考える余裕などない。

いちいち考えていたら、気が休まらない。

医師の方が病気になる場合もあります。

ヘンな時代といえばヘンな時代なのです。

本来ならば、こんな会話にならないとおかしいと思うのですが。

「いつから胃が痛むのですか」

「半年前からです」

「その頃、何か仕事上とか、プライベートで、つらいこと、悩むことがありましたか」

「今から考えてみると、人間関係のストレスがあったように思います」

「その他、何か思いあたることはありますか」

「それ以外は特にないと思いますが」

ここで、医師は、さらに患者の性格なども瞬時に判断して（B能力も必要）、病気のイロハを推測する……。いきなり検査でというやり方をしないことも大切なことなのだと思います。

こうすれば、安心感を患者に与えます。

非A型医師ならば、こうすると思うが、こんな医師は少ないのが現実だと思う。

学校の教師もそうです。

生活がみだれている、宿題もやってこない、あいさつも自然にできない、返事もできない、いろいろ問題をおこす生徒。

その背景を理解して、アドバイスなどをしないといけない。余計事態を悪化させる。親も教師も相当余裕がなければできない。

もうすでにお分かりいただけたと思いますが、「見えない力＝心の力＝感性」が今、一番重要なのだと思います。

戦後無視され続けてきた、このＢ能力をどう復活させ、どう育てていくか、もちろん、前述した教育の成果が出ることに期待がもてるけれど、時間がまだかかることです。

それまで、少しでも、その能力を大きくする努力は必要でしょう。

そこで、最後に脳の話をして、男女の違いを知っていただき、やはり「感性＝Ｂ能力」は女性の方が有利なので、特に女性にお願いしたいのです。

一般に脳は二つの分け方がありまして、前述したように、一つは古い脳と新しい脳、つまり内側と外側です。外側の方が後から進化してできました。人間だけの脳です。

もう一つの分け方として、右脳と左脳があります。右半分の脳が右脳、左半分の脳が左脳です。そして、「古い脳と右脳が主に感性＝Ｂ能力」であり、「新しい脳と左脳が主に理性＝Ａ能力」です。

これからの話は、右脳と左脳の分け方で話を進めます。

右脳と左脳の間に、それらを結ぶ連絡路として、「脳梁《のうりょう》」という部分があるのです。

そして、これらの間に、男女差があり、次のようなことが分かってきました。

男はもっぱら左脳（A能力＝理性）を使うのに、女は左右同等に使うということです。

男は「左脳＝A能力＝読み、書き、計算」。

女はそれに加えて、「右脳＝B能力＝直感」。

どう考えても、女性の方がバランスがいい。

「理性」と「感性（見えない勘の力）」を生まれながらに、男性よりいい条件でもつ。

その原因として、「脳梁」の断面積が女性は男性より約二十パーセントほど広いということが分かっています。つまり、右脳と左脳の連絡速度が速く、スムーズに行なわれる構造になっていると言えるのです。

でも最近は、女性のキャリア志向で、B能力をつぶして、男性化している人もいるようです。

残念といえば残念ですね。

これからの時代は、むしろ、見えない（脳の）競争の時代になると私は思っています。

男女とも、与えられた感性（B能力）を捨てることなく、大きく育ててほしいのです。

感性の競争ならしてもいいと思います。

■革新的な生き方

数十年前だったと思いますが、元NHKアナウンサーの書かれた本がベストセラーになりました。それは、『気くばりのすすめ』というタイトルであったと思います。

私は前述しました通り、芸術の天才は常に時代を読み、空気を感じ、欠けているものを補い、そして、近未来への思想をしっかり示さなければいけないという考え方を持っています。それができて、はじめて、芸術家の意味がある。存在の意義があると思うのです。

作家も評論家もこの視点を欠けば、その存在意味はない。今の日本の無責任国家と同レベルになってしまう。

この本は、三十年先、五十年先を考えて、その時代の不足を補い、未来を示していたとも言えるのです（気くばりのすすめ）。

今でもこの本の評価は高く、読み捨てられるレベルの本ではないと思います。

人としての、本来あるべき常識、でもその時代には無視され続けてきたものです。

A型人間社会に「NO」をつきつけたものでしょう。これはその時代における、反ポピュリズム的発想本であったと思います。

節度（マナーやルール）のないダラダラ欲ぼけ日本人に、見直しをせまった本とも言えましょう。今の日本に、こんな本はほとんどない。

文芸作品にしろ、音楽にしろ、マンガ、アニメにしろ、一神教のような閉じた思想、すなわち、私的内輪話、ばかげた痴態《ちたい》、妄想《もうそう》を売り物にしているものばかりです。

性悪説を強調するミステリー物も問題がある。現実から完全に遊離した仮想は、現実逃避であり、作家の無責任さを表す。

こんな作品は、昔も多くあったし、今もあいかわらず多いと言えるかも知れない。

これらは、B型人間のやっていることです。A型社会が行きづまりを迎えている今、その中和剤としての役割はあるかも知れない。

しかし、本能だけの作品は、社会への方向性を示すことにはならず、自らの責任や役割（使命）を果たさないことになります。

量だけ多く、思想もなにもなく、ムチャクチャに書きまくるだけでは、自分の存在価値や社会的評価を低くするだけだと思います。

どうせ、こんな作品は読み捨てられるだけです。ここにもはずかしい日本人が見え隠れするのです。

こんな本を買ってしまう人が多いのも、戦後の日本の教育がおかしかったからだと思うが、だからといって、それでいいと考えるのはおかしい。なぜなら、消費者にも、日本人として、この歴史を良い方向へ変える責任があると思うからです。

こう書くと、またB型人間と読者はこう反論するだろう。A型思考によって、「表現の自由によって、何を書いても自由である。何を書いても、それが社会にどう影響するかは、人によって評価は違う。その評価は読者がするのであって、一神教で判断されても困る。個人で思いあがるな」と。

確かにその通りです。

A型人間もB型人間も自分を主張する点では似ている。閉じた世界の人間だからです。

日本の村社会そのものです。

「あまりうるさい決め事をせず、全ての人々を受け入れ、多少ぶつぶつ文句を言いあいながらも、皆仲良く暮らす。よほどのことがない限り、村八分にはしない」

しかし、ここには大きな欠点がある。

他の世界とは交流しないのです。

少しだけ、数学的に考えてみます。

現代という時代は、「動的平衡」によって、新しい時代を創っていく時代だと思うのです。

「動的平衡」は「バラバラに見えて、実はそうではなく、それぞれの役割を果しながら、一つの生命体＝社会を創っていく」という考え方だと思う。人一人一人の役割がきわめて重要です。

組織もまた重要です。

今、A型組織の二つを、A_1、A_2、B型組織の二つを、B_1、B_2とします。

村社会同士が強く閉じていますので、内では仲良くしますが、他の村とはうまくいかないのです。その組合せをあげると、

「A^1」vs「A^2」、「B^1」vs「B^2」、「A^1」vs「B^1」、「A^1」vs「B^2」、「A^2」vs「B^1」、「A^2」vs「B^2」、以上六パターン。

いずれも、うまくいかないのです。

「A型人間組織」にしろ、「B型人間組織」にしろ、他の組織に働きかけないという点で、「それでは無責任ではないか」ということを私は言いたいのです。血管のような連絡網を作らない。もし、これが人間の体であれば、それぞれの臓器間に血液が届かなくなり、即死亡しますよ。社会もまた、このような状態になっているのだと思うのです。

　こう考えると、今の行きづまり社会は、当然といえば当然のことなのです。

　ゲームや遊びや他のことで、コミュニケーションをとることで、血管を作り、血液を流すことも悪くはありませんが、社会組織そのものを変えていくことが大切だと思うのです。

　そのための提案なり、提言なりを、芸術家はしていく役割があるはずです。

　それをやることで、はじめて社会的責任を果たすことになるのではないかと私は思うのです。

　ご理解いただけたでしょうか。

　ところで、まだこの時点で、次のような質問が飛んできそうです。

「社会、社会と言うけれど、芸術は娯楽なのだから（その要素もある）、自由でいい。疲れる

ようなものでは、面白くない。その価値も自由であるべきだ」と。

なるほどその通りです。

今のような不健康な社会では、息ぬきや娯楽（バカさわぎ）なども必要だと思う。

でも、私が言っているのは、そのような意味ではないのです。

私は先に、「人間の行動には意味がない」と言った。それをムリやり意味付けをして行動しているのが、現代社会なのです。

だから疲れる。不自然な疲れが残る。

それには娯楽や飲酒も必要でしょう。

でも私は、今の社会そのものを娯楽化してしまうことを考えているのです。

ただ誤解しないでほしい。

趣味的（責任を取らない）な世界にすることではない。むしろ、その真逆の世界にする。

今の社会こそ、無責任そのものの社会でしょう。科学万能（技術）主義宗教を国家が採用し、国民を洗脳した。しかも、一神教です。

リーダーは責任を取らない。

国家や会社の都合で、自分の能力を売らない社会なら、いい疲れが残る。

ストレスは強くない。多くの娯楽は必要ない。

こんないい循環の社会を目指すのです。

「今の現実を現実と考えているのではなくて、未来の現実から、今の現実を考えている」のです。「発想の時代が未来」なのです。

また、こんな質問も飛んできそうですね。

「人間は遺伝子によって、ほぼ決まっているとすれば、すべて無力ではないか」

と。それに対して、

「わずか五パーセントの環境遺伝子（生まれてからの家庭や先生や本などからの影響）によって、芸術家のあり方や作風は変わる」

これが私の回答です。

「いい先生や先輩に恵まれれば、それに応じた作品が出来る」

「人間不信を経験した人は、殺人ミステリーなんかを書いたりする」

「軍国主義に洗脳された若者が、四十年近くもそれを信じて（戦争が終ったのに）、戦っていた」

これも考えられることです。

これらは、十代の教育環境がいかに重要かということを物語る。教育は無力どころか、きわめてリアルな作業なのだと考えられるのです。

国家がA型人間を創ったから、A型人間の世界ができたのです。

作家なども、非B型（正義を意識する）でなければいけないのに、環境が悪ければ、B型（本能のまま書きまくる）になってしまう。

「子どもは親の鏡」、「作家も環境の鏡」、「国民も国家の鏡」なのです。

最後に、非B型の、三人の作家をあげさせていただき、この章を終了させていただきたいと思います。

・宮沢賢治。平等な社会、平和な社会を夢みていた人でしょう。近代日本人の原型です。

・井上ひさし。この方も、宮沢賢治と同様に、一生をかけて、世界中の平和を願って、作品を創っていった人でしょう。

あたたかい心と、強い行動力。責任感。

人の気持ちを思いやる能力がスゴイ。

見えない競争なら、負けない人でしょう。

・立松和平。この方も、早世されてしまったのですが、やはり心の広い、ひょうひょうとした人でしたね。日本人の良さを感じさせてくれた人です。

他にもおられると思いますが、特に印象深い方々でした。

私たちは、こんな素敵な方々を先輩に持ちながら、後世を生きている（生かされている）のだから、それに恥じない生き方をしたいものです。それを引き継ぐような……。

今日本は、すべての分野に「子ども社会」が出来ています。誰も責任を取らない社会。

「原子力村」もそうだし、「国家組織」もそうだし、そこには大人がいない。

何かあると、大人に泣きつく。ところが、大人がいないのだから、どうしようもない。

ビジョンがあるのが大人社会（思想国家）。

ところが、この国にはそれがない。

あるのは科学宗教。手に負えるうちはいい。

でも、原子力は人知を超える。

「子ども人間」はそれでもまだ、A能力を主張する。何とかなると。あわれです。

また、必ず、想定外の事故がおきる。

今度起きたらもう完全に日本は消滅します。

大人なら、それを考えるはずです。

この国では、創造力より想像力を持つ大人になることが、真に革新的な生き方なのです。

第四章　国家（社会）と個人

■歴史の意味

「歴史から何を学ぶか」

よく言われることです。

政治家（この国には政治屋はいても、政治家はいないのであるが）は、少なくとも、それに対する認識は持たなければいけないと思います。

確かに、戦後、日本は「軍国主義の反省」を行い、平和憲法のもとで、再出発したかに見えた。しかし、歴史はそんなに甘くはなかったのです。

「軍国主義」から「科学万能主義」へ、国家宗教がすり替わり、国民を洗脳し、経済格差だけではなく、もっと悪い知的（心理）格差意識の社会を創ってしまったのです。

かつて、企業倫理の欠如から、様々な「身体公害」を経験したが、それらは、マスコミなどのメディアが取り上げたことで、解決（補償などを国に認めさせて）の方向へ向かいました。

しかし、もっと深刻なのは、国民全員にかかわる「知能公害」なのではないでしょうか。

今、原子力についての関心が高まっているので、前項の続きみたいな話を例として、書いてみたいと思います（原子力発電チェック）。

まず、あなたがどれだけ知能公害（洗脳）を受けているか、チェックしてください。

①原子力は先端技術ではなく、アナクロ技術である。半世紀以上前からある。
②原子力発電所の耐震基準が、日本のような地震大国のレベルに適しているか、はっきりしない。
③放射能公害は誰にも分からない。
④使用済燃料の処理にかかわる費用を考えると、コスト高の発電方法になる可能性がある。まして、事故がおきれば、その補償金で、電力会社はパンクする。
⑤後始末を考えずに、会社の利益を優先する（子ども人間の考えそうなこと）。

以上、どうだろう。

原子力は古い技術であり、放射能公害は、いつどこで誰がどうなるか、誰にも分からないのです。くりかえすようだが、人知を超える。したがって、この日本に責任を取れる人は誰もいない。どうしてくれると言いたい。

「子ども」は、遊び好きだが、後始末をいやがる。だから、世のお母さん方は、うるさく「後片付けしなさい」と言う。当然です。

「子ども人間（A型）も同じことをやる」

また、今回の大震災で、日本列島の地下の地殻《ちかく》変動があり、すべてを見直さなければならなくなったと言われています。

当然といえば当然です。地球も社会も日々動いています。四十年前のデータなどは、誰も信用しません。耐震基準などは、毎年毎年変えていかないと、役に立たなくなるかも知れません。

動いているということの証です。

しかも、新しい基準が出来る前に、また大地震がおこる可能性もあるのです。

同じ所はしばらくはおこらないだろうと、A型バカ人間は考えるかも知れない。

しかし、日本全国に原子力発電所はあります。

どこでも地震が発生すれば、やられる可能性がある。しかも、今度、事故または故障などで、社会に迷惑をかけることになれば、世界から見放される。ダメ国日本。

日本人の大好きな「製造業」（車や工業製品）、「農産品」なども大ダメージを受け、需要がなくなり、自然減産による、節電社会になるかも知れない。そこまでいかないと、ダメかも知れない。日本人の洗脳を解くのは大変です。

人類の歴史は今、一国の歴史を越えて、私たちに、岐路をたたきつける。

それはどういうことか。

科学宗教国日本にとっては、特に重要であろう。一方向へ走るしかできないA型人間主流国日本は、未だに「科学は信用できる」、「科学は原子力を制御できる」、「やればできる主義」

こんな古思考を信じている人々が多い。

確かに、「地球はほぼ球形である」と言われたら、誰でも納得するだろう。

ビジュアルな証拠を見せられれば、それまでだと思う。

しかし、それは、理知（A能力）の一部でしかない。私が言いたいのは、超ミクロの世界（原子など）についてです。

目に見えない物質の世界は、いかなる科学、いかなる天才の理論をもってしても、無責任にならざるを得ない。

目に見えないものは、証明しようがない（測定値も常に変化する）。

人間の脳などたかが知れている。

カオスという考え方もある。

「科学理論などは当てにならない」というものである。これに気づかない科学者は困る。

「AならばXである」、「BならばYである」、「CならばZである」というわけにはいかない。

「AならばXまたはYである」、「BならばYまたはZである」というように、1：1対応にはならない場合もあるのです。

したがって、私たちは、これからは、こう考えなくてはいけない。

「科学＝理知（A能力）」で解決しない問題もある。

実際に、放射能汚染がそれを教えてくれた。

これからは、超ミクロ技術の世界は、「あぶない技術」という意識、できれば手を出さないという「感知（B能力）＝無意識」を持つこと。

特に、一方向主義の日本人はしっかり持つことが、今一番大切なことだと思います。

それでも、まだ感性0のA型人間は、言うかも知れない（洗脳されているだけなのに）。「私たちは科学を信じ、安全性を確保して、云々……。原子力先進国の責任を果さなければならない」と。

原子力技術者は知っているのかも知れない。

「この技術はあぶないに決まっている。でも、この国がこれを信仰にしてくれているので、体制側に入っていた方が、収入も多いので楽なんだ」（技術者の本音）

もともと、責任を取れない技術に、どう責任を取るつもりなのか。それが分からない。

先進国の定義を変える必要がある。

一般に科学技術はA型脳（合理脳）から生まれたものです。

要するに、A型能力の競争に勝っている国を、「先進国」（英語ならアドバンストカントリー=advanced country）と呼んでいるにすぎない。

ヨーロッパは今回の原子力発電所の事故を受けて、自然エネルギーの方向へ一歩進むだろう。

スピード感もある。大人国家です。

以前のチェルノブイリの教訓もあります。

まだ大人になれない国はその対応が遅い。

日本はその代表ではないかと思います。

もともと無理があった。子どもの遊び技術であったのだ。子どもなどには責任はない。

子どものいたずらの責任は、親が持たなければいけない。親とはもちろん国です。国もまた、子どもであったことを反省し、子ども（電力会社）に、その後始末だけはさせなければならない。当然のことです。

そして、その後（二、三十年後）にくる社会のためのエネルギー政策を立てなければいけない。

それまでは、原子力発電を減少させながらも、続けていかなければならないだろう。

そして、三十年後位には、「原子力技術者がいなくなる」（自然消滅）のが理想だと思う。優秀（A型能力においては）な人材は、他の分野（廃炉技術他）で活躍してもらえばよいだろう。

私は思う。

日本国は、もともと自然に対して、欧米のように対立的に考えるのではなく、溶け込むような姿勢で生きてきました。

ところが、明治開国以来、欧米思想が無批判のまま入ってきてしまったのです。

しかも、右から左へ考えも変えてしまう。

頑固だと言われているドイツでさえ、今は「パッシヴハウス」（自然を受け入れる家）思想が主流になりつつあります。

日本もまた、古い技術である原子力などにしがみつくことなく、新エネルギー技術を前面に押し出してほしい。

すでに技術はあるのに、利権構造のために、押さえ込まれているものもあると思います。

発送電分離も考えていかなくてはならない。

あとは、やる意志があるかないかです。

私はもともと「先進国」という言葉が大きらいだった。何が他国より進んでいるのだろう。

「世界一」が大好きな子どもの国日本が好きな言葉だと思うからです。

子どもというのは、やたらに他人に認めてもらいたいという欲求を持つ。

それは、まだ自分が何者かよくわからないからです。常に認めてもらえていないと身が持たない。〇〇賞などにしがみつくのもその一例であろう。

そうしないと不安なのかも知れない。

たとえば、未だに、「世界一のスーパーコンピュータ」に予算をくれと泣きつく。

一秒間に、一京（一兆の一万倍）の計算ができたという。単純によろこぶ。なぜか。

子どものゲームクリアと同じレベルだからです。大人ならば、それを使って何ができるかに喜びを感じるはずです。

感覚が子どもそのものです。

それに、このような競争にあまり意味がないことは明らかであろう。

あっという間に、抜かされますよ。

たとえば、アメリカという国はスゴイ。

このような競争（目に見える数値競争）においては、である。

日本が十年かかるものを、一年程度でやれるという。資金力がけた違いらしい。

中国の国力もあなどれないのです。

だから、はっきり言って、相手にしてもらえない状態だと思います。

そんなものに、国税をかけるのはムダだと思う。競争そのものに意味がない。

国家のギャンブルに国民の血税を使っていいのか（一〇〇〇億円レベル）という思いもあります。

また、地震など難しい世界をいくらシミュレーションしても、想定外（隕石が落下してくるなど）現象が起これはすべて意味はなくなります。

■自分の役割を知る

日本は今、国内的にも国際的にも、岐路に立たされています。

今やアナクロ技術になってしまった、原子力技術にしがみつき、自分達の利権を守ろうとしている国家、官僚（経済産業省）、電力業者などに対して、時代は自然エネルギーへと向かっている。特にヨーロッパ諸国は動きが速い。

このままでいれば、日本は「産業後進国」になるのは目に見えています。

政治はもともと三流だから、世界に対する発言権はさらに弱まることはまちがいない。

もっとはっきり言おう。

「政治産業後進国」。はずかしい名前である。

国家ビジョンがないのだから、科学宗教ぐらいしかない。

しかも、今科学はカオスに直面し、当てにならなくなってきた。

「国家はもうすでにない」と私は思っている。

個人の役割をきちんと果たすことが社会の安定に繋《つな》がる。「個人」を「自分」や「自国」におきかえてみてほしい。

「自分」や「自国」の役割を果たすことが「国家や世界」に対して、その存在意義になる。

今の政治家（昔もそうであったが、経済成長というメガネをかけさせられ、洗脳されてしまった）には、経済成長後のビジョンもなく、したがって、先見的政策もない。

国家国民に対して、自分の役割（責任）も果たしていない。科学経済宗教に国税をどんどん注ぎ込んでいるだけです。国民は被害者です。

国際社会の流れも分からないA型バカ人間が、国を動かしている現実。

自分の周りしか分からない「子ども利権人間」が操る我が国日本。大人がいない国日本。

はっきり言って地球にとって迷惑な国であろう。人間ほどやっかいであつかいにくい動物（生物）はいないので、できればいない方がいいのです。日本人はその先頭に立っているのだと思う。もう世界に対して、全員切腹しなければならないところまできていると思う。

また、自己矛盾をかかえ、少子化や自殺率の高さなどから、後一〇〇年程度で消滅する計算もある。どうせ消滅するなら、切腹の方がカッコイイかも知れない。

くりかえすようだが、原子力技術のしがみつき理論は次のようです。
①CO_2を出さないクリーンエネルギーで、地球温暖化にブレーキをかけることができる。
②安定供給できる（本音は高収益性）。
これだけです。

それに対して、これだけの反論ができる。
①生物（動植物）にとっての生存条件として、

「水と太陽とCO_2」が必要です。

生命はこの三つから成り立つ。

したがって、CO_2はなくてはならないものです。CO_2は今地球全体の歴史からみれば、減少しています。長くても、後《あと》一〇〇〇万年程度で、すべての生物は絶滅します。地球の寿命が約一〇〇億年。そのうち、すでに約五十億年（もう少し正確に言うと四十五億年）経過している。だから、後《あと》地球が存在できるのは、約五十億～五十五億年ということになる。

その中で、CO_2が存在できるのは、後《あと》一〇〇〇万年程度。その間だけ生物が存在できるわけです。人類が誕生してからまだ五十万年も経っていないので、後《あと》九五〇万年以上は生存できると思います。ただし、人類の寿命はその遺伝子の都合で、その約半分の五〇〇万年程度と言われているのです。これは前述しました。地球温暖化と騒いでいても、この矛盾にどう答えるのですか。

また、専門家の間でも、CO_2の問題は、国家間の利益問題（政治問題）であって、地球温暖化とは直接関係がないとの意見もあるのです。これに対して、どう答えるのですか。CO_2減少＝生物の早死です。
②今回の原子力事故によって、安全神話がくずれました。一度事故を起こせば、安定どころか不安定。さらに放射能公害というおまけつきです。核燃料棒の冷却までの時間、使用済燃料の再処理費用と場所。やっかいな問題が多い。避けようとします。

「子ども技術」は「後始末をしない」

親（国）に泣きつく。責任を取らない。

何か問題がおきると、「国（親）が推進したのだから」と逃げる。

なぜ、「NO」と言わなかったのか。

子どものやりそうなことです。

「原子力はあぶない」と主張した大人の学者を、「村八分」にして、自分達の立場を通してきたのが、自民党と推進学者と経済産業省のお役人達なのです。

私はこのような人々を、アナクロ的であるという意味で、「化石型人間」と呼びたいと思うのです。

時代遅れの考え方をする人々に会ったら、「ああ、ここにもまだ化石型人間がいるんだ」と、心の中であざ笑ってみましょう。


さて、もしこれからの時代、日本人の役割を果たし、地球上において、その存在を許されるとしたら、どうすればいいのでしょう。

実は、もともと日本人は自然の中で、自然力を生かして生きてきました。

自然エネルギーとは仲良しだったのです。しかも、エコ技術。

それを忘れ、ここ一五〇年あまり、西洋技術に洗脳されてきただけなのです。

欧米と「見える技術（速さや量など）」の競争のみにうつつを抜かしてきただけなのです。

したがって、これからは、時代遅れの原子力技術を捨てて、再び自然力技術へと移行すればいい。「できるか」といえば「日本人のＤＮＡ（遺伝子）ならばできる」と答えよう。

過去においては、アナログ技術は、古い技術（アナクロ技術）とされてきました。

しかし、時代の流れはその後、ここ五十年程度デジタル技術が入り、それが、先進技術（アドバンスト技術）になりました。

しかし、さらに時代の流れは速く、再び、自然力技術（アナログ中心技術）へと、世界は向かいつつあります。

デジタルが中心の時代は、ごくわずかでしかないという認識を日本人は持たなければいけない時代に入ったと言えるでしょう。

平成二十三年七月に、家庭のテレビが完全デジタル化になりましたが、それは、同時に、裏から見れば、再びアナログ時代が到来することを暗示していると考えられるのです。

それはなぜか。

こう考えれば分かると思います。

社会における科学技術というものは、どのような分野のものであっても、まず産業用として発展するのが普通です。

あまり言いたくないのですが、悪用されるという形で、軍事産業として、「原子爆弾」が作

〈時代の流れと技術の移行〉（筆者の考え方）

←時代の流れ

21世紀（これからの時代）（2001〜）	戦後から20世紀末まで（1945〜2000）	明治初期から終戦まで（1868〜1945）	日本
〈大人の技術〉 アナログ技術 ← （ただし、デジタル技術も補助的に使用） 例・自然力エネルギー中心 （原子力エネルギーは自然消滅）	デジタル技術 ← （速い技術） 例・原子力エネルギー中心	アナログ技術 （遅い技術） 例・自然力エネルギー	アドバンスト技術
〈子どもの技術〉 デジタル技術のみの技術 ← （速いだけの技術）	アナログ技術 （遅い技術）		アナクロ技術

■アドバンスト技術：先進技術　■アナクロ技術：時代遅れの技術

られてしまったのです。

原子力技術の恐さを物語っていますよね。

そして、最終的に、それらの技術は家庭に入ってくるのです。したがって、その時は、すでに次の時代への移行期になるのです。「時代の流れと技術の移行」を表にしてみます。

日本人は、江戸時代以前より、カラクリ技術を持っており、アナログ技術のＤＮＡを持っています。それを再び生かす時代が、今やってきたと考えられるのです。

日本人の技術の方向性は見えています。

それを生かすことで、世界を本当の意味でリードしていかなくてはならない。

それが出来れば、地球上に日本国が生きることを許されると思うのです。

日本国のアイデンティティーをしっかり示

すことにつきます。

日本人は「それが出来る」と私は信じているのです。では、今後それが出来るまで、二、三十年、原子力技術者はどうすればいいのでしょうか。

原子力事故の後始末をさせるために、しばらくは必要でしょう。

ですから、たとえば、最もA型能力（デジタル能力）が高く、原子力の基になった学問機関である、東京大学工学部物理工学科へ進みたい受験生などは、こう考えてほしいです。

「原子力技術がいかに危険かを学ぶために入学したい。したがって、卒業後は電力会社に必ずしも入らない。入るとしても、後始末をするために入る」

このような考え方が健全だと思うのです。

自国のエリートとしての役割を果すことで、世界への貢献をする（自己能力を生かす）。

それは時代が変わっても、変わらない考え方だと思います。自分のできることをやる。

個人と社会との関係も同様です。

くりかえすようですが、個人の能力は、ＤＮＡ（遺伝子）によって、ほぼ決定してしまいます。だから、次のように考えたらいいのです。

いくら努力しても、できないものはできないのです。スポーツなどは特にそうです。

したがって、いたずらに他人と競争しないことも大切です。相手が「天才的なＤＮＡを持っている場合」はなおさらです。

「他人にはできても、自分にはできないこともある」、「自分にはなぜだかできるが、友達にはできないこともある」ということです。

進学塾の広告などで「やればできる」とありますが、実際にはできないことが多いのです。自分のＤＮＡのレベルを知って、ある程度努力して「自分のできること」をやる。それが自分の、この社会における役割を果たすことになるのだと思います。

■個人の自由とは何か

前項で私は「結局、人間というものは、自分のやれることだけをやるしかない」というようなことを述べました。

ただ、ご注意いただきたいのは、時代や歴史の流れを認識しなければダメだということです。

時代の要請に対応することです。

時代の要請とは、具体的には「国民の要請」です。たとえば、エネルギーも、電力会社の株主（前近代的なA型化石人間企業などが、筆頭になっている）以外は、ほぼ全員の国民が、自然エネルギーに賛成すると思う。

また、経産省のお役人は天下りなど、甘い汁にしがみつくかも知れないが、原子力エネルギーに未来はない。

子会社の人々も、生活のため関係していても、自然エネルギーに国策が向かえば、それらの方向へ移行していくと考えられます。

電力会社の株主といっても、個人株主の方々は自然エネルギーの方向へ向かっていると思います。相変わらず、利権に群がる企業、官僚達のみが、原子力にしがみついています。自滅の日が近づいているのに、それも分からず（感性0人間の最後）にいます。

A型バカ人間の悲劇といえば悲劇です。

日本人は今問われている。

自分の能力（技術にしろ、他の分野にしろ）をどのような方向で使い、歴史を進めていくか、よく考えて行動すること。

原子力村など「子ども社会（閉じた）の人々」はすでに過去の人々であり、これからの日本人は、一人一人が自分の行動に責任を持つ、「大人国国民」にならねばならない時代になってきたのです。

「村八分主義の原子力村」ではなく、かつて、江戸時代まであった、「村八分を出さない村」、しかも、社会に開かれた（自分達だけよければよいというような自己中心主義ではなく）村にしていかなければならないのです。

時代は、「法的自由（公共の福祉に反しないかぎり何でも自由）の時代」から、「自律的自由の時代」へと移行するでしょう。

「自律」とは自分で何をしたら、社会へアピール（良い影響）できるかを考えることです。

最終的な人間の自由の形はそこまでくるでしょう。

個人の行動の総和が、国家の行動になり、国家の行動は、世界への行動（働きかけ）になる。

したがって、今後は、世界の流れを無視した国家行動は許されなくなるでしょう。

日本独自の思想（そんなものがあるとは思わないが）に基づき、自己中心の行動によって、日本や世界を変えていこうなどという思考は、成り立たないと思うが、どうでしょうか。

「物事の行動」と「個人の自由」について、まとめておこう。

先に私は「全て、人の行動には意味はない」と述べました。

その考えには変わりはない。

しかし、それはもう少し詳しく説明すると、こうなるのです。

「行動」には常に「目的」と「手段」があると言われる。

たとえば、今の教育制度では、「目的」と「手段」が逆転している。それはなぜ起こるかと言えば、学歴が将来の収入を左右する（?）と考えられているからです。発電方法も同様。

原子力発電の方が、電力会社の利益が大きいからにすぎません。

現在の「目的」は進学すること、電気を作ること。「手段」として受験勉強があり、原発がある。

それ以上でもないし、それ以下でもない。

そして、本来、私は「この目的こそ特に意味はない」と考えているのです。

進学したからといって、すべての真理（自分の周りにある）が手に入ることはない。

まして、大学などは専門化して、ごくごく一部分のせまい知識しか学べないのです。

それですべての人間の思考なり、理論、考え方が分かるはずもないのです。

電力についても、なぜ電気は必要かと問いつづければ、わけがわからなくなるでしょう。

江戸時代には電力会社はありませんでした。

電器製品がこれだけ多くあるのだから、なくては困る。でも、なぜ電化生活をしなければいけないかは、誰も答えてくれません。

電化製品は使わない思想があってもいいと思います。それこそ個人の自由です。

「目的に意味はない」

そこで、これからの考え方は、「手段」に意味があるのではないかと思うのです。

どんな場所で、誰に（誰と）、どんな風に学ぶか。

どんな方法で電気を作るか。

そこに、思想がでてくるからです。

「行動の自由」には意味がない。正確に言えばそういうことです。

「手段の中にある思想」に意味がある。今までの「目的」と「手段」が逆になる。

そして、「世界の流れ」を無視できない。

それを日本風に消化しながら、具体的行動に移さなければならない。それがまた、世界へと働きかけていくことになるのだと思います。

個人や企業も、自由について、「個企→社会（世界）→個企→社会→」と循環思考が必要なのです。

■マスコミの重要性

「物がある時代」はすでに終わり、物がどうあるか、見えない価値（たとえば、「美」などは人によって基準が違う）をどう評価するかに、人々の関心は移っていく。

そんな時代には、パイロットとしての様々なメディア（TV・新聞・ラジオ・インターネットなど）の重要性はますます増すことだろう。

また、事件や事故などの時代的背景などを解説してくれるジャーナリストの方々の存在も欠かせない。見識ある方々（非A型）が多い。

国家がまだその方向性を見出せないでいる日本では、原子力事故に限らず、利権がらみの事件などもおきやすい。

それらに逸早く対応し、国家犯罪的事件（検察庁の不祥事など）もどんどん追及してほしいものです。

くりかえすようですが、人の行動そのもの（目的）には意味がないものの、その方法には、やはり「正義」、「不正義」はついて回ると思うのです。

「正義」、「不正義」がない（考えてはいけない）のは、国家間の戦争などです。

これだけは、国家間同士の犯罪なので、自国の正義は他国（相手）の不正義です。

また、相手の正義は自国にとっては、不正義です。客観的な正義などは存在しない。これだけはどうしようもないのです。

このような特別な場合を除いては、様々な社会の出来事について、それぞれのメディアの利点を生かしながら、独自の視点論評を展開してほしいものです。

同じ正義的行動の論評でも、横並び的では意味がない。存在価値がない。

民放ＴＶ（新聞もそうかも知れないが）なども、ＣＭスポンサーの関係で、言いにくいこともあるかも知れないが、「言うべきことは言う」という姿勢は示してほしいものです。

言論の自由は、勇気を持って言うべきことは言う、はっきりさせることを良しとすべしです。

その自由を命がけで守ってほしい。

また、もう一つだけマスコミにお願いしたいことがあるのです。

また、それに対する私たちの姿勢も少し書いておきます。

「分からないことは分からない」とはっきり伝えてほしいのです。

たとえば、放射能汚染報道です。

前述したように、科学は理性で分かる部分と、分からない部分（超ミクロの世界とか、人体の生命動作など）があり、いつ分かるか、見通しもつきません。分からない部分はこれからも続くのです。専門家も分かりません。

国は、専門家の意見を参考に、指示を出すわけですから、当然無責任にならざるを得ないのです。誰も責めるわけにはいきません。

人知がおよばないものは、責任の取りようがありません。

国民一人一人が判断しなければいけないのです。つらくても、しかたのないことです。

ではなぜ、そんな人の能力では分からないような公害を出す、危険な原子力を採用したのですかと、あなたは聞くかも知れません。

「原子力は安全だ」と主張し、それを推進してきたのは自民党です。その自民党を半世紀以上選んできたのは、私たち国民なのです。マスコミも危険報道をあまりしてきませんでした。

選んだ方にも責任はあるのです。

物事はこのように難しいものなのです。

放射能汚染に関しては、二つの見方があるようです。

一つは、心配派です。
・時間が経ってから体のトラブルが出る。
子どもだけではなく、その孫にも出る……。

もう一つは、楽観派です。
・日本は過去において、戦争中、現在とは比べものにならないほどの量をあびた人々がいる。でも、個人差はあるものの、元気な人もいる。それほど神経質にはならなくていい。
あなたはどちら派ですか。

私はどうにか、バランスを取りながら、中間的位置で、生きていきたいと思っているのです。

少し話題が暗くなりましたので、最後に、ＴＶやラジオで、いくつか面白い番組をご紹介し、メディアの未来はあると信じたいです。

「情報時代」（ありとあらゆる多くの情報が手に入る）に生きる現代人は、一方で、「どの情報が正しいか」分からなくなり、全てのメディアから手を引く（信用できない）傾向が出てきています。

これはある意味で当たり前です。

メディアの人々でさえ、Ａ型エリート教育を受け、洗脳されたままかも知れないからです。発信側に自信がないなら、受信側が納得できるわけがないからです。

新聞離れ、出版物（本）離れ、ＴＶ、ラジオ離れ、これは当然の結果と言うしかない。

しかし、そんな中で、たとえば、「テレビ東京の番組（目的もなくブラブラ街を歩く）」などは、次世代の価値（私の言う「行動に意味なし」を教える）を示すし、文化放送の「大竹まことさんの番組（ラジオ）」などは、現代日本の国家洗脳を解く番組だと思います。

■知識・宗教はいらない

考えてみると、私たち日本人はあまりにも余計なことまで、教えられ続けてきました。気づいたら、完全に洗脳されていたのです。

国家の利益に都合のいい人間に仕立てられていたのです。

「レディーメードの服を着せられていた」と言ってもいいでしょう。

国家の都合に合せず、「自由主義社会の本質を守りながら、オーダーメードの服を着て生きている人」が、この日本に何人いるのか、分かりませんが、おそらく〇・一パーセントもいないのではないでしょうか。

人生を生きていく上で、必要な知識というのは、せいぜい高校レベルまで、特にスペシャリスト(専門家＝この言葉はあまり好きではないのですが)でなければ、中学レベルの知識で十分です。それ以上の知識はむしろ必要悪でしかない。実用性のじゃまになります。

一般的な知識は、必要最低限度あればいい。

人は何かの技術を持って、社会に生かし、自分の生活をしていかなければならない。

たとえば、専門学校などはそれを教えてくれます。それは生業《なりわい》として必要な技術であるから、悪いことではないと思います。

ところが、大学となるとやっかいです。

「学問の自由」を盾にして、「実用性のない遊び」をやる。やるのは自由だけれど、それを普遍性があるなどと、自分の論理を他人に押しつける研究者がいるのが困るのです。

「伝染病などの病原体をつきとめる」などは、実用性のある発見であるけれど、そのような医学者は、今はほとんどいません。

どのような分野でも実用性をともなわない研究は意味がなく、信用もできません。

養老孟司先生（東大名誉教授＝解剖学）も、同様なことを言っておられる。

「私は統一理論を信用しない」と。

遊びは遊びでいいけれど、仮想ゲームをやりながら「リアルな理論です」と言うな。

言葉で説明できない理論を私は信用しません。

数式や記号で自分ワールドに満足する学者を信用しない。自分だけ分かってどうする。

また、私の論によれば、すべては矛盾しているのだから、「自分の理論は矛盾していない」とする考え方をしているならば、それこそ信用しない。できない。学問とは呼べない。

ある学者が、一般の人に対して、「それは矛盾していますよ」と言ったら、どうでしょう。

それは「自分の考えが矛盾していないことを前提とした言い方」になります。

あらゆる学説は矛盾そのものであることから考えれば、「あなた（学者）の考え方こそ、矛盾している」ということになってしまうのです。

「人の行動には意味がない」と言ったことと、実は関係があるのです。

知識を求めて大学へ行ってもいい。

でも、やっていることは意味がないのだから、人に押しつけないこと。

自分が楽しめればそれでいい。

そして、卒業したら、すべて忘れること。

健全な脳を保つための考え方です。

また、仕事選びについても、「次世代はこの分野の仕事の方が有望」というような情報をうのみにして選ばないことです。

くりかえすようですが、人の能力は九十パーセント以上遺伝子で決まってしまう（特に身体的な機能など）ため、自分に合わないことをやっても、結局長続きしません（私見ですが）。

また、さらに、変化の多い時代は、各企業の業績も、二十年程度で、上下をくりかえします。

倒産もあり得ます。

大企業の方がむしろあぶないです。

いい時はいいが、悪くなる時は一気におかしくなると思います。「見栄で選ぶな」です。

今良くても、いつ悪くなるか分かりません。

どうすればいいのでしょう。

答えは、簡単です。

・自分の遺伝子（他人と比べて）と相談しながら、自分の好きなことをやればいいのです。

次に経済の話をします。

相変わらず、経済学者は言う。

「電力が不足すると、とにかく東日本大震災後の経済回復が遅れる」云々。

経済学者というのは、思考回路が止まっていて、経済回復＝失業者の減少＝所得増加または安定というワンパターン。

私に言わせれば、すでに日本は二十一世紀に入ってからは、経済は経済政策で動くのではなく、人の心理で動く時代になっているということなのです。

経済が右肩上がりの時代は、遠い昔の話なのです。その時代の頭で動いている人間は、アナクロ化石型人間になってしまうでしょう。

これからの時代は、景気回復がすべての企業にやってくるのではなく、バラバラになります。

その企業が時代にフィットすれば良くなり、適さなければ近く倒産します。

厳しいと言えば厳しい時代です。

また、こうも言えるでしょう。

二十万円で不幸になる人もいれば、十万円で幸福感を味わえる人もでてくるということです。

これは、「所得が人の幸、不幸を決める時代は終った」ことを意味します。

多額の遺産相続がもつれて、兄弟間がおかしくなり、夜も眠れずに、病院通いをしている人もおります。早死した人もおります。

「経済＝人間の幸福」の時代はすでに終ってしまったことを物語るものです。

「経済学者の時代」は終わり、これからは「心理学者の時代」になると私は考えております。

経済学者の面子《めんつ》をつぶすようですが、それで怒るような学者は、それこそ、「化石型人間」の仲間入りになります。

でも、そのような方々へ、一つだけアドバイスしておきます。

それで、生き残れるかも知れないからです。

それは、「心理経済学」という分野を、新たに研究することです。こんな名称の学問は、あるいは今までなかったかも知れません。

もちろん、先見力のある人は、もうすでに始めているかも知れません。

これからの時代は、一つの分野の閉じた理論にしがみついている（日本人が好きだった）時代ではなく、他分野とのコラボレーション（結合融合）をする時代なのです。

次に、宗教に対する考え方です。

何とこの日本には新興宗教を含めれば数千種類の宗教が存在するそうです。

大きいものは、世界中に信者を持ち、政党支持団体にまでなっているものもあります。

信教の自由が認められている国ですので、何を信じようと自由です。もともと、日本は仏教国でしたが、戦後、価値の多様化とともに、多くの新興宗教、海外の宗教も入ってきました。

今でも、一国が一宗教で、一神教を信じて生きている人々が多いことを考えれば、日本は特別な国であり、ある意味で、「心の広い人々の国」と言えるでしょう。

しかし、よく考えてみてください。

今科学は曲がり角に来ています。

人の脳で考える（A型脳＝左脳）こと自体、限界があること。自然（神）が人間を創ったのであって、人間が自然を創ったわけではない。

人間の脳で、自然がコントロールできるという思いあがり（思い込み＝自己洗脳）がある。洗脳というのは、他人からの洗脳もあるけれど、「自分で自分を洗脳する」ということもあるのです。「科学者がはまる地獄」なのです。

宗教も同様です。大多数の宗教は、結局、自分のアイドル化で成立しているだけなのです。「自己洗脳の世界」です。

自分は「神の生まれ変わり云々」ですよ。

私は思います。

・人の生活は、○○宗教に入信しなくても、「分かることと、分からないことをしっかり区別し、

自分の判断を最優先し、生きていくこと」そのものが、実は宗教行為なのです。

したがって、○○宗に入ってしまえば、ダブル入信になり、おかしなことになりませんか。「人の行動には特に意味はない」と言いましたが、それは矛盾そのものだからです。

でも、宗教のダブル入信は、矛盾のための矛盾（ダブル矛盾）であり、これはやはり、一神教になります。他の分野も同様です。


まとめます。

知識も不用なもの（実用性のない）が多い。

「君の可能性は無限大」などと広告する進学塾もおかしい。誰もが理解できるわけもなく、その知識も逆転した目的（進学）のためのものです。知識そのものを売り物にしてもしかたがない。無目的の遊びならいいのだが……。

知識を売り物にして、問題が起きました。

「漢字検定協会」の私物化疑惑です。

協会を私物化して、不当な利益をあげていたというものです。ここまで来たか、です。

経済政策も当てにはならない。

もはや、そんなものは通用しない時代です。

科学も、分からないことがでてきたため、もはや当てにはならない。

分かる部分もあるけれど、分からない部分も多くあることを教えてくれました。

京都の有名寺院が、「脱税疑惑」で国税局の指摘を受けたといいます。

宗教も形骸化すれば、「金もうけ寺」になってしまうことを教えてくれました。

信仰は人に強制するものではなく、ただひたすら祈ることだと思います。

お布施をいいことにして、多額の金を集め、本堂の修理に使うならいいけれど、私的流用されたらたまらない。

宗教法人の課税方式も、考え直さなければならない時代に来ていると思います。

いらないものがたくさんあります。

①知識（不必要なもの）　②ミクロ科学（非実用）
③経済政策（アナクロ的）　④宗教（ダブル入信）

これら、一神教の人々にこう言いたい。

「自己洗脳はもうやめてくれ」

■日本語と外来語

「言葉の力」で、これからの社会を変えていきたいというのが私の考え方です。

人類（各民族国家）は、有史以来、さまざまな争いを経て、民主主義社会を獲得してきました。その中には、単一民族国家（日本のような）もあれば、建国当時から、多民族国家である国もあるでしょう。

アフリカ大陸などは、ここ半世紀の間に、次々と独立国が誕生し、独立気運が高まっています。めざす方向は見えています。

もちろん、この中には様々な内紛もあり、民主化にはまだまだ遠い国もあるでしょう。また、一神教国家や、社会主義国家、軍事政権国家など、まだ十分に民主化が進んでいない国もあるでしょう。

国や民族によって、そのアプローチの方法は違っていても、人はやはり人である以上、めざす方向性は同じものと私は信じているのです。歴史というのはそのようなものだと思います。逆もどりはしないということです。

日本は、結果として（米国の原子爆弾により）、借り物民主主義ながら、戦後の社会が形成されてきたのです。

欧米の民主主義は根本的に違います。

多くの血が流されました。

民族間の争いが絶えず起きていたのです。

では、なぜ、そうまでして民主化・民族の独立がなされたのでしょう。

それはやはり、「近代自由平等思想」でしょう。

「思想」とは「考え方」です。それは「言葉」に宿る。

それでは、欧米で主流のキリスト教はどうか、教義もあるし、思想ではないかと。

確かにそう言えなくもありません。

しかしながら、ヨーロッパはこれに対して苦い経験を持っています。

教義は確かにすばらしいものであったキリスト教も、やがて形骸化する。

十四世紀から始まったイタリアのルネッサンスは、やがて、全ヨーロッパへと波及しました。

この中で、あらゆる文化のあり方に、もう一度スポットをあて、見直しが行なわれたのです。

ルネッサンスとは再生なのです。

宗教もまた例外ではなく、ドイツのルターやスイスのカルヴァンが、宗教改革を唱え、原点回帰の思想を主張しました。

また、カトリック派とプロテスタント派に分かれ、別々の道を歩むことになったキリスト教は、国家を支える思想とは成り得なかったのです。

それに代わるものは何か。新思想はあるか。

十七世紀末から十八世紀初期、ついにフランスにスゴイ思想家が出現したのです。

モンテスキュー（法の精神）、ルソー（社会契約論）などである。

封建制度や宗教を否定し、「人間の基本を、自由平等におく」という、「社会思想」なのです。

宗教はやはり、個人思想にすぎない。

それは一宗教であり、思想と呼べない。

この考え方は、人民の意志を強く動かし、あの有名なフランス革命へと発展していったのです。この間、アメリカの独立もありました。ともに「人権宣言」、「独立宣言」により、「人民主権」を高らかに歌い上げたのでした。

ここに完成した憲法は人権思想であり、それは「自己を確立した思想家」のそれを反映したものです。その意味で、

「思想家なくして、憲法なし」

思想家は「言葉を極《きわ》めるだけではなく、必要ならば、新語を創る」。それが思想家です。

もともと、「言葉」はなぜできたか。

そんなこと当たり前じゃないかと言われそうですね。

まず考えられるのは、自然を中心にして、様々な物や現象を説明することです。

他人に物や事を伝えるために、どうしても必要になるでしょう。これは正解だと思う。

ただ、言葉はもう一つの大きな役割があるのです。それはどういうことでしょうか。

つまり、人間というのは長い歴史の中で、心という、目に見えないものを獲得してきたのです。

まあ、簡単に言えば、喜怒哀楽の感情を表現することです。

また、もちろん、概念（自由と平和とか）を表現することもあります。

目に見えないものなので、ある意味でやっかいです。とらえどころがない。

欧米人は苦しんだ結果、「自分は自分である」と強い自意識から、「I《アイ》」が生まれたのだと思います。

日本語には、自分を表す言葉はたくさんあります。あまり自分にこだわらない。

周りの状況に応じて、自分の言い方を変える。自然や社会を意識しているのです。

心の動きを無言のまま理解する。

社会の動きを、諦観《ていかん》を持ってながめる。

「諸行無常の響きあり」の世界観です。

それに対して欧米人は自分にこだわる。

心の中のあいまいさをはっきりさせたがる。

だから、次のように言われる。

「はじめに、言葉ありき」です。

これはA型人間の考え方です。

「言葉＝A能力」、「心理＝B能力」とすると、

「A↓B↓A↓B↓A」という流れです。

でも、日本人は逆ですよ。

「B↓A↓B↓A↓B」という流れです。

どちらがいいのでしょうか。

一般に、欧米語は前者であり、東洋（アジア）語は後者ではないかと私は思っています。

動詞が後にくる日本語は特に後者傾向が強いと私は思うのです。

韓国語も日本語の流れを持っています。

ところで、漢字系文字使用国である、中国、韓国、日本国の漢字の成り立ちと、横文字系（英語系）の欧米諸国との思想の違いについて、少し考えてみます。

漢字という文字は、その成立のタイプとして、「象形文字」、「指事文字」、「会意文字」、「形声文字」などがあります。

「象形文字」は、ご存じのように、視覚からくるものです。今風に言えばビジュアル系文字ですね。「会意文字」はそれらを組み合せたものが多い。「形声文字」にも、一部象形文字が含まれる。それに対して、「指事文字」は、概念を表すための文字です。それにも一部象形文字が入るかも知れない。

視覚語はBであり、非視覚（概念）語はAである。つまり、漢字文化は、AとBが微妙に組み合されている、なかなかユニークな文字文化であるということです。

「思想＝言葉」という私の定義からすると、漢字系民族は、やはり自然（B）を意識した、それを受け入れようとする思想を持つ国といっていい。自然系DNA型民族と言えるでしょう。

一方、欧米型文字系（ラテン語）民族は、まず自分を主張する、自然の中の一人でしかないという感覚はない。または少ない。

言語はすべてA用語です。A優先用語なんです。だから、やたらに意味を求めます。

A型人間は「意味を求める」のです。

日本人が戦後のA型人間大量生産教育によって、利口なバカ人間（目的なしに生きられない＝PならばQである思考）が増えてしまったことと、こんなにも関係があるのです。

漢字は多過ぎて、複雑すぎるという批判があることも事実です。

また通常、日常生活で使う漢字以外は、必要ないことも事実です。常用漢字でも多い。

私自身は、作家の先生でもないので、「静謐《せいひつ》な雰囲気」とか、「清澄《せいちょう》な空気の高原」とか、読むことはできても、日頃はあまり使うことはありません。難しい漢字を知っているからといって自己満足していてもしょうがないので、分からないものは、辞書に頼ればよいと思っています。ほどほどでいいと思う。

一方で、外来語が多すぎて、日本語がみだれるという心配症の人々もおりますが、同義語が多過ぎる日本語より、イメージをより普遍的に伝える英語などの方がよい場合もありますよ。

結局、臨機応変に使い分けることでいいと思います。

■説得力のない日本人

自然の中で、自然を愛《め》でながら、時に大地震を諦観し、そこからも知恵を学び、生き延びてきたのが日本人なのです。

武家社会で、身分制度があって、イメージ的によくないように思えますが、前述したように、実は、現代より平等、公平社会が実現していたのです。それは特に、江戸時代に花開いたといっていい。

ご存じのように、江戸時代には、二つの大きな文化、元禄文化と化政文化が花開いた。

文化というのは、政治の安定なしには語れないものです。不安定時代にも存在したが、文化の繁栄は、すなわち政治の安定を意味します。大衆文化は特に、自由平等感がなければ成り立たない。人間の本性だと思う。

戦国時代のいやな経験もあり、いかにして平和な社会を創るか、体制側の人間も、民衆側も知恵を出し合ったに違いないのです。

歴史における記述は、何か変わった時のものであって、本来は、事件、災害がないのが歴史なのです。役人商人の賄賂《わいろ》はありだが。

多くの食料不足の時期を経験しながらも、それを乗り越えて、江戸約二六〇年間も、平和な時代（大きな戦いはなかった）を生きてきたのです。今より自由平等感があったと思います。鎖国状態であった日本も、いよいよ江戸末期の開国運動により、もう一つの難題が押し寄せてきたのです。今までは、自然との共生を考えていればよかったのだが、これからは他国人との外交もしなければ、生きていけない状況に直面してしまったということです。

ここからは、さして約束ごとのなかった「村社会の論理」（村の掟《おきて》に背いた者だけが、村八分にされる＝よほどのことがなければ、そうならないのであるが）ではうまくいかず、武家政権そのものも、国内向きであり、対外政策などはまだ何も用意されてはいなかったのです。いよいよ、「契約社会」という新しい西洋型論理を受け入れ、導入しなければならない時代に突入していったのでした。

無意識の世界（B能力）で、物事を処理してきた日本人の世界に、「四民平等」の思想が入り、外国との交渉には、「契約社会」の考え方が必要になる。これなくして、生きていけない国になったと言えるでしょう。

前述したように、日本人は「真の関係」を知らない。あるいは避けようとします。

今でもそのような傾向はあるのだ。

「契約社会」は正に「真の関係」を結ぶことなのです。ルールをしっかり決め、すべてそれにしたがって行動すること。

日本人は、ルールをはっきり決めない。その代わり、仲間はずれにもしない。かかえこむ。

それは良い面でもあるけれど、共同作業では不満も出るのです。

日本人の欠点は何か。

物作りについては世界一（大好きな）ですよ。

器用さが飛び抜けている。

でも、「契約社会」に慣れていないので、自分だけはなんとなく差別されているような意識を持っています。

日本人の大好きな「被害者意識」も、ここから生まれるのだと思う。

「被害者意識」を持っていいのは、自国の国家犯罪、戦前の軍国主義による洗脳、戦後の科学万能主義（一神教）による洗脳、これの犠牲になった国民。これは被害者以外の何者でもない。大いに「被害者意識」を持っていい。

本来なら、国家は、戦後、国民の間にある「被害者意識」を取るために、「日本もまたアジア諸国に多大なるご迷惑をおかけした」と、素直に謝罪し、そこから始めるべきでした。

村山富市内閣は、戦後はじめて、それを認めたけれど、その後また、無反省の国家を創っていってしまった。この件に関して、うやむやにしてしまったのです。

こうして、日本人は未だに、「被害者意識」を持ちながら、一方で、近代合理主義のさらなる洗礼を受け、「権利意識」だけが強い、ヘンな人格を持つ人間になってしまったと言えるでしょう。これではとても大人人間（非A型）にはなれない。甘えを残し、自分達の権利だけは主張するA型ダメ人間では、とても「まともな外交」はできないでしょう。情けない日本外交。

「原子力村人間だけの問題」ではなく、日本人全体にかかわる資質の問題でしょう。

大人というのは、深く反省ができる人です。

ドイツはあの忌《い》まわしい出来事を深く反省し、その努力の形として、東西ドイツ統一がなされた（認められた）ことを忘れてはならない。

日本人はまだ、借物民主主義の中で、被害者意識を消し去ることができない。

さらに、A型学力社会で、学歴格差意識を持つ。高学歴者は優越者意識（しかも錯覚、思い込み）、他の人は劣等者意識を持つ。

真（本来）の意識ではないレベルの意識をモチベーションとして、今でもまだ生きているのです。これでは、いつになっても、外交をはじめ、様々な問題を解決する方向性は、見えてこないと思います。

ウサンクサイ被害者意識、その反動としての優越者意識など、捨ててしまいたいものだ。

特に外交などは、国家と国家が（国益の視点で）まともにぶつかる（今風に言えばガチンコ勝負）。日本のような「子ども人間型外交」では、勝ち目はない。相手にしてもらえない。

自国の正義をふりかざしてみても、他国にとっては不正義でしかない。

「冗談はやめてくれ」の世界です。

北方領土の問題などは、その典型であろう。

ロシアは絶対にこの領土は返還しない。

それはただ単に、戦勝国だからではない。

ある意味で人のいい日本人は、「ロシアはルールをやぶって日本を攻撃し、短期間で領土を奪った云々」などと、ぶつぶつ文句を言っている。これは「日本村社会の論理」でしかない。戦争に正義などはない。自分が生きるための「弱肉強食」の世界でしかない。B能力（本能）の世界である。A能力など役に立たない。

また、領土問題はただ単なる領海の大小でもないと私は思っています。

北方四島の漁業権益が変わる（日本の領海が広くなり）ことだけをおそれていると考えるのは、甘すぎると思う。

カムチャツカ半島から、千島列島あたりの海域は、ベーリング海を挟む、アメリカとの境界領域なのです。ここを死守したい。

また、もう一つ日本との関係で言えば、こう考えられるのです。

日本のような自立できない、子ども人間型国家は、下手に返還すると、何を次に要求してくるか分からない。子どもの欲は自制できず、あぶない。それに、ヘンに器用なエコノミック人間なので、漁業資源を不当に枯渇させてしまう恐れがある。漁業交渉も当てにはならない。この不安が、常に頭をよぎる。

ロシアの外交は、間違ってはいないと思います。

日本人がこれからどれだけ大人になり、相手を説得できるかにかかっているのです。十年かかるか、二十年、三十年かかるか分からない。それまでは、返してもらえないだろう。それは、「勉強しないなら、ゲームは取り上げよ」と、お母さんから言われている子どもの姿なのではないでしょうか。

一般に、国家というのは、A型か、B型に分かれることが多い。

先進国はA型です。宗教国家はB型です。民主化が進んだ国はA型、まだ十分に民主化が進んでいない国はB型です。

そして、これらの国家間の関係、A国vsA国、A国vsB国、B国vsB国は、いずれも利害対立がおこりやすく、うまくいかない。お互いが、「ルーズ・ルーズ（両国とも失う）」の関係になりやすい。「不信感」も残る。

本来は、「ウイン・ウイン（両国とも利益を得る）」の関係が望ましい。「宥和《ゆうわ》」と「融和」です。

それには、非A、非B型国家外交にならなければいけない。日本は時にA、時にBになり（子ども・・・・・はぶれる）、外交下手国家なのです。このままでは「外良《そとよし》」「内悪《うちわる》」政治が続きます。

■日本人と韓国人

反省できない（また同じことをくりかえす）日本国の未来は明るくないことは、明らかであるけれど、韓国はその点どうなのか、知りたいと思いませんか。

科学万能宗教国家である、欧米諸国の洗脳を受け、思想汚染が広がっているのは、何も日本だけではありません。

この公害とも呼べる科学汚染は、ある意味で（人間の尊厳を犯す国家犯罪とも言うべきもので）、放射能汚染より、「タチが悪い」と思いませんか。放射能汚染はその一部でしかない。

特に、ミクロの技術（原子力・細胞・宇宙のゴミ微粒子など）の不毛な研究競争などは、子どもの技術であり、やるべきものではないことは明らかです。

Ａ型バカ学者（日本）は言う。

「欧米諸国に競争で負けてしまう」云々。

これらの競争に勝つことは、「自分がいかに子ども人間であるかを証明することに他ならない」ところが、頭が完全に洗脳されている人間は、「それでも俺にはこれしかできないので、分析を進めるしかない」となります。

気の毒と言えば、気の毒な人々と言えなくもないが、問題は、「何千億円もの国税を自分の趣味ワールドに使っている」ということです。「他人の金を自分の趣味に使うな」と言いたい。国家も「こんな子ども研究に国民の血税を使うな」と苦言を呈しておきたい。

先進国（私はこの進という言葉が大きらいなのだが）というのは、ある意味で「子どもの競争をやたらにする（＝宇宙開発など）バカ国家のことだなあ」と思っているのです。

「バカ」に気づいている人は救われる。

「バカ」に気づいていない「バカ科学者」ほど、始末に負えない人々はいない。

他人に無言の圧力（押しつけ）をかけている。

くりかえすようだが、「人の行動には意味がない」というのが私の考え方です。

したがって、自分の行動に、屁理屈をつけて、国家予算をぶんどるのは、犯罪行為そのものです。しかも、合法犯罪で、逮捕されないのが問題です（国家予算に余裕はないのに）。

ただ単に倫理的というレベルではなく、もっと強制的に科学に限界を設け、特に「ミクロ分野は社会に出さない」という、学問の自由の解釈を変える、毅然《きぜん》たる態度を国家は取るべきです。

その意味では、欧米諸国だって、日本ほどではないにしても、子ども国家の面を持っていると言えなくもないでしょう。

「遺伝子や原子力」など、人間の根源にかかわることを、やればやるほど社会不安（たとえば品種改良などという意味づけをやって、遺伝子組み換え作物を大量につくれば、いずれは人間の生命に悪影響を及ぼしかねない等）が増大するだけです。社会への想像力がない。

自分のやっていることが、目先の利益でしかなく、その後にくる「恐いつけ」を理解できない人間が一番困るのです。B能力なし。

こんなA型バカ（科学）人間が国税を食いつぶし、国家研究所等でやっているのが現実です。

また、このようなミクロ学者が、社会に不安、ストレスをもたらし、日本のような「少子化」、「自殺増加」をもたらしたと言えると思います。

A型バカ学者は、まさか自分が社会公害に加担しているとは夢にも思わないでしょう。

場合によっては、短視的思考により、「自分はいいことをやっているんだ」という錯覚（思い込み）さえ持っていることも考えられる。

感性が0《ゼロ》になってしまったA型バカ人間ほど、手に負えないお荷物はないのです。

B能力（感性）0の人間ほど恐いものはない。

したがって、次のことを強調しておきます。

ミクロ学者《原子力・遺伝子・宇宙ゴミ》が、「少子化」「自殺増加」をもたらした。

まだこれでも、科学バカ学者は言うかも知れない。「科学的データがない」のではないか。

まだ、これでも、A型能を信じているのです。人間のA能は神様そのものではないのです。科学的データは「マクロビジュアル（地球は丸いとか）」は信じられても、「空気の流れである気象、大地の変化である地震、天体の内部運動、生命体内の動きなど」は、A能はおよばないという自覚を持つべきでしょう。

遺伝子組み換え食物を食べさせられ、放射能汚染の地域で、あなた（バカ学者）の身内の女性がいたとしたら、その女性に子どもを産んでもらいたいと思うのですか。

女性自身だって、産みたいとは思わないでしょう。特異な子が生まれる不安がある。社会不安が「少子化」をあおるのです。

B能力（感性）を使えば、簡単に理解できることではないですか。経済の問題じゃない。だからこそ、B能力0人間は困ると言っているのです。これでもまだ分かりませんか。

これでもまだ分からない人は、重度被洗脳者（被害者）と言えるでしょう。救えません。ところで、韓国についてお話しするつもりが、横道にそれてしまいましたので、それにもどします。

実は、これまで述べてきたことは、韓国にもほとんど当てはまることなのです。

「日本の少子化」は、「科学技術による不安」、「人間力ではなく、小器用な日本人技術によって、物事を解決しようとする考え方（楽をすることによる、身体等の弱体化）」、「食物（栄養）バランスのくずれによる不妊化」、「決断できない男性」、「過剰な結婚条件（収入他）をつけるA

型女性の増加」、「社会不信による結婚したくない症候群」などが主な原因でしょう。

化石型経済学者の言う「経済的困窮が少子化の原因である」は、正にアナクロ化石論にすぎない。そんな原因などは、半世紀前の遠い昔の話でしかない。まったく0とは言わないが、ごく少数派でしかないでしょう。

半世紀以上前などは、貧しくても五、六人あるいはそれ以上、女性は子どもを産んでいたのだから。

さて、ここから、面白いお話をしてみましょう。日本、韓国の国家の未来です。

日本人の女性が、一生に産む子どもの数が、一・四人程度（非婚女性含む）、韓国はこの数値をやや下回る程度（二〇一一年）であるという。

また、自殺者の数がここ十年ほど高止まり傾向（年間約三万人）の日本ですが、意外なことに、高度成長（八十年代中期）時代から、一気にその数が増えたという。

経済成長と自殺者数は反比例するという考え方は当たらない。

「経済成長GNPが高くなれば、失業率が減って、自殺者が減少する」云々。

このようなワンパターン思考は空《むな》しい。

戦後日本人の自殺原因は「経済」ではなく「心理」であると、私は指摘してきたのです。

ところで、韓国の自殺率は、何と日本より高いということです。

ヨーロッパのある国の自殺率が高いと言われていますが、アジアでは、一位韓国、二位日本となっています。

日本は一〇〇年後、衰亡すると書きました。

それは、今のペースで少子化が進んだ場合、最悪の予想です。

実際のマスコミ予想では、一〇〇年後に、約三〇〇〇万人、さらに一〇〇年後には、一〇〇〇万人程度の予想です。〈少子化が加速〉

減少ペースが後半変わる場合です。

一方、韓国は、少子化のペースが日本より速く、自殺率も高いことを考えれば、日本より早く、衰亡する可能性が高いのです。

日本は、現在（二〇一一）約一億二〇〇〇万人ですから、一〇〇年後にその四分の一程度になる。その後一〇〇年で十分の一程度に。

一方、韓国は現在（二〇一一）約五〇〇〇万人ですから、一〇〇年後には、その四分の一の約一〇〇〇万人になる。

親二人から、子ども二人が生まれてプラスマイナス0です。一人の女性が産む子どもの数が二人を切っていくならば、こうなってしまうのです。

ではなぜ、韓国は「日本以上の日本病」になっているのでしょうか。

外から見れば、大手家電グループが、日本を追い抜いて世界を席巻している。

自動車グループの勢いもすごい。

経済政策もうまくいき、オリンピックも、ソウル夏季大会に続き、冬季大会も決定している。日の出の勢いです。

しかしながら、この国の影も大きい。

「少子化」や「自殺率アジアNO．1」も、「強い経済＝自殺率減少」ではないことを、日本以上に見せつけてくれました。

経済学者の論理はみごとにはずれているのです。

人間というものは、それほど単純にはできていないという証でもあるのです。

なぜこうなってしまうのか。

私はこの問題を、日本を多神教、韓国を一神教の社会とみて、推論してみたい。

日本人はもともと多神教でした。だから戦後特に多くの他宗教（新興宗教も含めて）も受け入れてきた。外国人はともかく、日本人同士は、他宗教であっても、比較的おおらかに他人とつきあってきたのです。

心の広さはわりとある方だと思う。

それでも最近は、科学宗教が社会不安をあおって、少子化になってしまったのですが。

一方、韓国はどうか。

民主化を自ら達成（命がけの革命）し、信教の自由は保障されている。キリスト教もいい。

しかし、ここが重要なことですが、日本人のような過去の忘れっぽさが、韓国人にはない。

もちろん、全部が全部反日家ではないと思うが、朝鮮支配時代の日本に対する憎しみは未だ消えてはいない。特に中高年の世代の人々はそうであろう。

ここで顔を出してくるのが、「儒教」なのです。これ以上の教えは考えられないというのが、この国の主国民の立場です。

私の論から言えば、一神教は洗脳であり、ただ単なる押しつけにしかすぎない。立場というものは存在しないと言えるのだけれど、この国はまだそれに気づいていない。

形骸化したすべての宗教（思想）は、危険です。日本の村社会は今崩壊しつつある。会社組織がそれに代わっている。それも今くずれつつある。かといって、地域コミュニティも人の出入りが激しい都市部はまだ育ちにくい状況です。でもこれは決してネガティヴではないと私は思う。ポジティヴな面もあると思うのです。流動性は悪いことではない。

韓国は未だに、「旧村社会の儒教国家」なのではないかと私は思っているのです。

この社会は、「内良、外悪」の原理が働く。

「我が村自慢」バトルが続く。B型人間が多い。

政治家もB型が多いと思う。

そして、こんな国に、ここ半世紀、西洋科学万能（合理）主義思想（?）が入ってきたから、大変なことになってしまったのです。

都市部は超A型人間（大学卒）になり、一方でB型人間は多く存在する。

また、若者は多くA型人間で、年配者はB型人間（家系にこだわる）である。

こんな社会がうまくいくだろうか。

答えは「NO」である。うまくいかない。

断っておきますが、私は儒教を否定しているのではない。「あの村」と「この村」とが対立してしまうようなものではなく、陽明学のように、「知行合一《ちこうごういつ》」（行動を重視する）の方向性を持ったものに、再び発展させていくべきではないかと思うのです。その行動による融和社会にするべきなのです。

これは、日本の仏教にも言えます。

様々な派があるけれど、他力思想（他人まかせという意味ではなく、逆に他の力を信じながら、自分のやるべきことをやっていくという考え方）が今必要な時代だと思います。

日韓両国とも同等レベルの問題をかかえて、その悩みも深い。どちらも、このままではあぶない。他人事ではない。共倒れです。

以上、日韓のつらい現実を少しはご理解いただけたでしょうか。

「では具体的にどうしたらいいのですか」という問いに対して、その方向性は見えているという観点から、私の考え方を書いておこうと思います。

法的民主革命は、日本は借物、韓国は流血レベルの命がけ行動によって、それぞれ達成された。日本は米国の指導によってなされたものなので、そのありがたみは小さいかも知れないが

（原子爆弾の代償は払ったが）。

次に来るのは、「心理格差意識をつぶす革命」でしかない。それしか考えられない。人間の最終段階です。

まず、科学万能宗教をつぶすこと。

学歴（学力）格差意識、祖国格差意識、職業格差意識などを解消すること。

「法的自由平等」より、レベルの高い「心的自由平等」を獲得すること。これにつきる。

どうすればいいのか。簡単なんです。

★「人の意識を変えればいい」

今までの価値を逆転させる教育を行なえばいい。養老孟司先生（元東京大学教授）が言うように、「大学へ行くとバカになる」ということを、小中高時代に身に染みてわからせることです。

A型バカ人間になると、洗脳価値観により、社会公害を出すおそれがあることを教える。

親や教師が助言して、「大学でやっていることは特に意味はない」と知ってから行くようにさせる。

大学へこだわりたいなら、そう考えること。

洗脳されない強い精神（AB能のバランス）を持っていくこと。技術系の人は哲学を持つ。

次に一国のリーダー（首相・大統領）の姿勢としては、姜尚中《カンサンジュン》先生（元東京大学大学院教授）の著書である『リーダーは半歩前を歩け』（集英社新書）のタイトルそのものでいいと思う。

実は、この言葉は、あの有名な韓国元大統領であった金大中《キムデジュン》氏（ノーベル平和賞受賞）の言葉なのです。近未来のリーダー指標です。

姜先生と金氏との対談の中で語られた言葉です。生命の危険を乗りこえて、一国のリーダーになられた方の言葉だけに、ずしりと重いのです。日本のリーダー政治家は、そして他の政治家も、この本を読まなければいけないと思います。上から目線ではなく、半歩前の近くにいて国民をリードする未来型の政治姿勢です。

■民族と文化

前項で述べたように、今その歴史の岐路に立たされているのが、日本と韓国だと言っていいと思うのです。

このまま行けば、滅亡する（自滅する）。

法的自由民主主義社会から、心的自由民主主義社会へ移行できれば、両国とも復活する可能性があるとも言えるだろう。

この項では、この地球上の過去の様々な民族の興亡から見える事実を考察しながら、両国に当てはまる原因を探ってみます。

この論では、目に見える人類（各民族）の遺産（建物など）を文明、目に見えない遺産（宗教信仰心など）を文化と定義づけています。

また、各宗教を伝えるための教場建築物（寺院など）は、文化と文明が融合したものと考えます。寺院建築は文化遺産とも言えます。

ところで、国家の興亡と民族の興亡は少し違うような気がするのです。

古くは、旧ローマ帝国から、十九世紀以降における欧米諸国による帝国主義など、ここに見られる国家のあり方は、他民族支配という側面を持つものです。

これは、他民族国への経済力、軍事力を背景とした介入であり、民族そのものの興亡ではないと考えられるのです。

やがて、植民地等の独立によって、その歴史は終了してしまうのだから……。

私が今問題にしているのは、このような国家の支配興亡ではない。興味も小さい。

そうではなくて、同じ民族が永い間に、たとえば昔ここに○△文明が栄えていたのに、今は廃墟になっているという現実の本当の理由原因なのです。

南太平洋のイースター島にあるモアイ（巨像）の研究（考古学）によれば、あの民族文明が滅亡した原因は、いくつか考えられるという。

また、中央アメリカにおけるマヤ帝国、南アメリカにおけるインカ帝国（マチュピチュ遺跡）など、高度な文明社会がなぜ崩壊したのか、興味を持たざるを得ない。

そして、これらの史実から、私は民族国家の興亡について、次のような考え方を持つようになりました。

国家崩壊の要因は三つあると思う。
①自然破壊や人口急増による食料不足
②他民族侵入による他滅
③内部紛争（権力分散）による自滅
先にあげたイースター島の場合は、①と③である。外部要因はない。

一方、マヤやインカは、最終的には、スペイン人に征服されたのであり、①②③です。

また、インカはいくつかの部族を支配した歴史を持つ（近隣の村社会をまとめる）。

さらに、ローマ帝国は、全体としては、他民族支配国家の姿を見せているけれど、その末期には内乱による自滅があったと考えられるのです（原因③）。

よって、一民族国家にしろ、世界制覇国家にしろ、その原因は三条件の組み合せ、または、単独と言えるでしょう。

なお、感染症の流行による自滅も考えられるが、それはここでは除くことにします。

これらをもとにして、地球の未来や、日本と韓国の未来について考えることにする。

現在一年間に約一億人の人口増加があるといいます。このペースで地球上の人口が増えるならば、現在六十億人程度なので、五十年後には一〇〇億人程度になり、食料不足が予想される。

これが悲観派論です。

それに対して、人口は今後八十億人程度までは増加するが、その後はストップがかかり、横ばいが続くか、やや減少する。調整論。

その理由として、中国のように「ひとりっ子政策」や、インドやアフリカにおける「保健指導（家族計画）の強化」などで、ブレーキがかかるだろうということでしょう。

どちらの考えが正しいか、よく私には分かりませんが、私はこの予想に対して、次のように考えています。

食料増産技術を現在の人類は持っていますので、人口増加に対応して、食料増産は可能である。したがって、食料不足による人類滅亡はないだろうということです。

また、増えても、二〇〇億人まではいかないで、ブレーキがかかるだろう。

また、地球のどこに住んでいても、食料の恩恵は受けられるので、うまく乗り越えられると思うのです。もちろん、日本など先進国は、アフリカなどに食料増産技術を指導します。

それを考えれば、日本も韓国も①の条件は当てはまらない。民族国家の滅亡はない。

また、②も当面考えられない。

したがって、両国は③による自滅しかない。

滅亡するとしたら、③以外にない。

そして、正に今、この両国は異常な少子化によって、自滅の道を歩んでいると言える。

世界の歴史の事実に、何ら矛盾はなく、ピタリと当てはまっているではないか。

③の条件について、もう少し詳しく書いておこう。問題点が浮き彫りになるだろう。

物質を中心とした文明は、権力意識を生み、宗教などの洗脳手段により、人民の自由を奪う。

また、統制組織（公的）を複雑化する。

文化活動（自由度の大きい）も、思うようにできなくなり、生きにくくなるのです。

宗教まで強制されたら、宗教の意味もない。

また、崩壊は中枢の統制組織から始まる。

こう考えてくると、日韓両国とも、国家組織が機能しなくなっている現代と重なる。政界、官界とも行きづまりを迎えている。

政治家も、相変わらず、地方利権の代表B型が多く、一方で、意思のはっきりしない中途半端型も多い。急進型はきわめて少数。

韓国は前述したように、その政治闘争も激しい。どちらにしても、崩壊寸前だと思います。国家の滅亡条件の③は、高度な都市文明国に多く見られることだと思うのです。

法律が複雑化すると、必ず内部崩壊が起こる。これはある意味では、人間の原点回帰であり、正しい方向とも言える。

一般に、その民族が騎馬民族であろうと、遊牧民族であろうと、農耕民族であろうと、自然と同化しながら、共同体を形成しているならば、その規模の大小にかかわらず、生き残れるものだと思うのです。

なぜなら、自然が絶対神であり、再生可能サイクル社会を維持する傾向があるからです。まちがっても、人為的な行動による自滅はあり得ないと思う。

自然を無意識に受け入れる社会は、平和なのです。もちろん、各民族同士の争いは多少あったかも知れないが……。

こんな風に考えてみると、今一番困っている国は、このまま行けばまちがいなく自滅するアジアの二大国、日本と韓国であろう。

都市型民族国家の運命共同体と言っていい。

私はこの二国に対して（他国に対しても多少）、「言葉力による提言」を用意し、再生（少子化を止め、自殺率を減らす）化を試みようとしているのだが、その前に、両国の言語を比較することで、その精神面を検証してみたいと思います。

私は語学のプロではありません。また、「言葉には意味はなく、イメージがあるだけである」という立場をとる人間（非A型）です。

前述したように、「人生や行動そのものには意味がない」という考え方とリンクします。

A型バカ人間は、とにかく意味を求める。「そんなものはない」と私は言っているのです。

言葉の意味にあまり興味はなく、文の構造に興味がある。中国語、韓国語、日本語は、漢字使用語です。そこで、これらを比べた結果、次のようなことが分かってきました。

ご存じのように、漢字は中国→韓国→日本の順で伝わり、それぞれ独自の進化（韓国ではハングル語に）を遂げました。

中国語は、英語と同様、「S＋V＋O」である。

「主語＋動詞＋目的語」の順。

それに対して、韓国語は「S＋O＋V」である。

つまり、日本語と同様なんです。

韓国人は、中国人と日本人の間で、どちらに近いのだろうという疑問に決着がついたように思う。日本人に近いのです。

朝鮮民族は、基本的に日本人に近い。

日本人も朝鮮人も本来は「ひかえめで、心やさしい民族」と言っていい。行動を後に言う。

ただ、軍国主義の洗脳によって、日本人が凶暴化し、多くのアジア人を犠牲にした。

朝鮮半島は、常に他国からの侵入にさらされ、現在でも分断されたままです。

また、日韓両国は、戦後は科学万能（合理）宗教（？）に洗脳され、ＧＮＰ（経済力）だけを競い合う、ヘンな国になってしまったのです。

一流国、二流国というけれど、それはあくまでも、経済力での比較でしかない。

アナクロ化石的政治家が、懲《こ》りることなく、国民の幸福を、これで判断しているありさまです。二十万円で不幸な人もいれば、十万円で幸福な人もいるということを認めない。

金大中氏（韓国元大統領）の言うように、これからの時代は、「ウイン・ウイン」（双方が得をする関係）でなければならない。

それは、対北朝鮮統一政策である「太陽政策」でもあり、その他の国に対するものでもあると思う。私もこれしかないと思っています。

両国とも科学（経済）万能政策を改め、歩みよらなければいけない。

A型化石的政治家、学者、官僚もいらない。

くりかえすようだが、朝鮮人も日本人も、もともと自然に同化し、独自の文化を創ってきたのです。もちろん、まだ閉鎖的な村社会を残しているけれど、それが両国の外交に大きな障害になるとは思えない。

要は、今後、両国とも、強力なリーダーシップを持つ政治家が出現するかどうかにかかっているような気がします。

「政治主導」は当然です。本来の姿です。

原子力発電所事故で、科学神話（安全）が消えつつある今こそ、逆にチャンスなのです。

韓国などアジア諸国に過去の過ちを素直に謝罪し、我が国は再生されなければなりません。

■個人の成熟が国家の成熟

干ばつなどで、今でも食料不足で苦しんでいるアフリカ難民の人々が多くいることを知っています。公衆衛生もままならない。

これらの国々の人々に対する、国連による食料支援は欠かせない。当然のことです。

また、長い目で見れば、食料増産技術を指導し、自立できる体制を創ってあげることが重要だと思う。すでに尽力してきた人もおります。

物をただ単に提供するだけでは、従属関係を生みやすい。何よりも自主自立の精神（プライド）をつぶしかねない。

このようにお互いを対等な立場で考え、天災や政治紛争（内乱も含めて）など、いちじるしく不利な人々に対しては、直接援助し、その他は自立援助する。海外協力の意味は大きい。

このような考え方（思想）を、私は「ソーシャルヒューマニズム（社会性人間主義）」と呼びたい。

幸い、少数かも知れないが、スゴイ日本人が世界の隅々まで行って、その国の自立のために、尽力しておられる。

心強い、頼もしい限りです。

技術には向かない私のような人間にとっては、絶対的なリスペクトになってしまいます。頭が下がってしまいます。

このような方々は、すでに未来型の「大人人間」なのです。これからの日本人を示していると言っていいのです。

日本の戦後のA型人間洗脳教育を受けてしまった政治家（団塊世代中心）も、官僚も、一般国民（マスメディアの人々でさえ）も、体制容認になってしまっています。

それに対して、海外でボランティア的活動をしている人々は、強い洗脳にも負けず、自らの使命や生きがい（やりがい）を求めて、行動している人々なんだと思います。

ここまでくれば、個人的遺伝子の力なのかも知れない。特別な人という印象を受ける。

では、大多数の国内組の人々は、これからどう考え、どう行動していけばいいのかを、少し考えてみたいと思う。

「子ども人間」から「大人人間」へ。

「A型被洗脳人間」から「非A型人間」へ。

前述したように、先進国は「法的自由民主主義」は卒業し、「心（理）的自由民主主義」社会への移行を果たさなければならない。

それが、日韓では特に重要な意味を持つ。

何しろ、そうすることで、心理的格差意識が消え（小さくなり）、自滅の道（少子化、非婚化、自殺率の増加）をストップさせることができるからです。私の論からの結論。

もちろん、これからの十代の教育については、根本的に変えていかなければいけないが、すでに、二十代以上の方は、間に合わない。

そこで、「言葉力によって、世の中を変えてしまおう」という私のような人間は、重要なのに歴史の陰にかくれて、眠っている言葉に、再度生命を吹きかけたり、それで不足するならば、新しい言葉を創造することで、「次世代の精神」を提示しておきたいのです。

これからの時代は、「次世代技術」よりも、「次世代精神」の方が重要だと思うからです。

それは、「物」から「心」への時代の変化でもあるのです。正に、二十一世紀はまちがいなく、「精神文化」（物質文明に対して）の時代になると予想されるからです。

さて、それではこれから、次の言葉（四字熟語）を三つ用意し、考え方を書いておきましょう。いずれも、A能からの決別です。

1「遊学未分《ゆうがくみぶん》」　2「速始速終《そくしそくしゅう》」　3「葛藤得心《かっとうとくしん》」

「物があふれている時代」から、「物がどうあるべきか」の時代へ移行している現在は、別の言い方をすれば「子ども時代」から「大人時代」への変身を意味する。「子ども」は物を欲しがる。より多い量を欲しがる。経済成長（GNP）にしがみつく。

アナクロ経済学者、国家、経団連の化石的人間は、未だに「経済成長を！」という幻想にしがみついている。洗脳が解けない。

大きな原子力事故にもかかわらず、「電力不足は、日本国の経済崩壊をもたらす」などと、欲ぼけ発言をくりかえしています。

まだ、分からないのか。いやになる。

「経済成長＝人の幸福」という、A型思考人間のあわれな最後をみる思いがします。

大人は「目に見えないもの（精神）」を幸福の中心におく。もともと日本人は、「精神文化」を大切にしてきたのです。

その日本人（韓国人も同様だが）全員が、A型被洗脳人間にされ、自らの首をしめる（自滅）方向に走っているのです。

したがって、私に言わせれば、「経済崩壊をむしろ早くしろ」と言いたい。

いや、「しなければならない」のである。

日本人を錯覚（洗脳）から目ざめさせるのは、容易ではない。くりかえすようだが、強力な外圧（強制）か、自然カタストロフィがないとダメなのです。

今回の大震災、原子力災害でも、経団連などは、「懲りない発言」をしているのだから……。

経済崩壊をして、はじめて、精神面の大切さが分かり、人間の在り方が分かるだろう。

だから、「懲りないバカ人間」には、最も有効な方法と言えるのです。

前置きが長くなりましたが、三つの提示をさせていただいた言葉の説明に入ります。

「経済＝物」、「文化＝精神」と考えれば、「物」と「精神（心）」は、「目に見えるもの」と「見えないもの」という対立関係にあると考えがちです。

しかし、これは正しくない。

本来は、相互に関係しあいながら、進んでいくものだと私は考えています。

フランスの思想家などに言わせれば、「文化（心）」が先で、「経済（物）」は、副産物（脇役）に過ぎないという言い方になるだろうが、私はどちらでもないか、どちらでもいいと思っています。

それは、「にわとり」が先か、「卵」が先かの議論になり、終わりがないからです。

私がここで言いたいのは、「両者は対立するものではない」ということなのです。

日本人（韓国人もそうかも知れないが）は、一方向へ走りやすいため、戦後は「科学万能宗教＝物作り経済社会」へ一直線に突進しました。

器用さが短所に働いて、余計に偏《かたよ》った。

それに対して、欧米は、産業革命以来、約三〇〇年かけて、「経済」と「文化」を融合させてきたとも言えます。日本は、約一五〇年（半分）間、「経済」だけを見つめて、「文化」をゴミあつかいしてきたのです。

この関係をイメージ図化しておきます。

（二〇一一年現在）

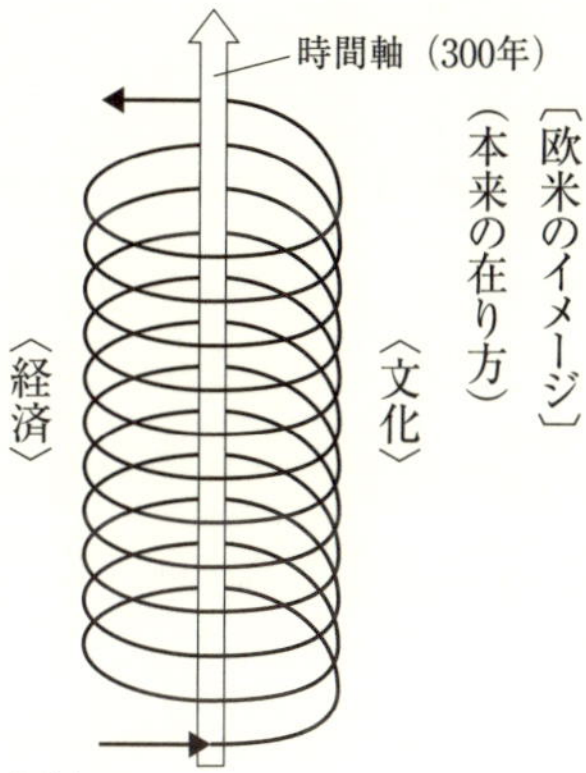

螺旋《らせん》階段（スパイラル）

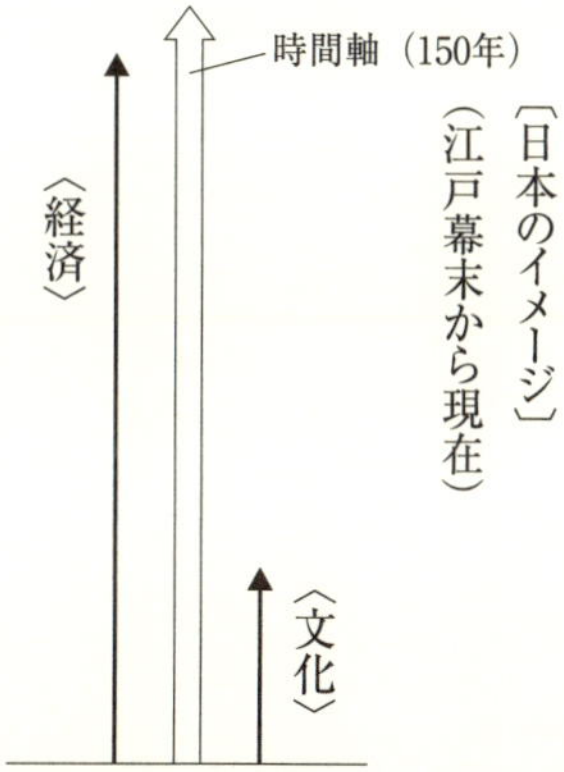

平行線（パラレル）

この意味でも、日本は本来の姿である、「経済」↓「文化」↓「経済」↓「文化」↓という、循環思考へと、社会を変えていかなければいけない。

そこで、１「遊学未分」です。

「経済」と「文化」を分けて考える思考をやめることなのです（しなやかな融合循環思考にする）。

「遊び（文化）」と「学び（仕事・勉強＝経済）」を分けない（未分）感覚です。どうでしょうか。

今までの日本人は、「仕事」は「仕事」、「休暇」は「休暇」と分けてやってきた（仕事バカ人間)。

韓国人もそうだと思うが、まじめすぎる。

仕事中毒になる。場合によっては、過労死もある。仕事がなくてよりも、仕事が多すぎて自殺死する人もいる。悲劇です。

転職をすすめるのは必ずしも好きではないが、自分の身を守るために、変えてみるのもいいかも知れない。過労死だけは避けたい。

これからは、「遊んでいるのか、仕事しているのか、勉強しているのか、よくわからない人だなあ」と言われる人がいい。

「休み」もバラバラにとるのがいい。動的平衡になる。身体は「動き、休み」があっても、頭は常に動いているのがいい。身体は休み中でも、頭は働いている。次の日の準備です。

世の中は節電でいいが、人間の脳スイッチは、「入り切り、入り切り」はよくない。いつでもONです。「仕事」も「遊び」も、連続している感覚で生きることです。

「人間の行動にはもともと意味はない」という私論から、イタリア人のような「ほどほど人間」の生き方をおすすめします。

次に、2「速始速終」の考え方です。

物事はすべて長所短所を合せ持つ。そんなことは当たり前。現代は被洗脳(合理)社会のため、それが分からなくなっているのです。

くどいようですが、「常識」が「非常識」、「非常識」が「常識」になっています。

一つのやり方にしがみつく。

たとえば、「経済は今、心理で動く」と言っているのに、国家はそれに気づかず、経済政策で動くと相変わらず信じている。

アナクロ経済学者は、数値を計算する。

欧米は前述したように、「経済」と「文化」を同時進行させるモードを持っている。

日本にはそれがまだ育っていない。

「経済」と「文化」がからみながら、進行していくことが分かれば、解決策は簡単なんです。

数値計算などいらない。

「文化＝目に見えないもの＝心理」です。

だから「心理を刺激すればいい」のです。

国家方針が毎年くるくる変わるようでは困るが、科学宗教によって、半世紀以上経済しか頭にないやり方をやってきた結果、いよいよ行きづまり、混迷しているのではないんですか。でも、どうしていいか分からない。

「速始速終」とは、このやり方ではもうダメだと判断できたら、「速やかに終了」させ、「速やかに別の方法で始める」という意味、考え方なのです。個人的にも、一つの方法にこだわらず、「Pがダメなら、Qがあるさ、Qがダメなら、Rもやってみよう」と考えることです。

そのためにも、多種類の勉強をしながら、そのフットワークを軽くしておくことです。

次に、3「葛藤得心」です。

A型能で、「性悪説」や「性善説」を考えるから、人間が理解できないのです。

人間の精神は、常にゆれている（不安定）。

善悪の葛藤の中で、悩んでいる。

それは、くどいようだが、前述したように、矛盾した心を持っているからです。

この苦しさからにげるためには、国家からの洗脳か、自己洗脳によって、行動を決定してもらった方がいい。その方が楽だからです。

宗教はたくみにそれを利用し、信者を洗脳する。国家の軍国主義、戦後の科学万能主義、自分で自分を洗脳してしまう自己洗脳などによって、戦争や犯罪が行なわれてしまうのです。したがって、そのようなものに、正義などはない。他人の正義など押しつけられても困る。そんなものは通用しません。

ミステリー作家は、「人の悪」を強調して、作品を書く。A能で「性悪説」を伝えようとする。

これは、危険なことです。

もともと、自分も一歩あやまれば、罪を犯す可能性のある人が、これ（殺人）を書くと売れるからという理由で書いているところがあります。社会ストレスに対する自慰行為を共有することで、社会との接点を求めているようにみえるのです。

一つの意味のない行動目的に向かって、共同行動をした人々は、このような精神方向（性悪説）へは向かわないと思う。

子ども時代に、異常な体験（先祖の怨念を聞かされたなど）をし、何らかの理由で、非行化した経験などを持つ人間ではないかと推測される。気の毒と言えば気の毒な人々です。

ところで、あなたは、クラシック音楽に興味があるだろうか。

人の感情の変化をみごとに表現していることにおどろかされる。

ショパンのノクターンは、繊細《せんさい》で、優美なメロディです。しかし、よく聞いてみると、その流れの中に、感情の起伏がいかに激しいかが聞きとれる。

タイトルは○短調、△長調などとつけられていても、実際の曲は「長調→短調→長調→短調」へとうねりながら、変化していく。

短調なら悲しい曲、長調なら楽しい、明るい曲などと単純なものではない。

「共同行動」や「芸術行動（鑑賞）」は、大人になる作業と言ってもいい。

苦しい作業から、性善説を選ぶこと。

成熟した大人になるということは、こういうことだと思う。どうでしょうか。

欧米人の方が、クラシック音楽への眼識力が高い。演奏などの優劣を判断する能力が高い。

したがって、「欧米で認められると、あの人はすごいピアニスト」ということになってしまうのです。日本人は判断が難しい。

日本の聴衆の能力をもう少し高めたいものです。

「葛藤得心」（苦しみの中から、納得すること）

ご理解いただけたでしょうか。

「法的自由社会」から、「心的自由社会」へと、時代は移っていく。

成熟した（大人）社会への方向性は決まっている。これしか考えられない。

それには、個人の成熟が欠かせない。

一人一人の日本人が成熟することが、国家の成熟なのです。それしかない。

国家、国家と言っても、国家という「物」があるわけではなく、人が運営している組織だからです。当たり前と言えば当たり前です。

最後に、「文明＝物＝技術」と「文化＝心理」の間の関係と、日本の未来、二十一世紀の民主国家の在り方をまとめておきます。

様々な考え方があると思いますが、分かりやすくお話しするために、大きく二つに分けてみました。いかがでしょうか……。

●多種の技術について

日本の技術について、最も重要なのは、食料生産技術です。これは国内を潤《うるお》すばかりでなく、地球レベルの食料不足にも、貢献できる可能性があるからです。

次に、建築技術。過去の日本の大震災の中にあっても「五重の塔」はなぜ倒れなかったか、ご存じだろうか。不思議といえば不思議です。

それは、心柱《しんばしら》構造といって、中心を通る一本の柱が、全体をゆらしながら、バランスを取るという、古代の知恵ある建築職人が考案した技術が生きているからです。

これこそ、日本が世界に誇れる「免震技術」です。「耐震」と「免震」は違います。「耐震」はあくまでも、支柱などを太くして、ゆれを押さえようとするA型技術。「免震（減震）」は全体をゆらすことで、エネルギーを分散させる、結果として減震させるというB型（経験）技術なのです。

地震国の先人達は、「技術はA型」という、常識をぶちやぶって、一〇〇〇年以上も昔に、その技術を確立していたのです。

「大人の技術」と言っていい。

この優れた技術は、現代でも継承されて、超高層建築の「柔構造」にも生かされているのです。しなやかにゆれ動くことで、ビルの倒壊を防いでいます。

また、「塔技術」は、平成二十四年五月開業の「東京スカイツリー」にも生かされているのです。実用的で永久性を持つ素晴らしい技術に乾杯したいと思います。これは生き残る。

その他の技術は、さして、これといった技術はなく、消えても問題はありません。

ただライフライン（水・ガスなど）は必要です。これからは、環境技術も含めて、アナログ技術が再浮上してくるので、デジタル技術（A型）は、最遅端技術になるでしょう。


二つ目は次の視点です。

●自分の価値基準について

「子ども国家」は、人に認められる「他人まかせ国家」です。国家も個人も同様です。

しかし、これからは、自分の価値を自分で評価する時代になります（大人国家）。

すべての人がそれぞれの分野で、主役になる（重要な役割）時代です。一人一人の責任がズシリと重い。自立しないと生きて行けない。「自立＝自律」です。自己に対するストイシズム（克己）が必要です。

例えば、年収五〇〇〇万円あっても、貯金ができない人もいれば、年収三〇〇〇万円でも、貯金ができる人もいると思います。

後者の人が未来型になるのです。

セルフコントロール（自律）できる人が勝ちです。貯金することがいいことか、悪いことかは、一概には言えませんが……。

時間も同じです。「忙しいから、時間がとれない」という人もいれば、「時間を上手に使って、必要な時間を確保する」人もいます。

後者の方がものごとがうまく進みます。


以上、二十一世紀時代の生き方、考え方は、自分で考える時代でもあるのです。あなたも自分でよく考え、この項に追加しておいてください。最後に、次の言葉を書いておきます。

・「文明・（物）国家」は滅び、「文化・（心）国家」は永遠。

■「共感動」と「自感動」

二十一世紀は大人社会（成熟化）へ向かうことは、明言できることだと思います。その社会は、科学（合理）主義社会の「物と見栄」は後に去り、「人と尊厳（真のプライド）」が前面に出る本来の社会です。

「物」中心の社会は、戦後五、六十年位で、姿を消すことになります。日本の歴史からすれば、一瞬の出来事に過ぎないのです。あっという間の出来事。「物」から「人」へ。民主党のスローガンをほめるつもりはありませんが、方向性は悪くないと思います。ただ、政治手法がうまくありませんでしたね。

前述した通り、本来、こうでなければおかしいのに、戦後の教育や社会は、「経済」と「文化」が別々にされ、経済だけが優先されるA型であったということです。

効率主義により、自然や無目的空間、子どもの遊び場など、ムダなものは、切り捨てられたのです。「ないもの」として、無視されました。

今ごろになって、気づきはじめた。

それこそが、「最も大切なもの」であると。

「人」が中心の社会は、「物＝技術」はその補助でしかない。だから、「物」は、これからは縁の下の力持ちになる。前面には出ない性質のものになります。
だから、「世界一の技術」などは、意味がない。
「大人の技術」は誇ってもいい（免震技術）が、他の技術価値は高くない。
そんなものは、子ども技術者の見栄でしかない。
大切なのは、「技術による良い環境下で、何をどうやるか」だけだと思います。
特に理念が重要になってくると思う。
人が中心になる社会とはそのような方向性を持つのだと思います。

さて、これからの時代の人間の行動について、分かりやすくお伝えするために、二つに分けて、お話ししてみようと思います。
コンセプト（観念・理念）等も書いておきましょう。
（その1）地域コミュニティのための街計画
大きく分けて、二つあると思います。
①駅周辺の再開発で再活性化する。
「ストレート型」から「ラウンド型」へが主流になると思う。吉祥寺（東京）の街がお手本になるだろう。車を規制しながら、老若男女の人の流れが直線的ではなく、一回りするような通りのスタイルです。

②郊外型ショッピングモール中心都市。

これに関しては、すでに多くの場所で、全国的に進んでいます。

地域の特性を生かすなどして、個性を持たせたものが主流になるでしょう。

また、公立学校と合せて、防災の緊急避難場所としての機能があればなおいいと思う。中規模のものが多くできるといい。

このコミュニティのコンセプトは、「世代間の交流」なのです。

機能優先の今の社会を元に戻すのに、有効なのです。「老人は老人」、「中年は中年」、「若者は若者」と分けたコミュニティは良くないと思う。異質な人と会話することで、お互いに刺激を受けることに意味があるのです。

人の一生の流れを若者は見ることができると思います。また敬老の意識づけもできます。

（その2）「真の関係」を結ぶ新自由社会

これまでの社会は、すべての人を受け入れてきた「村社会」と、行政や企業などの仕事中心の「都市社会」に分かれてきたと思います。

もちろん、日本の仕事社会組織は、村社会の面も色濃く残しているのですが、いずれも、現代はうまく機能が果たせなくなっています。

一言で言えば、「村社会」は「横社会」であり、「都市社会」は「縦社会」です。そのどちらにも問題があるのだと思います。

すなわち、「村社会」には強いルールがない。

「都市（仕事）社会」では、横への動きがしにくい。

縦割行政の弊害が、大震災の復興（復旧）を遅らせているなんて言うじゃないですか。

人間というのは、やっかいな生物なんです。

「生物が動きやすいシステム」を創らない限り、生きやすい世の中（社会）にはなりません。

前述した「生体システム論」をいかに、具体化するか、それがこれからの政治課題でしょう。

「公務員制度改革」という言葉を聞いたことはありますが、未だに具体策は聞いたことがなく、マスメディアも伝えていないと思います。どうせ小手先の変更程度でしょう。

官僚には自分で自分の世界を変えるパワーなどないのです。

ではどうすればいいのかという問いに対して、コンセプトは「国家から企業まで、流動性の高い（自由度の高い動きができる）組織を作り、万人が生きて行きやすい社会を創る」です。

そして、それが、「多子化」や「自殺率の減少」に繋《つな》がる、唯一の方法と信じます。

「高度経済成長期＝自殺率の増加」を考えれば、「経済成長＝失業率減少＝自殺率減少」と考えてきたアナクロ化石的経済学者は、「迷惑な人間」でしかない。信じていた私たちも、反省しなければいけないと思います。

さて、そのコンセプトに対して、いよいよ「どうすればいいか」という具体策を提示します。

・「真の関係」を結ぶこと。

私たちは、「村社会（地域）」にはあまりルールがなく、「都市（仕事）社会」には、官庁にしろ企業にしろ、規制（規則）が多すぎるのです。

ルールがなければ、その方向性が見えず、かといって、「あれはダメ、これはダメ」では、身動きが取れないのです。

日本は正に、生体で言えば「動脈硬化症」になっているのです。血液の流れが良くない。

「原子力村は三大生活習慣病であるガン組織である」と言っていい。手術が必要です。

そこで、これからの時代にマッチした次のような方針で、ルール（社会組織）を創ればいい。

★シンプル&クリーン（官庁・民間とも）
その組織のルールをしっかり決めること。
・あまり長いのはよくない。
・誰にも分かりやすい、透明性のあるもの。
これに基づき、後は心ある政治家や、各企業人の方々に考えていただきたいと思います。

さて、新しいルールに基づきできた組織に入ることを、「真の関係」を結ぶと定義します。

しかも、これは自由意志（入るかどうかは自分の意志による）であることが、前提です。

私のやっている学習塾は「真の関係」なのです。

入る入らないは自由なのだから……。

一方、学校教育は「義務（強制）教育」ですので、「真の関係」は成立しにくいのです（公立小中）。

学校の選択制も試みられたようですが、あまりうまくいっていないようです。

でも、このような教育であっても、後述する私の学校制度改革案により、今よりずっと柔軟で自由度の高い、フレキシブルな、生き生きした、生徒が勉強しやすい教育が実現できると思います。日本の教育を変えたいのです。

もちろん、次世代の子ども達は、「非Ａ型」の強くて、しなやかな精神を持つ人間を目指します。人間本来の教育にするのです。

以上をまとめた目標コンセプトです。

「次世代は人間関係中心の時代にする」

さて、次世代の社会は、人間中心の社会になる。そうなれば何が最も重要かと言えば、「物事に対するときめき感（ワクワク感）＝感動」でしょう。「行動によって感動を得る」ことです。もともと、国や地方の公共組織で働く、公務員の世界は、「行政事務」が主な仕事であり、「ときめき感」とはほど遠い世界です。

事務とは非創造の仕事色が強い仕事です。

「感動」などいらないから、「安定」だけほしいという人々が行きつく職場です。

だからこそ、国民に奉仕するどころか、冷ややかな態度で「上から目線対応」をしているのが現実です。公僕意識が希薄で、主客転倒の世界なのです。

公教育もまた同様です。

四十年前よりはいくらかよくなっているとは思いますが、～しなさい調の「上から目線教育」が未だにまかり通っています。

私が考える教師は「リーダーでありながら、仲間」なのです。斜めの目線で教えること。

縦でも横でもない（縦横連帯組織）世界です。

そして、この世界は公的なものですので、様々な能力の人が入ります。

そこが大切なことなのです。

この組織には、「感動体験」が待っています。

すべての人を受け入れる「真の関係」社会は、感動がすべてなのです（アマチュア性）。

公教育の小中学校は義務教育（強制色が強く、真の関係は成立しにくい）ですが、それでも今よりずっとよくなる可能性があるでしょう。

この感動を「共感動」と呼ぶことにします。

一方、仕事などプロの世界（会社組織）は、今まで以上に、「真の関係」を生かした組織になります。原子力利権にしがみつく甘えた企業とはまったく違う企業理念を持つ、自分達の仕事の使命（役割）をしっかり自覚できる組織です。

また、くりかえすようですが、行動そのものには、目的はない。「物づくり」も「文化（教育）」も、手段だけが重要になる。本来の姿です。

どのように進めるか（過程）、物であれば、機能より形（デザイン性）が重要になるでしょう。

もちろん、現在でも、ここ十年ほど「物のデザイン性」が重視され、美しい製品が増えてきており、それは時代の先見性を示していると言えるでしょう。いい傾向だと思います。

この世界にも、「新たな感動」が生まれるでしょう。ただ、このプロの世界は、素人が入りにくい世界なので、自分達（プロ仲間）の感動になる。内輪的な喜びになる。

そこで、このような感動を「自感動」と呼ぶことにします。

たとえば、宇宙探査機「はやぶさ」のリターンプロジェクトは、その分野の専門家の遊びでした。これは、「自感動」の世界です。

ただ、この仕事は、他人の金（国民の血税）を何百億円も使ってやる以上、目的をはっきりさせてほしいものです。〈国民の前に〉

趣味的（国家研究者＝公務員＝経済など考えなくてよい＝学問）なものは、今までとは逆に、目的が必要であろう。

それが、少子化に歯止めをかけ、自殺者を減らし、経済を活性化させるなどの目的があったのだろうか。環境技術研究でもいい。「子ども達に夢を」の言い方はやめてほしい。

ただ単に宇宙の謎に迫る（当てにならないA能などを使って）などをやってもらっては困るのです。日本は今滅亡の道を行くのだから。

そんなものなら、「自分の金でやれ」と言いたい。「自分達で金を集めてやってくれ」です。

民間研究者は、自社資金でやっているうちは、何をやってもいいでしょう。自由です。

以上、いろいろ書いてきましたが、次世代の行動について、次の表にまとめておきます。


今までの時代は、一般的に言って、「仕事」は「目的」があり、「趣味」は特に目的はない（遊びだから）ものであった。それで社会は閉塞《へいそく》した。

そうであれば、次世代は、まったく逆にするのです。「手段」と「目的」を正常にもどすこと。「国家」も「個人」も、「仕事」には特に意味（目的）はなく、「趣味」の世界は、ムダにお金を使うわけだから、目的が必要です。

特に、国家の趣味（国家プロジェクトなど）は、他人の金（国民の血税）で、自分の趣味をやるのだから、その目的をはっきり国民の前に提示し、承認を受けるべきです。

国家というのは、専門家だけで成り立っているのではない。専門家が一〇〇人集まっても、社会は動かない。むしろ、専門家などは、少なければそれに越したことはないのです。

犯罪がなければ、警察も弁護士もいらないのだから……。

国家は「生体（生きもの）」だと思っているので、私は「生体システム」（生きて行きやすい社会）が重要であると主張しているのです。

人の体は「有機物」ですよね。そこで私はそのシステム（すべての人々が参加する）を、「有機共同体」と名付けたのです。

〈次世代型の人間行動〉

	種類	目的	感動別	見方・考え方
国の行動	教育（小・中・高）〈スポーツも含む〉	特になし	共感動（すべての人）	「真の関係」により、非A型人間を作る教育に変身させる。
	研究（大学）国家プロジェクト	はっきりさせる	自感動（専門家）	他人（国民）の金を意識させる。
民間の行動	自社資金によるありとあらゆる企業活動	特になし	自感動（専門家が中心）	「真の関係」により、各企業の理念を今まで以上に重要視する。
	ボランティア	ない方がよい	共感動	同じ人間としてB能を養う。

〔まとめと提言〕「共感動」を得られる組織を「有機共同体」、「自感動」の組織を「無機共同体」と定義すると、次世代の国家は、当然ながら、すべての人を受け入れる「有機共同体」に向かう。したがって、国家予算を「教育」に優先配分すべきである。また、「自感動」の組織にも、少しずつ異能の人も入れ、「共感動」の組織へ移行すべきでしょう。

逆に専門家が中心のシステム（組織）を、「無機共同体」として、区別したのです。

「有機共同体（教育）」における「共感動」の方が、「無機共同体（プロ）」における「自感動」より大きい。

万人に伝わる感動だからです。

なお、私立学校、専門学校など、学校と名がつく組織は「有機共同体」に入れます。

このような「有機共同体の行動」（目的のない＝目標はあってもいいが）の中で、「行動そのものが目的である」ことを学ぶこと。〈教育本来の姿〉

また、他の人と比べて、自分の能力レベルを良くも悪くも知ること。

さらに、「他人にはできても、自分にはできないことがあること」、逆に、「自分にはできても、他人にはできないことがあること」を知ることも、重要な経験になるでしょう。

■少数のスゴイ日本人

前項で述べたように、次世代の社会は、全体として、「共感動社会」へ移行します。

好きで生まれてきた人は一人もいない。

生きることとは、苦難の連続です。

病気、事故、事件、災害、生活苦、他人とのトラブルなど、数えあげたらきりがない。

それは、個人でも国家でも同様です。

しかし、視点を変えれば、他人もまた同じように苦労しているのだなあという考え方もできるのです。

だから、行動そのもの（目的はなく）の中に、意味が感じられるならば、その中（共同体）で、自分の役割は何なのか（遺伝子も考えて）を、一層自覚できることになるでしょう。

見栄で仕事を選ぶのではない。

この仕事なら本当に社会のために貢献できる（環境公害も出さず）という、本音で生きられるのではないでしょうか。

「生きる意味（生きがい）はそこから生まれる」

今までの人間（団塊の世代以前、二〇一一年で、六十歳以上）というのは、「本音」と「建て前」を使い分けることを、特に戦後恥ずかしさもなく、恥の意識もなく行なってきました。日本人の文化を忘れました。

一例として、「原子力利用」を考えてみます。

これは、日本人だけではなく、外国人にも言えることですが、こう考えてきました。

「原子力の兵器利用はよくない」（これは当然）

でも、「原子力の平和利用」はいい。

これは、建て前です。

もし事故が起きたら、原子力はどれだけ危険であるかぐらい、専門家は五十年も前から知っていたはずです。

だから、国家（政治家）が「原子力を発電に利用する」と決定しても、その時点で、大学の先生など全員の専門家や、技術者（養成者）は絶対反対の態度を取るべきだったのです。

ところが、実際はその逆で、原発反対の専門家は、村八分にされ、日本人お得意の「一方向への突っ走り」に向かったのです。

そして、「平和利用」どころか、「原発利権利用」にまで、成り下がってしまったのです。

A型人間は「本音」と「建て前」をうまく使い分ける。そして、ことが起こる（その事故が予想通り起きた）と、他人にその責任を押しつける。

国は電力会社へ、電力会社は国へという流れである。どちらも責任を取らない。

このような無責任人間の国家を、「子ども人間国家」と呼んでみたのです。

こんな国家に未来などありません。


さて、こんなアナクロ化石的人間国家に、私はあまり興味はありません。

これからの時代を考えるとき、アマチュア的支援活動など海外で活躍している勇気ある日本人のことを書いておこうと思います。

ご存じのように、平成二十三年三月十一日の東日本大震災において、その後の復旧に、十万人レベルの自衛隊の方々が活躍し、人の絆、とりわけ日本人の和を見せてくれました。

忘れかけていた日本人本来の姿がそこにあったのです。頭が下がる思いです。

ですが、それと同時に、忘れてはいけないのが、海外からの義援金や温かいメッセージなどです。ボランティアもありました。

もちろん、国内の人々のボランティアもありました。そして、そのような応援の人々は、ありとあらゆる国、民族の人々からあり、世界一レベルの数であったことをしっかり受けとめなければいけないと思います。

それは、何を意味するか。

あなたは考えたことがあるだろうか。

それは、一朝一夕にそうなったわけではない。四十年以上前から、「青年海外協力隊」などの活動により、開発途上国の国々に、様々な分野への援助など、日本の有為な人材を派遣し、地道な活動をしてきたためなのだと思うのです。

最近では、ＮＧＯ活動なども行なわれています。このような活動は、現地にうまく溶け込むかどうかが課題だと思うが、その成果はかなり高い確率で成功しているのではないかと思います。前者の母体は、国際協力機構（ＪＩＣＡ＝ジャイカ）です。〈ボランティア的活動〉

この組織のあり方については、公務員の天下り先、予算消化のための人数合せなど、多少問題もあるようですが、なくすことはできないものと思うのです。

以上のように、能力のある若者達が世界の国々のために貢献してきた結果、日本および日本人に対するリスペクトが育ったのだと思うのです。それがあって、はじめて、世界中からの多くの応援があったのでしょう。

もちろん、この世界は、「有機共同体（すべての人々を平等に受け入れる）」における「共感動」です。これらは、未来を予見させるものです。

それに対して、海外の「プロ学者」や「プロスポーツ選手」も多くなってきましたが、こちらは「自感動」（プロの世界だけの）に過ぎません。

生きる勇気をもらうのは、やはり、無名の日本人の勇気あるアマ活動（役割）なのです。

以上、少数ながら、スゴイ日本人の存在をお話しして、明るい気持ちになっていただければ幸いです。衰退していく社会は、暗いニュースが多くなりますので……。

ところで、スゴイ日本人は、もともとＤＮＡ（遺伝子）的に国家洗脳を受けつけず、独自の行動を取れる人々です。だからスゴイのです。

多くの人はそういきませんよね。

そこで、この章の最後に、海外・国内問わずより多くの日本国民が、創造的な行動（非Ａ型）を出来るようにするための、「労働理念」、「セーフティーネット」、「ベンチャー企業（ニュービジネスなど）の育て方」を、政治の視点から書いておきたいと思います。参考になれば幸いです。

非Ａ（非Ｂ）型人間は真の創造性を持ち、精神的に余裕が持てるため、子どもも多く持てます。

現代は、Ａ型人間が多いため、経済的ではなく、精神的かつ肉体的にも弱いため、少子化が進んでいる。過半数の人々が多子化、九割以上の男女が結婚する非婚化阻止に向かわなければ、少子化は止まらない。

そこで、次のように考えます（私論）。

・ベーシックインカムの思想を導入

〔未来型の労働理念・セーフティーネット・ベンチャー企業の育て方〕

これから（未来）の政治の考え方	今までの政治の考え方	項目
・人の労働（行動）に意味はないという考え方から、事業所（職場）に行かない仕事（専業主婦など）〈経済価値はない〉も文化価値として、同等評価する。	・額に汗して働く。（働くことはいいことであり、社会に貢献する） ・ボランティア活動を高く評価しない。	労働理念
■非正規労働者に対して、「生活保障金（仮称）」を出す。 ・中途失業者の場合は、失業保険が切れ、その後非正規（または無職）期間に出す。 ・既婚・未婚問わず、出す。ただし、既婚者の場合、夫婦どちらかが正規の場合は出さない。	■「生活保護費」を与える。 ・国家にしろ、民間（経営者）にしろ、経済価値を絶対視するため、上から目線語（保護）になってしまう。もらう人々も後ろ向きにいただくイメージになる。	セーフティーネットのあり方
・上記の「生活保障金」は憲法の「生存権」の具現化である。「保障」は横から目線語なので、国民は堂々と前向きにもらえる（これが心理格差解消になる＝心理的平等）。実は、これがファンドになる。これからはどんな分野の何が成長するか、誰も分からないのです。的をしぼらない投資こそ、真の未来型投資です。	・有望な分野に官民ファンドでも設立して育てようとする（してきた）。うまくいけばいいけれど、今まで成果がでているのでしょうか。一度や二度失敗しても、やり直せる法制度整備などして、長期的視点で育てないといけないと思う。今後も、余裕があればやってもいいと思います。	ベンチャー企業の育て方

〔ポイント〕想像力（非A）を持つ民間人に広く資金を回す＝日本再生力。

「財源はどこから……」なんて、聞かないでくださいよ。それは政治家、官僚が考えることでしょう。私に言わせないでください。

今までの政権政党では無理かも知れません。

なお、最後の最後に、最近、憲法談義がかまびすしいですので、私の考えを述べておきます。

★一部追加条項がほしいものもあるが、九十六条の条件改正は危険である（国民を政治家の暴走から守る）。

第五章　こんな近未来型の日本人になろう

まえがき

―この章を読まれる読者の方々へ―

この章における近未来社会への様々な予想&考察&提言等は、A型人間の方には理解されない恐れがあります。特に六十歳以上の団塊の世代は、今までこれらに関して、常に無視する態度を取ってきた人々だからです。

この章を十分ご理解いただくためには、まず七ページの「この本をお読みくださる皆様へ」から「はじめに」まで、そして、「本文第一章~第四章」までをあまねくお読みください。

その上で、A型エリートが大多数を占める政治家、学者、官僚の方はもちろん、A型に洗脳されてしまった方は、(上から目線ではなく) どうか心を無心 (虚心) にして、お読みください。「コロンブスの卵的発想」と「言葉の重み」を実感していただけると思います。

今話題のジャーナリスト、池上彰氏風に言わせていただければ、「そうだったのか」から、「こうなるのか」まで、この日本国を根本からリセットし、過去から近未来へと続く日本再生ドラマストーリーをご覧いただけると思います。決め手は「根本的な教育改革」です。

いよいよ、そのための筆者の秘策の数々をすべて (重要骨子) 初公開します。マル秘シナリオ。

これらを叩き台にして、よりリファインした法案（具体案作りは優秀な人材が多く存在する）を成立させていただけるなら、日本国の未来は実はとても明るいものになるでしょう。

その確信を持って、この章を書きました。

もちろん、未来予想については希望的予想（こうなってほしいという）も含まれますが、歴史という流れは必然であり、大きな誤りはないという大局観（一〇〇年単位で物事を考える）に基づくものです。

私はあくまでも次の言葉（尊敬する元韓国大統領の金大中氏が述べておられた）を信じます。

「歴史は後退しない。つねに前進する」

■「素・健・淡・明・中・軟」の世界へ

この国のあり方、特に「物のあり方」について、こんな流れがあったのではないでしょうか。

戦後、復興期においては「重厚長大」でした。

それがバブル後（高度成長終了後）には、「軽薄短小」へと向かったと思う。

この「物のあり方」は、「経済＝機能」、「文化＝デザイン」と関係があると言えます。

前述したように、本来は「経済―文化―経済―文化―経済」という螺旋《らせん》循環であるが、この国ではそうならず、左から右、右から左的な動きをしてしまったのでしょう。

一方向しか走れない日本人の哀しみでもありました。

その後、二十一世紀へ入って、新世代の台頭もあり、次のように変わってきたと思う。

すなわち、「物の価値」が「ある」から「どうあるか＝デザイン性」です。

ただ単に、大きい、小さいではなく、形状や素材などが重要なファクターになってきたのです。減速経済の社会になって、日本人も文化の重要性に気づきはじめたと言ってよいでしょう。

若い世代の人々が、美に対する感性を身につけ、リードしてきたことは、とても頼もしく、うれしい気持ちになります。

また、物だけではなく、「社会のあり方」として、「遊・休・知・美」という考え方を提案する若い評論家の方も出てきたのです。

時代のキーワードを具体化した言葉だと思います。四つの言葉に人々は関心を持つようになりました。

そこで私も、はじめに書きました、これからの時代の主要キーワードのうち、「中庸思想」をふくらませて、その具体的な言葉を次の六つにしぼりこんでみたのです。


「素・健・淡・明・中・軟」


これで十分かと言われれば、まだあるかも知れません。今の自分の頭にあるものを、六つに整理してみたのです。

読者の皆さんも探してみてください。

これら六つの言葉について説明します。

①「素《そ》」

「素」というのは、「かざらない」というような意味です。そこで、私は英語の「シンプル」のイメージで使います。

「物」は結局、シンプルなものがあきずに長く使え、それによって愛着もわく。

これからの時代は、中度経済成長でしかなく、大量生産、大量消費時代ではあり得ない。

自分にとって、ピッタリのものを、少し長く使う方向へ向かうと思います。

また、シンプルという考え方は、組織や約束、規則、条例、法律（国家レベル）なども、複雑すぎて、動きがとれなくなった現代からの解放を意味するでしょう。不足ありでは困るが、こんなルールなどは、できる限りシンプルなのがいい。それは人々の動きをよくすることにほかならない。前述したように、人の社会は「生体システム」でなくてはならない。「生きて行きやすい社会」こそが理想であり、それ以外の社会は考えられないのです。

②「**健**《けん》」

「健」というのは、もちろん「健康」の「健」というイメージです。さらに私は「健《すこ》やか」というイメージで使います。

「健やか」というのは、「心身が健全である」ことです。身体だけではなく、心も健康であるという意味合いなのです。

現代という時代は、食に関しても、混迷の時代であり、一方で何でも食べられるグルメブームがあり、一方で、食べ過ぎからくる生活習慣病、肥満、それに対する和食見直しブーム、ダイエット食がありという状況です。

戦後は、一時栄養不足時代があり、今は偏食による、栄養バランスが良くない過不足栄養時代になっていると推測されます。

また、心の方も、先が見えない時代のためか、「うつ」になっている人も多いでしょう。

「心」は食物によっても変わりますので、具体策は後の項「心身の健康をこう考える」で述べます。ここではその重要性を認識してください。

③「淡《たん》」

「淡」というのは、一般的には「冷淡」などと使い、冷めた態度の意味で使いますが、私はむしろ、物事にこだわりがなく、しがみつかない意味イメージで使いたいと思うのです。

物事の本質をアバウト（おおよそ）でとらえる方がうまく説明できるという経験知からの考え方です。

A型人間は、物事を理解するのに、「分析」を最優先します。A能力（理性）を絶対視するからです。B能力（感性）を感情論として無視し、自らも、その能力（生まれた時には持っていたはずなのに）をつぶしてしまうからです。

しかし、今、超マクロ（地球規模の災害）現象や超ミクロ（原子＝目に見えない物質による汚染公害）現象により、人間の理性など当てにならないことがはっきりしてしまいましたね。

放射能汚染の影響について、誰も、専門家でも正確には説明できないのです。

「分からないことは、分からない」のです。

また、今後とも分からないでしょう。

人間の理性には限界があるのです。

「宇宙の謎に迫る」というのは、カッコイイ文句ですが、天文学者がもがいても、「宇宙は無限か、有限か」もよくわからないのが現実です。

自分の資金で研究するのは自由ですが、公務員の研究者などが、実社会に役にも立たないことを、「学問の自由」の美名のもとで、他人の金（国民の血税）でやられては困るのです。

よく考えてみてください。

自然が人間を創ったのであって、人間が自然を創ったわけではないのです。

自然が親であり、人間は子どもです。

子どもが親に勝てるわけがないのです。

「畏敬《いけい》」という言葉があります。

今では死語（使われない言葉）になりつつあります。自分の力（人間の能力）ではおよばないものに対して、「おそれうやまうこと」という意味合いです。

本書冒頭の部分でも述べましたが、二十一世紀の基本コンセプトは〈原点回帰〉と信じています。

そんな私の物事に対する考え方は次のようです。

「A（理性）半分、B（感性）半分」

物事を理解するのに、A（分析結果）を半分信じ、残りの半分はB（感覚）を信じるようにしているのです。

特に、たとえば専門家からのアドバイスなどは、注意が必要でしょう。

専門家はA能力を最優先した考え方をしますよね。したがって、これを鵜呑《うの》みにはしません。人間のA能が全て信じられるものではないことがわかっている以上、いい意味で、疑うことなのです。そして、自分のB能（感覚）でもう一度よく考えてみるのです。

さらに、「全体—部分—全体—部分—全体」という、私の好きな循環思考をして、最終的な判断をしています。

なお、淡味（薄味）、淡色等も好きな言葉です。

④「明《めい》」

「明」は文字通り、「明るい」です。

「明るい」は様々な意味合いがあります。

空間的な明るさ（視覚）が一般的ですが、「明るい社会」と言えば、「安心安全な社会」のイメージですよね。もちろん、これらも大切なことです。しかし、私が今考えているのは、「物事を見分ける知能」という意味合いなのです。

前述した「淡」とも関連するのですが、戦後のA型バカ人間養成教育により、日本人はあまりにも、B能力をバカにしてきたのです。

そのバランスを取りもどすことで、物事をより正しく判断できる知性を再び身につけようという提案なのです。

物事を一方向（単眼）思考から、多方向（複眼）思考に変えること。右から左から、後ろから、上から下から、斜めから、三六〇度の視野を持つこと。それができるのも、ＡＢ能力のバランスが取れていることが前提になる。多面思考こそ、これからの時代の知性でしょう。

⑤「中《ちゅう》」

「中」は次世代（近未来）社会の三キーワード（この本の冒頭「はじめに」に書きました）のうち、根幹をなす考え方です。

いわゆる「中庸思想《ちゅうようしそう》」です。儒教がその原点です。それをリファインしたのが朱子学《しゅし》です。

本来、人の行動や物のあり方には、おのずと、やり過ぎや不足がないバランスが必要、また他との調和を意識することが必要です。

よく考えてみれば、これというのはごく「当たり前のこと」なのではないでしょうか。

しかし、この「当たり前のこと」が、「当たり前ではなくなってしまった」のが現代社会であると私は思っているのです。

私から見れば、「現代の常識」は「非常識」であり、「非常識」が「常識」になってしまっています。

逆転してしまっている。誰も気づかない。

だからこそ、物事を見るとき、私の尊敬する養老孟司先生の言葉「逆さメガネ」が必要になったりします。

ではなぜ、そうなってしまったのか。

それは、当然、A型バカ人間養成教育の成果（?）なのです。それしか考えられない。ではなぜ、そんな教育を採り入れたのか。

この教育は、東洋的なものではなく、西洋的なものですよね。

西洋（欧米）人は、一言で言えば、A型人間です。あくまで「私ありき」です。個人を主張する主義です。この自由民主主義社会の確立とともに、運悪く（?）、あの産業革命の嵐がおそいかかってきてしまったのでした。

好奇心と手先の器用さを持つ（私のような人間は除いて）日本人が、西洋思想に一直線に向かうのは、時間の問題だったのです。

こうして、東洋思想は、一般の人々からは消えていき（つぶされ）、大量生産、大量消費の物質中心主義社会へと移行していったと考えられるのです。

しかしながら、世界の歴史を一〇〇年・一〇〇〇年単位といった大局でながめてみれば、物質中心文明社会などというものは、せいぜい一〇〇年か二〇〇年程度であり、何千年の歴史から見れば、わずかの時間でしかないのではないでしょうか。

事実、欧米各国の政治、経済は二十一世紀に入り、いよいよ行きづまりを迎えています。

日本もまた、西洋型に傾いた政策をやってきたために、同様な末期的症状を呈しています。

当然といえば当然の成り行きと言えましょう。何の不思議もありません。

今重要な考え方は、「人の幸福（健康で、生きて行きやすい社会）は、GNP＝国民総生産の増大ではない」ということです。

世の政治リーダー（○○大臣）は、しっかり頭にたたきこんでおいてほしいと思います。「十万円で幸福な人」もいれば、「二十万円で不幸な人もいる」ということ。「借金苦で自殺する人」もいれば、「大震災ですべてを失ってもなんとか生きなおそうとしている人」もいます。

ここで大切なことは、人は「健康な身体」と、「健全な考え方」さえあれば、生きていけるということです。

病気を苦に自殺というのは理解できますが、最近は、個人と社会の動きとのギャップでのそれになっている人が多いのではないでしょうか。社会の方が悪い。

これらも、戦後のA型バカ人間教育の成果（？）の一つではないでしょうか。

二十世紀までの価値観をいくつか書いて、問題点を指摘しておきましょう。

（1）A型バカ人間である大学関係者、大学卒人間を、偉い人だと勘違いしている（錯覚）。
（2）収入、地位、職業で、人を判断する。
（3）各分野の企業規模、売り上げ高などで、企業の良し悪しを判断する。
（4）自分の適性や役割をよく考えずに、見栄で就職先を決める（待遇面など）。

（5）異質な人（男と女、外国人など）を受け入れないようにする。
（6）量、レベル的なものの世界一をめざす。

他にもあると思いますが、ここにあげたものは、人間の歴史の中で、通過しなければならなかったアナクロニズムなのかも知れません。くりかえして述べているように、目に見えるものを評価する時代はすでに終わり、目に見えないもの（心の動き）が人生を支える時代に入ってきています。

（1）では学力（学歴）偏差値や大学の研究者の業界＝業績（自感動の世界）を、他人へ押しつけ、または自分は偉い人だと思い込む自己洗脳の世界ですので、早く目を覚まさせなくてはいけません。大学関係者の意識改革が必要です。

A能（理性）など、限界があるのだから、大学などに学歴格差意識（劣等者＝下から目線）を持つ必要などありません。

（2）（3）（4）（6）は物的に目に見えるものによって行動する価値意識人間でしょう。

これらもアナクロニズムの名残りでしょう。

（5）もA型人間の特性です。異質な人や物はめんどうなので、排除してしまうのです。

たとえば、女性はA能とB能を使い分ける傾向が強いのですが、男性（社会）はA型能が強く、B能が退化（戦後の教育も良くなかったのだが）しています。遅いことをいやがります。

そこで、男社会は女性を避けてきたと言えるのです（効率だけを求める資本主義社会）。

この意味でも、教育の基本を根本的に変えていかなければならないと思います。

最後に、サービス等の速さについて書いておきます。

たとえば適度な速さがあると思うのです。

新幹線も、現在時速三〇〇キロメートルが限界だと思うのです。それが将来、リニア新幹線になると、時速五〇〇キロメートルになるらしいのです。

自動車なども、メカニズム的には、二〇〇キロメートル程度は出ても、実際には高速道路であっても、一二〇キロメートルが限界でしょう。

このスピード競争も、A型人間技術者たちの、真のプライドとは違う次元の見栄が支配しているような気がします。それがチラつきます。〈世界一主義〉

せいぜい、人間の生理として、快適な速度は四〇〇キロメートルが限界だと思うのです。

デリバリーの速さも、日本では速すぎることもあり、考えものです。

注文してから、一ヶ月もかかる国も問題はある（遅すぎる）が、あまりにも速いのもどうかなと思うのです。

店のレジなども、若い人は器用なので、早く処理します。

しかし、老人にとっては、支払いが早く出来ないので、あわてます。

すると、後の方に迷惑になります。

老人の時だけでもいいから、もう少し、遅い人に合せたスピードで、対応してもらいたいものです。

「いい加減《かげん》」という言葉があります。

日本では、一般的には「いい加減だなあ」とか「いい加減な人だなあ」とか使いますよね。

これは、ネガティヴなイメージ語として、使われています。

この場合の意味イメージは、無責任な、「中途半端」ということでしょう。

でも、この言葉の本来のイメージは、「加えたり、減らしたりして、適度な量、レベルにする」という、ポジティヴなイメージなのです。

これからの時代は、前述したように、「しばられない」、「しがみつかない」、「こだわらない」、自由度の高い思考、行動の時代が来ると信じています。

一つの分野から、何かを求めすぎても、うまくいかないのです。

そこで、これからは、多分野の「いい加減」を集めて、多彩に行動する。

次世代での「中」は、一つのことに集中する「まじめ日本人」を捨て、「いい加減多元思想」なのです。

⑥「軟《なん》」

最後は「軟」です。

今日本は、人口減少社会へ突き進んでいます。その原因は、はっきりしています。

（1）アジアで第二位の自殺率（韓国の次）
（2）子どもの出生率一・四人程度（一人の女性）
（3）男女の晩婚化と非婚化

ここで、重要なことは、くりかえすようですが、お金がないから云々の、経済問題による社会現象ではあり得ないということです。

もちろん、借金苦で死を選ぶ人もいるでしょう。しかし、それは、昔もあった（四十年前も）し、今だけの問題ではないでしょう。

大半の理由は、私の論から言えば、「目に見えない格差意識」、特に、どうということはないのに、高校卒の人が、大学卒の人に対して、必要以上に「学歴格差意識」を持っているからです。

高校卒のご父母は、「自分の子はぜひ大学へ」という考えの人がまだ多いのです。

これからの時代は、「高校卒の人が中心の時代になることによって、人口増加（または現状維持）社会が来る」と信じているので、半世紀前までの価値観など早く捨ててほしいのです。

一般的に言えば、三つの原因はどれも、戦後のA型バカ人間教育により、男女ともA型能が強くなり、利口（計算高い）人が増え過ぎてしまった結果なのだと思われます。

一つの価値にこだわると他の面が見えなくなる。日本人は特にそうです。

肩の力を抜いて、深呼吸でもしてみてください。高校卒男子だと結婚できないという思い込みを捨てること。目を閉じてみてください。今まで見えなかったものが見えてきませんか。例えば、お金では買えない大切なものとか……。自分をとりまく人々の顔とか……。

前項とも関連しますが、近未来は一物事にこだわらず、多面同時集中の考え方がベストでしょう。そして、すべての出来事は、エンターテインメント（エンジョイメント）になります。「演《えん》」と言ってもいい。しなやかに、軟らかに、ゆるりと生きる。素敵だと思いませんか。

■産業界の近未来像

次世代はどんな時代になるのでしょう。

この項では、私なりの分類にしたがって、各種産業界近未来像を書いておこうと思います。

全体を六つに分けてみました。

①自動車業界

自動車業界は、ますます競争が激しくなります。

その理由として、少子化がこのままで進めば若者の減少、さらに、若者の車離れがあります。

私のような団塊の世代は、車はあこがれの的であり、車に興味のない若者はきわめて少数派であったと思います。

しかしながら、平成生まれ以降の、現代の若者達は、「車などレンタルでいい」という考えを持つ人が増えているのです。

また、販路を求めて、中国やインド、中東、ロシアへと進出していると思いますが、これらの国々での競争も激しく、日本車だけが売れる時代ではなくなっていると思います。

また、動力源も、ガソリンから、電気、水素燃料電池へと変わっていく。

世界の技術水準もそれほど差がなくなってきている今、日本車の販売台数も十年程度で頭打ちになるでしょう。

その後は、結局、私の論から言えば、機能（技術）ではなく、デザインに行きつくでしょう。「科学」から「文化」への時代になります。また、様々な目的で使えるマルチ的デザインも重要です。

欧州車が日本でもじわじわとそのシェアを増やしているのも、日本の最先端（?）技術ではなく、「機能」と「デザイン」の高度な融合に魅力があるからだと思います。

日本のユーザーは技術を買うからという理由で、相変わらず「リッター〇キロメートル」などと、技術を前面に出したＣＭを流している自動車メーカーもあるのです。

国のCO_2対策に対応しているからという見方もあるけれど、実はまだCO_2が地球温暖化の原因であるかどうかは、誰にも（専門家にも）断定できてはいないのです。

超マクロ（地球レベル）現象では、複雑きわまりない化学反応（変化）が起きており、バカな人間のＡ型能力では分からないのです。

CO_2問題は政治的圧力の側面もあると思います。

したがって、この意味でも、日本の自動車業界の生き残る道は、デザイン力（機能技術力ではなく）優先になるでしょう。〈環境性・経済性だけではダメになる〉

なお、老若男女とも、健康意識の高まりから、近くの移動はなるべく自動車を使用せず、徒歩か自転車になる。

そのため、自転車業界は根強い需要に支えられるでしょう。

②家電業界
この業界の製品は、「携帯電話の機能性＋ファッション性」をプロトタイプとして、進化するでしょう。カラフル化はさらに加速する。

一九七〇年代、家庭電話はダイヤル式で、色は黒一色でした。

それが、プッシュ式に変わり、白色カラーの電話も出てきたと思います。

モノクロ時代がしばらく続いた後、「多様なデザイン＋多色化」により、一気にファッション化に向かったのでした。

特に、個人的使用の強い携帯電話は、千変万化し、ファッションそのものになっています。

全ての家電はこのファッション化に向かう。それは単に、女性に受けるからという理由ではなく、男性もいよいよ美意識を理解し、女性と共有していくという心理的な成長が見られるようになってきたことを意味すると思うのです。一つの例をあげてみましょう。

テレビのフレームカラーです。

特に、大型テレビのフレーム（ボディ）カラーは、二十世紀までは、主に黒色であった。

パーソナルタイプの小型テレビのボディカラーは白、赤などいくつかのカラーがあったと思うが、大型テレビは黒いフレームが主であった。その理由はなぜかを知りたかった。

フレームが黒の方が、画面がよく見えるという理由だけではない。メーカーに聞いてみた。

黒は高級感を出せる色というのが正解だったのである。「そうだったのか」と思った。

これは黒色の高級外車が、より高級に見えるのと同じ感覚なのです。

しかし、テレビが高級品だった時代が終わり、いよいよ二十一世紀前後になると、大型液晶テレビが登場するとともに、フレームカラーが黒一色から、二色、三色とカラフル化に向かってきたのです。

これは、大型テレビもまた家庭において、ファッションインテリア化することを意味します。

この流れは、過去の価値を否定し、新しい時代の価値を位置づけることになります。

量的にはまだまだ黒色フレームのテレビが多く売られている（その需要が多いためか）が、それは、大型テレビは男性が買うことが多い（父親は黒＝高級感という意識が強い→買うなら黒）ためでしょう。世代交代は近いと思います。

③住宅業界
すでに述べさせていただいたように、日本の建築技術（耐震・免震）の高さは、東日本大震災でも実証されたと思います。

くりかえすようですが、日本が世界に誇れる（見栄ではなく真のプライドが持てる）技術は、建築技術（五重の塔から東京スカイツリーへ）が最上位に位置すると思うのです。

また、最近では、環境問題が地球的課題になってきており、たとえば、水の浄化システム技術などは、日本の貢献分野ではないでしょうか。ライフラインの最重要な分野だけに、世界にアピールできるものでしょう。

ただ、日本の企業のセクト主義（企業秘密優先）により、国主導で他国に売り込みにくい事情があるようです。今後の課題でしょう。

さて、建築業界には、優秀な人材がかなりおり、欧米や中国、アジア各国の公的建築物（美術館等）には、天才建築家が次々とその「創造作品」を残しつつあります。

西洋思想（個の確立）と日本的美（意識）を融合させた「建築美」を表現して見せてくれています。

そこで、次世代の建築の流れとしては、公的建物から、私的建物（一般住宅）に、日本人の関心が少しずつ向かうだろうと思うのです。

では、その中味はどうなるのか。

一言で言えば、ショートスパン（三十年建て替え）住宅ではなく、ロングスパン（一〇〇年以上建て替え不要）住宅に移行する。

日本人の器用さが、短所になり、今まではショートスパンリフォームをくりかえすのが普通でした（しかたがなかったとも言える）。

二十世紀までは、高度成長中心時代でもあり、機能性変更もあり、それが時代のファッション変化でもあったのです。

しかし、技術がある程度成熟した次世代では、ただ単に、建築コストの問題だけではなく、個人の建築主が、長期的視野に立ち、最初からフレキシブルな空間（ゾーニング）思考を行ない、それに対応できるプロの設計技術者（建築士）が持つ技術を十分に駆使しつつ、ロングスパン住宅が主流になるでしょう。

そうなれば、ただ単なる風変わりな外観が個性的という今までの常識はひっくり返り、ある程度、共通性（普遍性）を持ったスタイルの住宅が増えてくると予想されます。

また、その住宅変化にともない、日本人の長所でもあり、短所でもある、「無為ができないせわしさ」も、いい意味で、矯正されてくるでしょう。私はそれも期待しているのです。

④電力業界

社会評価において、避けて通れないのが、この業界の今後でしょう。

平成二十三年三月の原子力発電所事故（福島県）により、あらためて浮き彫りになったとは言え、古くから、この業界の独占性について考えてきた私にとって、改めて考えさせられるものがありました。

「お前はこの問題について、どう考えるのか」と、必ず聞かれるでしょう。

そこで、この問題について、私の見解を述べさせていただきます。

まず最も問題なのは、この業界は、「政界」＋「学者界」＋「官僚界」（経産省＝原子力推進）＋「独占企業界」という、四者癒着という「あってはならない状態で存在してきた」ということです。

原子力発電は後始末（使用済燃料の処理）や事故のリスクを考えれば、最もコストがかかる方法であることは明らかです。

ところが、原子力発電に反対した学者は、助手以上に出世できず、村八分にされてきたなど、不合理がまかり通る世界であったそうです。

もともと、自分達（四者）に都合のいいようにしてきただけにすぎないと思うのです。

また、電力というのは、公共性の高いサービス業なのだから、社員の所得は、公務員並みが常識でしょう。

最近では、公務員も社会（不況）を考えれば、人員も所得もやや減らさなければならないという状況だから、さらに減額すべきでしょう。

ところが、現実は逆で、独占企業の利点を悪用し、「原子力が最ももうかるから」レベルで事を考える人々の集団（A型利口人間）に成り下がっているのでしょう。「しがみつき企業」です。

今後は、次の方向がいいでしょう。

（1）今ある原子力発電所は、寿命までは稼動させる。その後廃炉処理に入り、二十〜三十年程度で自然消滅させる。〈寿命三十年計算〉
（2）代替エネルギーとして、太陽光、地熱や天然ガス（最も有望と思われる）、風力やバイオマスなどに移行させる。他にもあるかも知れない。
なお、宇宙空間光発電（夢）も面白いと思う。
（3）タイミングをみて、発送電分離（欧州では行なわれている国もある）に移行させる。「送電は国営」とする。「発電は自由競争」とする。これにより、電気料金を安くする。
日本には、もともと各技術は既《すで》にあるのだから、以上三点は十分可能と思われます。

これが私の電力業界に関する見解です。

⑤農業&漁業&林業
もともと人間の生活は地味なものだと思います。

地道に、それぞれの仕事を持ちながら、自分に与えられた役割を果たす。

それが生きる姿だと思うのです。

平成二十三年九月に発足した野田内閣は、「どじょう内閣」だという（民主党内閣）。

派手なパフォーマンスで、一時の夢を見せてくれた自民党内閣よりはましかも知れないという印象を受けました。

祭りの後の淋しさのような感情を、今まで国民はイヤというほど味わわされてきました。

私は思う。

政治というのは、結局、最も地味で、実生活に直結するライフライン（ガス・水道・電気）と、第一次産業をしっかり守ることから始め、最後もまたそこにもどることだろう。

水道を除けば、これらの業界の物価は、他国に比べて高いと思います。

電気やガスも、業界の「金もうけ主義」の犠牲になり（あまり言いたくはないが）、国民は苦しんでいます。

私の論から言えば、「公共性の高い産業界は最も低営利主義でやらなければならない」です。

その代わり、安定性を社会からいただくことです。それでバランスが取れる。

利益も安定もというのは、欲深人間のやることであり、「人として最も恥ずかしい行為」です。

もともと日本にあった「恥《はじ》の文化」は、明治時代以降、特に戦後のA型バカ人間教育によって消えていったのであろうか。

このエネルギー業界の人々（正社員）を、何とエリート社員などと呼ぶ、異常な社会になってしまったのです。

この国を滅亡させる人々をエリートと呼んではいけない。これらの業界のリーダー達の、政治家も取り込む、二重、三重の利権構造（原子力発電所設置＝地元自治体への補助金のバラまき＝財政難の首長はそれを受け入れるという悪循環）を一日も早く断ち切らなければいけない。

このような人々を、今後は「プロッターズ（Ｐｌｏｔｔｅｒｓ）＝悪をたくらむ人々」と呼びたい。

真のエリートとは真逆にいる人々です。

話はそれてしまいましたが、第一次産業である、農業（畜産・酪農含む）、漁業（養殖含む）、林業は、最も大切にされなければならない産業だと思います。国民の生活に直結しています。

しかしながら、食料品、木材（国産）などの価格が比較的高いのは、どうしてでしょう。

これは生産者ではなく、中間業者（サービス業になると思うが）の利益優先主義にあると思いますが、どうでしょう。

いずれにしても、この国は、（他国も同様かも知れないが）これらの業界にスポットをあて、しっかり育てていかなければ、国力は衰退の一途をたどるでしょう。

国益とは何か。

アナクロ経済学者（評論家）や、原子力にしがみつく電力業界関係者は言うかも知れない。

「我が国の電力が安く供給されなければ、ＧＮＰは上がらず、国民の所得が伸びず云々……」

くりかえすようですが、ＧＮＰと国民の幸福はほとんど関係がない時代にすでに入っています。最近ではＧＮＨ（国民総幸福量）が重要視されています。小さな国「ブータン」が高い数値を示しています。時代はここまで進んでいます。「物」を優先しない政治です。

マスメディアも、「世界一の〇〇、ＧＮＰ第△位に後退しました」などという、幸福度とは何の関係もない報道をし、国民の生活を洗脳しないでほしいのです。〈幸不幸感の押しつけ〉私たち国民も、マスメディアの脚色におどらされないように（脱洗脳）しなければいけないのです。個人の考え方によって幸福感は違います。

感情の押しつけほどイヤなものはない。

十万円で幸福な人に向かって、二十万円の人が「あなたは不幸ですね」という言い方ほど、的はずれだし、失礼だし、不快なことはない。

何億円の相続をめぐって争い、夜も眠れない人が増えているという。

自殺する人もいる。お金がありすぎて不幸になる人も多いのが現実なのです。

所得格差の問題も、セーフティーネット（最低生活保障）や税制などで解決できると思う。

プロッターズはショートスパンの脳で国益を考える。でもそれは自分達の利益にすぎないのだが、問題をすり替える。A型バカ脳。

政治家がそんな発想をしていては困ります。

政治家の存在意義は、「ロングスパン（五十年先以上）で物事を考え、国益を考え、様々な政策に反映させていくこと」でしょう。

「そんなことは、お前に言われなくても、分かっている」と言うかも知れません。

しかし、私に言わせれば、この国の政治家に、未だかつて政治家にふさわしい人物がいたのだろうかと思います。リーダー政治家が……。

一内閣の在任期間があまりにも短く、こまぎれ政治をやっていては、国民は不安で不安でしかたがない。何とかならないものか。

私は思う。

日本人はもともと真面目なのだから、その真面目さが、「生真《き》面目」または「真面目すぎる」になってしまい、「行きづまり社会」を招いたのです。

したがって、これからは、普通の真面目さにもどりましょうよ。それで成長できる。

そして、マスメディアも、GNPをいっさい報道しなくなることが理想ですね。

そんなものは、経産省の役人さん（事務）が知っていればいいことにしませんか。

国民はわざわざホームページも見なくていいのです。個人の幸福度とは何の関係もない。

そんな報道をするマスメディアは、アナクロメディアだから、こちらからシャットアウト（見ない）するのもいいですね。

日本は、これから中度成長がいい。もちろん、高度成長はあり得ないし、それでいい。

それでなければむしろ困る。

文化を優先（経済より）した心豊かな社会。生活必需品（ガス、電気、食料品、木材等）が安く手に入る社会。第一次産業をしっかり再生させるべきです。

⑥サービス業

①～⑤以外の産業、事業（公的）は全て、サービス業に入れていいと思います。
前項で、二十一世紀の人間活動は全てエンターテインメントになる（またはエンジョイメント）と書きました。

そして、日本語としては「演《えん》」です。

偶然かも知れませんが、発音が一致します。

「演」は「演技」の「演」ですよね。

演技というのは、俳優さんやスポーツ選手などが行なうものとされてきました。

しかしながら、これからの時代は、全ての仕事（特にサービス業）は、「演」の世界へ入っていくという考え方です。

どれだけ他人（お客様）を喜ばせてあげられるかが勝負になるでしょう。

思いつくままに、サービス業を書いてみます。まだまだ他にもあるかも知れませんが……。

まず、国家の政治（行政含む）、公的事業。

民間としては、次のようなものがあります。

鉄道、通信（電話等）、金融（銀行等）、保険、病院、法律・行政・会計事務所、各種小売業、通信販売業、美容（理容）＆健康産業、リラクゼーション（癒《い》やし）業、娯楽業、各種デリバリー、生涯カルチャー（趣味的なもの）、受験教育産業、商社（食料品からプラント輸出まで）、各種リフォーム（洋服から住宅まで）、便利屋（代行など、可能なものは全てやる）、各種飲食業、音楽・芸能・芸術産業（これらは元来エンターテインメント性が高い）、情報（各種マスメディア＝出版・新聞・TV・ラジオ・インターネット等）産業、運輸、介護、保育、旅行、ペット&関連（ペット病院・ホテル・フード等）産業、賃貸住宅（戸建て・コーポ・マンション等）、ビジネス&サイトシーイングホテル業、家事代行業、不動産・建物管理（企業物件）、企業&個人建物の警備業、探偵業、冠婚葬祭業、各種イベント系産業（遊園地等）、各種レンタル業（小さな物から自動車、建設機械まで）……。

まだまだ新しいビジネスがあると思います。

サービス業ほど時代を反映するものはないと思うのです。

例えば、昔は住宅といえば「それだけ提供すればいい」という時代もありました。

しかし、二十一世紀では、住宅（戸建ての場合）は、「住宅＝家屋＋庭」という発想が重要です。

車庫スペースはもちろん、デザイン化されたトータル造園、また、ガーディニングブーム&ホームファーム（園芸や家庭菜園）志向をしっかりとらえて、それらを設計する。

「建築業＋造園（庭）業」のコラボレーションが必要でしょう。今までがおかしかった。

考えてみれば、これは当たり前です。

「家庭」という言葉を考えてみてください。

「家＋庭」ですよ。「庭のない住宅」は住宅ではないのです。そう思いませんか。

子どもを育てる環境としては、特に庭（土）は重要でしょう。土の感触を体験できます。これがＢ能（脳）力を高めることになります。

「子育て」はマンションよりも、「戸建て」がいい。

私はそう若い世代の人々に言いたい。

便利さだけを求めれば、必ずそのつけは回ってくるのです。しかも大きくなって……。

この論でくりかえし主張していることは、「当たり前」が「当たり前」でなくなってしまった。

そこで、「常識（私が考える）」が「非常識」になり、「非常識」が「常識」になっているということなのです。「都市部のマンションの方が便利」というのが「常識」になっていませんか。

〈現代の認識〉

そして、この誤った認識は、どこからくるかと言えば、賢明な読者の皆様（洗脳されていないか、洗脳度が低い）なら、もうお分かりでしょう。でも書いておきますね。

そうです。戦後の合理主義教育（Ａ型＝効率第一主義）にあったのです。

高層ビルは、企業（仕事場）だけにしませんか。

「仕事はＡ能（脳）力」ですが、「子育てはＢ能（脳）力」ですよ。戸建ての方が心豊かな（Ｂ能力の高い）子に育つでしょう。

話はまたそれてしまいましたが、要するに私の言いたいことは、今サービス業で最も遅れているのは、政治（行政）全体と、特に教育（私立教育も含めて）行政、教育産業（進学塾など時代に適さない教育を未だに行なっている）でしょう。私はその中で、それに逆らって、独自の私教育（個人塾にしかできない理念を持つ）理論を持って実践してきたつもりということです。

それは、他でもない「国家の戦後A型人間養成教育やそれをあおる進学競争過熱教育をしている進学塾」から、子ども達を守るためだったのです。私の論では「公私立教育」も「進学塾教育」も、「どちらも問題あり」なのです。

これらをどうするかについては、後の項でじっくり書かせていただきます。

国家行政（特に教育制度）全体の公益サービスだけが最もダメなのですが、それ以外の業界は、時代の流れに乗って徐々に流れていると思います。そして、方向性は誤ってはいない。

逆に言えば、「戦後教育」を根本的に変えさえすれば、この国は真に再生されるはずです。

■現代の歴史的認識

お待たせしましたが、いよいよ私の論も佳境に入ってまいります。

この項では念のため、現代という歴史的地点（二十一世紀から約十年）が、どのような位置にあるかを、確認しておきたいと思うのです。

大局的な視点を表にまとめておきましょう。


くりかえし述べてきたことですが、二十一世紀の人々の行動（少なくとも、法的民主主義化された国々における）というものは、「経済」から「心理」へと向かうというのが私の見方です。

目に見えるもの（経済＝物、私財、地位など）が一巡した後は、目に見えないもの（心理）を求めるということになります。

たとえば、一九七〇年代の若者は、異常なほど「車」にあこがれた。それは「車」がなかったからです。

今どき、「車」がない世帯などないでしょう。

また、もともと車など必要ないほど便利な場所に住んでいる方は、興味もないでしょう。

また、生まれついた時から「車」がある現代の若者は、車離れが進んでおり、「車は借りれ

〔日本国の歴史的視点からの位置と変遷（私見）〕

	時代的背景	中心人物	継続人物（法）	歴史的意義（推移）
時代の流れ ⇩	安土桃山・江戸 ～1600年までに 国内統一 （幕藩体制）	織田信長 豊臣秀吉 徳川家康	徳川秀忠《ひでただ》 〈江戸幕府2代将軍〉・父（家康）の後継者として、江戸260年余の長期基盤作りを行なった。	統一を達成する能力も重要だが、維持・継続する能力も、高く評価したい。
	※明治・大正・昭和 ～1870年までに ▲形式 民主主義 （自由・平等）	吉田松陰 勝海舟 坂本龍馬 西郷隆盛 高杉晋作	大久保利通 木戸孝允 伊藤博文 （大日本帝国憲法）	鎖国政策を解き、欧米の風を入れたことは悪いことではなかったと思う。
	※戦後・平成 ～1946年までに 法的 民主主義 （自由・平等）	GHQ	（日本国憲法） ・国民主権	外圧がないと動けなかった日本国が、敗戦下で、法的民主主義をスタートさせることができた。
	☆21世紀からは心理的民主主義へ （筆者の私見）	現時点（2011）では誰もいない。 （この本が役立てばいい）	（新教育制度）・レベルの高い心理的自由・平等社会を創る教育システム	（今のままでは） 21世紀になっても、自立できず、リスクも取れず、人口減少も進む日本は衰退する。

※借り物（欧米）思想による社会体制。▲実質（自由・平等）のない法的民主主義。

☆この方向へ向かえば、日本国は「自立化」「自殺率低下」「少子化ストップ」「非婚率低下」等により、真に再生されると確信する。

ばいい」と考える人もいるでしょう。

車がない世帯は、車が買えないのではなく、車は買わないだけなのです。

時代の流れはここまで変化してきているのです。「物の所有」から「心の充足」へ。

今どき、相変わらず、技術（目に見えるもの）を前面に出して売っている日本車は苦しくなる一方でしょう。

技術は縁の下の力持ちでしかない。

環境技術で優位に立てる時間は、かなり短いと思う。技術の差はなくなってくる。

だからこそ、デザイン（目に見えるが、心理に訴えるもの）が優先されるのです。

日本人は技術を評価して買ってくれるというアナクロ型発想では、生き残れないのではないでしょうか。

欧米には「デザイン」を強調して売る。

国内とアジアには「技術」を強調して売る。

そんな売り方も考えられるかも知れませんが、時代はさらに速く変化し、自動車ファンは、世代間の交代もあり、世界中がデザイン志向になっていくと考えられるのです。

車を例にして、これからの時代のあり方を示してみましたが、他のことがらについても、同様な発想が必要になると思われます。

また、これからの時代の方向性について、まとめ的な話を書いておきます。

第五章の前項までに、二十一世紀の人間行動はすべて「演《えん》」になると述べました。

特にサービス業（最も遅れている国家行政も含めて）は重要です。

この「演」という考え方は、仏教的に言えば、「業《ごう》」でしょう。人としての「生《い》き様《ざま》」です。

この世界で重要なことは、「心理的自由平等主義」がなければならないことです。

また人と人とが対等な立場で関係を結ぶ、「真の関係」（すでに書きました）でなければならないのです。これがあってはじめて成立するのです。A型人間はこれが苦手なのです。

「行動そのものには意味がない」という考え方も、ここにはじめて理解されるでしょう。

私たち現代の日本人は、「戦後のA型バカ人間教育」により、「意味を求める利口バカ人間」にされてしまったのです。

「演」は、「意味がない（自分の利益にならない）ことはやらない日本人」を解放する思想なのです。

■日本の教育システムをこう変える

（前文）

前項で述べた「心理的（自由・平等）民主主義」とはどのような社会なのか、またそれが日本をなぜ再生する切り札になるのかをもう少し詳しくお話しし、その上で、その社会を創るためには、「現行の教育システムを変えること」が「決め手」になることを、ご理解いただくことになります。

この論の核心部分（最重要）ですので、一字一句をゆっくりお読みいただきたいと思います。

筆者も、「言葉ばか人間」の一人として、最大限神経を使って（他の項にも増して）書いていくつもりです。では始めます。

二十世紀までの「法的（自由・平等）民主主義」というのは、国家が外側から自由を保障する意味合いの強い民主主義なのです。

この社会は、自由度がまだまだ低い社会と言えないでしょうか。

その実として、国民は未だに、役人（公務員）に、「お上《かみ》」だからしかたがないというような言い方をしていませんか。

この論ですでに述べさせていただいたように、「意識格差」なのです。

〔2つの民主主義における社会形成とその影響について〕

	その思想	格差の流れ	社会的影響（演繹法による）※
法的民主主義	近代合理力 （A能力） ↓ 経済優先 ↓ 可視価値 （物・私財・地位など） 〈自己顕示〉	「意識」＋「物質」 ↓ （物質一巡） ↓ 「意識」は残る。 ▲低レベル自由度社会 〈優越者と劣等者〉	・非自立型人間が増加する。 （A能力だけでは自立できない） ・自殺者が増加する。 （意識格差が生きる力を殺す） ・非婚者が増加する（A型人間は物事を損得で考える→結婚で失われるものが多ければ、しない）。 ・生活習慣病の人が増加する（A型人間は便利を好む→車を多用→運動不足→病気）。 ▲日本におけるA型人間社会は衰退の道です。
心理的民主主義	人間力 （C能力） ↓ 文化優先 ↓ 不可視価値 （心理変化） 〈自己滅失〉	○格差の流れがおきない。 ○高レベル自由度社会になる。 ☆生体システム社会 〈優劣者現出せず〉 ☆生きて行きやすい社会	◎上記のような流れ（人口減）がすべて逆になる。〈少子化もストップ〉 ◎心理的自由・平等・平和への意識が高まる。〈楽な気持ちで生きられる〉 ◎理想的社会へ一歩ずつ近づいていく実感が持てる。 ◎経済も中度回復成長になる。

※演繹法（えんえきほう）というのは、理科系の人間がよく使う方法で、「1つの大原則（前提）から、論理によって個別の結論を導き出す」考え方です。文科系の研究にも有効です。

役人は「上から目線」、すなわち優越者意識、国民は「下から目線」、すなわち劣等者意識です。

これが解消されている（現時点で）とは思えない。戦後半世紀以上も経っているのに……。

ここで二つの民主主義を比較検証します（三八七ページ）。

さらに、次のように、現在の「法的民主主義の国際比較」をしておきます（二〇一一年）。

欧米の代表として、米国との比較をしておきましょう。これは重要なことなのです。

〔2国における法的民主主義の比較〕

項目	米国	日本
自立度	日本人より高い	低い（内向き）
自殺率	日本人より低い	高い（韓国の次）
出生率（一女性が産む）	2.2人程度（人口増になる）	1.4人程度〈非婚女性含む〉（人口減になる）
生活習慣病	増加	増加
失業率	高い	高くなる

さあ、皆さんは、特に政治家の方々（国会議員）は、どんな結論を導き出せたでしょうか。

二表を見て何も感じないとしたら、完全なA型バカ人間ですよ。政治家の資格なし。

政治家といえども人の子です。

古くは明治時代から欧米の合理主義思想に洗脳され続けてきた日本人のこと、「俺たちも被害者だ」と開き直られそうですね。

しかし、それでは、政治家の存在意義はどこにあるのでしょうか。

何度も同じことを言わせないでください。

私は次の二点に注目したいのです（もちろん、表も意見も、私見部分があり、自己偏見の世界と言われるかも知れませんが）。

〈その1〉今の日本では、「物質格差意識」よりも、「意識格差意識」の方が問題が大きい。

例えば、借金苦で自殺する人よりも、自分の存在価値がない（生きていてもしかたがない）という理由で自殺する人が増えていると推測される。〈自殺する人にアンケートをとるわけにはいかない→推測〉

〈その2〉米国と日本では、社会状況が違う。

米国では、少子化にならず、人口減になっていないが、日本は確実に人口減社会が進行している。

その理由として、元来、「日本人（これは韓国人にも言えることだと思うが）は、この合理主義思想に合わない民族だ」ということ。

「無理に合わせてきたものの、ここへきてその成果（衰退への道）が出てしまったのだ」と。

では、どうすればいいのか。

この私的推理が間違いでなければ、まず、この日本社会（行きづまり）を根本的に変えるためには、「意識格差意識」をつぶすことを考えればいいという結論になりませんか。

では、「格差」というのは、どんな種類があるのか、表にまとめておきましょう。

他にもあるかも知れませんが、考えられるものを書いておきます。〈既婚者＆未婚者〉

さまざまな格差	
物質的	相続財産、所得、子供など
意識的	学歴（学力）、地位、職業、男女、容姿、住所、職場、仕事能力（自己価値）、性格など

格差もきりがないと思いますが、やはり、「意識格差」の方が問題でしょう。

よく考えてみれば、人間の格差などは、ほとんど自分の責任ではありません。

「遺伝子でほぼ決まってしまうのではないか、環境努力はわずかでしかない」というのが、私の考えです。それはすでに述べました。

ある程度努力で解決するのが、「学歴意識格差」でしょう。ところが、これが最も大きな問題なのです。

資格試験などは、「学力」がものをいいます。

合格できるかどうかは自己責任です。

ですから「あきらめ」もつきます。

何度も失敗をくりかえせば、方向転換できます。「あきらめ」とは「あきらかにきわめる」です。

これは健全ですよね。ポジティヴ思考です。

ところが、学歴はどうでしょう。

今、日本人は高校卒か、大学卒かどちらかでしょう（中学卒の人はごくわずかだと思う）。

実際の生活などは、どちらもそれほど変わらないのですが、未だに高校卒の親は、自分の子どもに対して、「大学へ行かせたがる」のです。それはなぜか。

やっかいな問題があるんですよ。

「高学歴（大学）＝有名企業＝高収入」という図式が、四十年も前からまだ続いているからです。

本来は、「学問」と「生活」は別だと思うし、そうあるべきです。この原点がぶれたままなんですよ。これを何とかしなければいけない。

公教育（高校まで）において、「進学の学力（記憶中心）も、その大半は遺伝子で決まる」ことを、はっきり教えない。また、「大学へ行くと、理性バカ人間になる」ことも教えないといけない。

一方、進学をニンジンにして、「君の能力は無限大」などと、美辞麗句で生徒を集めている進学塾もあい変わらず存在しているのです。

こう考えてくると、「意識格差」の中で、「学歴格差意識」が最大のガンでしょう。他の格差（所得）にも結びついているのが問題なんですよ。

しかし、時代の流れは速く、人気企業の寿命も二十〜三十年と短く、傾く場合もあると言われています。安定した企業などありません。

最近では、「四年生大学卒の男性が一番あぶない」というような内容の本も出版されるようになりました。

また、私の予見する（目指すと言ってもいい）「心理的（自由平等）民主主義」社会のポイントは三つあります。〈多数派の人々が中心になる〉

①高校卒業までの人々が生きて行きやすい社会（生体システム社会）を創る。〈「主役」行動〉

②障害を持った人々（健常者でない）が感謝できる社会を創る。〈特別扱いせず共行動で〉

③大学関係者（学者）、大学卒人間は「脇役」に徹する社会を創る。〈縁の下の力持ち人間〉

以上のことを考慮すると、「大学を頂点とする現行の教育制度」を次の二点を観点として、根本的に変更すべきだと政策提言します。

政策提言ですので、その骨子のみを書きます。具体案と実務案は政治家、官僚の仕事になるでしょう。それでは始めます。

（1）名称変更

心理的民主主義社会は、行動そのものには意味がなくなる社会です。教育内容そのもの（情報を記憶する↓情報は日々変わるため無意味）も無意味になります。

情報などは日々更新されながら、パソコンに入ってきます。記憶勉強は無意味です。

「学問」の原点回帰（次世代の基本コンセプト）です。「進学が目的、勉強は手段」が逆転し、「勉強（行動）が目的、学校は手段」になります。

記憶することが目的ではなくなり、将来の行動（演）の準備として、勉強します。

子どもの目的はあくまで無目的のための準備なのです。お分かりいただけたでしょうか。

次に「言葉」です。

「行動」そのものには意味がないとすれば、「言葉」そのものにも実は意味がないのです。

A型バカ人間は、激しく意味を求めます。

特に戦後の団塊世代は、最も洗脳度が高く、いちいち意味を求めたがる。

非A型人間なら、次のことが分かります。

「言葉には意味がなく、イメージがあるだけ」

なのです。

たとえば、A型人間は、「適する」と「合う」を同じ意味に取る。でも、もしまったく同じなら、この言葉は生まれなかったと思います。

本来はかなり違うイメージだと思うが、同じような意味として理解してしまう。

B能力の高い作家なら、違いが分かるので、使い分けができるでしょう。

言葉というものは、無限のニュアンスの違いがあり、人によっても感じ方（その言葉に対する受けとめ方）は違ってくるでしょう。

たとえば、Pさんにとって「いい言葉」でも、Qさんにとっては「悪い言葉」として、イメージされる。こんなことはいくらだってあります。

また、言葉そのものに、「格差語（上から目線語や下から目線語）がかなりある」ことに、気づくはずなのです。非洗脳の人には分かります。

A型バカ人間は（B能力が欠如しているため）それに気づかない。無視してしまった。現代の政治家はそれに気づかなければいけない。残念だが、日本にそんな政治家は一人もいない。言葉に対して鈍感だからです。

実は、「言葉（格差語）を変え、時代に適合させることが、次世代の『心理的民主主義』社会への移行を可能にする決め手（第一歩）になる」というのが、私の論なのです。

もうそろそろ私の結論に気づいてくれた方々もおられることと思いますが、「念には念を入れる」ため、面白い話を比較例として書いておきましょう。

超ミクロでも超マクロでもないため、誰でも納得していただける科学的事実の話です。

赤道直下に一辺五十センチ程度の立方体状の水槽を一つ用意します。

その底の中央に小さな排水口をつけておきます。水を適当量入れて、排水口を開けます。

簡単な実験ですよ。

でも、重要なんです。

どうなるかと言えば、水はストレートに、真下に落下します。重力の法則（ニュートン）によれば、当たり前ですよね。

さて、それでは、この水槽を北半球側に、二十センチ程度（わずかの距離）ずらして実験してみてください。どうなるでしょう。

結果は、「左回りに回転（うずをまく）しながら、落下していく」はずです。

逆に南半球側にずらせば、逆回りになるはずです。それは何を意味するのか。

実は、この原因は「地球の自転」なのです。

私がこの結果から何を言いたいのか、もうお分かりいただけたことでしょう。

「わずかのずれが、大きな違いを生む」という事実なのです。

大気現象も同様です。

小さな熱帯性低気圧（左回りに吹きこむ上昇気流）が、回転力を増し（地球の自転が関係）、やがて台風になるのです。

さあ、これでもう最後の結論をご理解いただけることでしょう。

特に大学関係者と、文部科学大臣をはじめとする政治家の方々には、覚悟を決めてほしいと思います。
▲実は「『大学』という言葉」が、「格差語の親玉」、この日本国をA型バカ人間社会にしてしまった「元凶」だったということです。「人間」じゃない。
「言葉に意味はなく、イメージだけである」という私論から、「イメージをより正確に伝える言葉をさがすこと」が、「社会を正すこと」になるのです。B能力で分かってほしいです。

「大学という言葉のイメージは、ここへ行けば何でも解決する＝スゴイ＝偉い＝エリート」という連想をさせませんか（先生も大学生も）。

ところで、東京大学の一〇〇人の専門家、A型専門人間集団が、社会を創れるのでしょうか。

となりの人が何をやっているかも分からない世界の人が何人集まっても、社会は創れないのです。こんなことは常識でしょう。

私の論から言えば、「専門家のできるだけ少ない社会こそ、より豊かな社会」なのです。

私は「大」という言葉が大きらいです。〈地名人名は問題なし〉

政治家は「大臣」でいい。それは「正解のない国家政策を決断していく立場の人」だからです。

「大臣」がふさわしい。もちろん、今の日本には「大臣」にふさわしい人はいないと思うのですが。

そこで、結論として次のことが言えます。

◎「大」は「大臣」以外、公用的用語として使わない。

格差語としての「大」をつぶし、変更することで、日本は真に再生する可能性が出てくる。「コロンブスの卵的発想とダイナミックな教育制度の変更」の「トップアクション」として、次の提言をします。

〔提言1〕

大学（名称）を消去せよ。

人というのは不用意に言葉を使い、他人を傷つけてしまうものです。

個人的にも、加被害者になった経験を持ちます。誰でも一生に何度か、経験するでしょう。被害者意識を持つのが得意な日本人が、実は加害者になっていることもあるのです。

「犯罪の世界」でも、被害者と加害者は微妙ですよね。簡単には判断できない。

「常識」と「非常識」が逆転している現代の日本では、「私は加害者になったことはありません」なんて言っている人は、ウソ人間ですよ。

「大学という名称」は格差（差別）語なのですが、大学関係者は誰も気づかない。「まさか」です。

意識的に人を傷つける人も困るのですが、無意識（気づかず）に人を傷つけるものは、もっと始末に悪いのです。

「無知の知」という言葉があります。

人は「知らないことを知ること」です。

「自分は何も分かっていない」と考えること。

また、より広く分かろうとすること。

「大学」はすべてが分かっている人々という誤解イメージ（狭い専門知識の人々の集合体なのに）を与えてしまうのです。

「大学の先生」は特殊な人々と考えた方がいいでしょう。「偉い人思考」はやめましょうよ。

さて、企業などは、「トップ（経営者）が変われば全てが変わる」ということがあると思います。

トップの考え方が変われば、社員も変わるのです。どのような組織でもリーダーの一言は重要です。方向性が決まるからです。

そこで、私は「言葉ばか人間」として、日本の若い世代の人々（五十歳代以下）のために、次の四字熟語を提示し、その歴史的役割を果たしたいと思っているのです。二つあります。

①**適言遷国**《てきげんせんこく》

時代に適した言葉を選び、愛する日本国を変遷させること。

②**一語**《いちご》**千変**《せんぺん》

一つの言葉を変えれば、多くのことが変わっていくということ。

A型バカ人間は「そんな一語で」と冷笑するかも知れませんが、B能力が欠如しているにすぎない。一国の政治家が同レベルでどうする、と言いたい。

一日でも早い方がいい。

事の重要性を理解し、スピード感を持って決断してほしい。

「言葉の重要性」については、政治家の失言問題（辞任）だけではなく、国家の存亡にかかわるものです。

今正《まさ》に、「危急存亡の秋《とき》」である。

一般に、言葉に敏感な人間は、職業で言えば、作家です。

その中でも、言葉を言葉として使う＝意味を重視する長文作家よりも、作詞家を含む詩人や、ＣＭコピーライター、シナリオライターなどの方々の方が優れていると思います。

なぜなら、意味よりも語感や音感イメージを大切にする、つまり音読したときに、人々に伝わるイメージ力を重視する人々だからです。

Ａ型人間では成功できない仕事です。

このことは、年齢にかかわらず、「分かる人には分かること」なのではないでしょうか。

最もダメな団塊世代（現在六十歳～六十五歳位）を除けば、それより上の世代の方々でも理解できる人は理解できるでしょう。

たとえば、朝日新聞連載のＣＭ天気図を執筆している、ＣＭコラムニスト・天野祐吉氏などは「音感」の重要性を訴えている。〈ＣＭ評論に不可欠〉

氏は特別な人と言ってはいけない。

「分かる人には分かる」のです。

団塊世代の人でも、きわめて少数派かも知れませんが、分かる人もいるでしょう。

ところで、この「大学」（名称）を消去するとなれば、お隣りの韓国（法的民主主義が達成されている）や、法的民主化がやや遅れている中国も、次世代は結局、私論である「心理的民主化」に向かうでしょうし、またそうならなければならないことを考えれば、同様の決断がよいと思います。

なぜなら、「大学」という言葉は、他でもない、中国の古代の国家法典「律令《りつりょう》」からきているからです。日本は明治時代にこれを採用しました。

中国では「大学」を「ダーシュエ」と読む。

韓国では「大学」を「テハク」（ハングル語대《テ》）と読む。

「おせっかい」と「親切」はあいまいでむずかしいというＣＭがありましたが、私は「親切」を取って、両国のため（アジアの友好関係をさらに深めなければならない時代ですので）にも、「名称変更」をおすすめします。〈これは提案です〉

さあ、どの国がトップを切って、私の提言を受け入れ、政治決断してくれるでしょうか。楽しみでもあります。

ぐずぐずしていると、日本より先に二国が決断し、恥をかくことになるかも知れません。

何しろ、こんな情報など、世の中に出れば、あっという間に伝わってしまいますので。

インターネットの可能性（読者の方々が政府を動かすかも知れません）も試してみたい。

最後に、この項の（1）をまとめておきます。

〔自然現象と社会現象の初期原因と最終結果の対比表〕

	初期原因	成長の過程	最終結果（演繹法）
〈自然〉 台風	小さな左回りのうず（低気圧）ができた。 〈地球の自転〉	進行中に周りの空気をかかえこみ、大きく発達。	やがて、台風になり、人や家屋などに甚大な損害を与える。 〔自然現象の事実〕
〈社会〉 大学 （名称）	最高教育機関の名称を「大学」と定めた。 〈明治時代〉	特に戦後「大学」のイメージが独り歩きを始めた（偉い）。	無意識の力（始末が悪い）で、学歴格差意識を増大させてしまった。加被害者とも行きづまっている。 〔社会現象の真実〕

〔名称変更［大学］の必要性とその後の予測（私見）〕

その理由	このままだと……
①国家官庁（行政・司法）の縦割組織がうまく機能しない。	①②は国家の2大滅亡条件△1△2に当てはまる。人間は「自分の不得意なものによって滅びることはなく、自分の得意なものによって、自分の首をしめ、自滅していく」ものなのです。政治家はしっかりこの事を頭に入れておいてほしい。③も明らかで、「人口減」は日本衰亡の予兆である。
②相変わらず、製品（技術）加工を売り物にしている。〈外需志向〉	
③「教育」は行政サービス業の中でも、最も重要なものの一つ（次世代の人間を作る作業）。ところが、この日本で最も遅れている分野になっている。形骸化した制度では非A（非B）型人間は創造できない。	

〔変更後の社会と考え方〕（3つのポイント）	■国家の2大滅亡条件■
[1]心理的民主主義社会（自由度の高い）への第一歩になる。〈人口減ストップ〉 [2]政治家が尊敬（リスペクト）される。〈「大」を消すことで、「学者」「官僚」との区別化〉 [3]日本より少子化が進む韓国にも好影響を与える。〈友好関係に寄与〉	△1組織が複雑化しすぎること。 △2自国の得意分野だけを売り続けること。 （民主主義国家）

本来ならば、「言葉ばか人間」が、政治的発言をもっとしなければならなかったのだと思いますが、「原子力推進時代に、原子力に反対した学者の方が村八分にされた」と同様に、無視されたと思います。A型バカ人間（政界・学界・官界・大企業トップなど）のやりそうなことです。

ここまで書いてくると、「ではお前は、大学の名称の代替案はあるのか」と聞いてくるかも知れない。それだけでも進歩だと思います。

一昔前ならば、無視されていたでしょう。

「そんなことで」で、おしまいです。

もし、本気で（私の論を理解し）聞いてくるなら、「言葉ばか人間の知恵」をお貸ししてもいい。

今は発言したくない。イヤです。「一寸の虫にも五分の魂」です。

何しろ名称一つで学問の方向性も、社会の価値観も変わるのだから、国からの要請があれば覚悟はできています。私の心は今「綸言汗《りんげんあせ》の如《ごと》し」です。

形式民主主義時代も含めて、民主化が進む前は、文化人、特に文筆業のキーワードは、こんなものでした。時代の流れを感じます。

・「文《ぶん》は武《ぶ》より強し」（**言論は武力より強く、またそうでなければならない**）

そして、これからは、こうなると思う。

・「等《ど》語は統《と》語より強し」（平等な言葉は、統制する言葉より強くなければならない）

（2）教育概念と民族性を考慮

知識偏重（学歴・知育偏重）教育をなんとかしなければという批判が出てから久しい。その反省から、ここ十年余り「ゆとり教育」が出現したのかも知れない。

そして今、結果として、日本の学生達（小学生から大学生まで）の学力レベルが下がっているとの現実に直面し、また、学習内容の見直しと学習範囲の増加へと向かっているのです。これによって、学力レベルが再び上がるのかどうかはよく分からない。

また、私の考えによれば、学力も遺伝子によって、ある程度決まってしまう（特に記憶力）ため、個人差が大きくなってしまうかも知れない。さらに気になるのは、食生活のレベル差も大きく学習能力に関係してくるというのが私見なのです。

脳の働きを良くする食品を多く摂る家庭とそうでない家庭の子どもでは差がつくことが予想される。こんなことは当たり前のことだと思うが、A型バカ人間が多い「政官界」の人々（国家公務員）には、理解できないらしいのです。栄養に関しては、後の項「心身の健康をこう考える」で詳しくお話ししたいと思います。

さて、知識格差が再び大きくなれば、知識偏重教育の批判が再燃しかねない。

これでは、いつになっても、堂々巡りの結果になるだけではないか。

教育に関する議論がいつも、堂々巡りし、何の画期的アイディアも生まないのは、このレベルで低迷しているからです。

また、「知識偏重教育」が「A型バカ人間養成教育」を意味するものであれば、私の考え方と一致するのです。

そうであれば、これから提言する私のアイディアはかなり有効になる（お役に立つ）のではないかと思われます。

何しろ、このアイディアこそ、非A型人間養成教育に変更するアイディアだからなのです。

では、いよいよ始めます。

まず、A型人間は「専門化」を押し進める傾向にあると思うが、それで（複雑化して）行きづまったと言っていい。だったら真逆にするのです。

そこで、狭くて頭の硬い（A型）教師を解放するために、教員免許制度を次のように変更（追加）する。〈教員免許資格取得最低学歴〉

〔提言2〕

小・中学校教員資格を普通高校卒とする。

〈主旨〉幼稚園や高校教師などは、ある程度専門的な能力が必要だと思うので、ほぼ現行通りでいいでしょう。

しかし、今日理性が当てにならない部分がはっきりしてきた（放射能汚染について誰も説明できない）こともあり、「専門」にこだわる必要はどこにもない。人に「死ぬ」以上の真実はない。

教育行政は「国家の究極の（国民に対する）サービス業」であり、行動そのもの（知識を暗記すること⇓情報は常に変化する）に意味はないのだから、小中学校の学習内容ならば、知識レベルで大学卒は必要ないと思う。

ある程度学力レベルの高い高校に、教職課程を置き、小中学校教師（義務教育）免許授与。

小学校は全ての教科（実技科目は除く）、中学校も、「英数国理社」（五科目）全てとする。

また、多方面から物事を考えられる非A型人間を創るため、教師も複数科目（小学校は現在のままでよろしい）できなければ意味がない。〈存在理由なし〉

中学校教師は、文科系と理科系を組合せ、それを教えてもらう。例えば数学と国語。

自分の頭も柔らかくなり、生徒にとっても良い。自分の得意科目を教えられるほど、生徒にとって迷惑なことはないのだから……。

その教師にとって苦手な科目が、生徒にとっては丁度よい。「自分が知っていること」と、「それを教えること」とは違うからです。

公務員はまだサービスの本質を理解できていない面があります。上から目線の現行教育は無為教育（何もしない教育＝意味が結局はないことを教えない中途半端な教育）になっている。

とにかく、中学校以上の教師は、十人以上集まって、一人の生徒の教科教育を完成させているのが現状です。五十年以上も変化はありません。

教育というのは丸ごと人間を教えるのが理想であることを考えれば、ここに中等以上の教育に問題があると言えます。理想論を言えば、バラバラではなく、一人の人間が全身で全科目教えて、はじめて何かを教えられる。「知識」ではなく、「生き方」を教えられるのです。

公教育は組織教育であるから、やりにくい面もあると思いますが、だからといって、「一人一科目」の「知識切り売り教育」でいいはずがありません。

高校卒の時点で、文科、理科両面の免許を与えてしまえば、ＡＢ脳（能）力のバランスが取れた教師が養成されることになります。

非Ａ型人間はこうして生まれるのだと思います。

他人を理解するのに、一つの窓から見るのと、二つの窓から見るのとでは、あまねく違うのだということも、強調しておきたい。

現状では文科系学生は文科系科目、理科系学生は理科系科目しか、教えることができない。この縦割法（行政）からつぶしてしまおう。

次に、高校はどうするか。

大学卒はもちろん必要です。

ただ、ここでも「専門バカ教師」を作らないために、例えば理系学部なら、「数学」「物理」

「化学」「生物」「地学」など、複数の科目を教えられる人材に育ててみたい。柔軟な思考力の教師を養成。

だから、原則として、二科目以上教えなければならないとする。〈A型（専門）バカ教師阻止〉

これによって、狭いA能力が広がり、いくらかでも、人間としての幅がでてくるだろう。

それが、生徒に好影響を与えることになる。A型人間でも、より洗脳度の低い人間になれるだろう。他人の思考も理解できるようになる。メリットが多く生まれるはずです。

なお、実技科目の免許は、「技能には時間がかかる」という理由で、「小中高とも今まで通り、大学卒でいい」と思います。

また、大学卒の小中学校教員も可能であり、最短で「高校卒」になる。二方式にします。

これを組み合わせれば、例えば、こんな教師も可能になります。

普通高校（教職課程のある）で五教科免許資格を取り、体育大学（体育学部）で、「体育教師」の免許資格を取る。

教育資格採用試験に合格して、中学校で、「体育」と「数学」を教える。素敵だと思いませんか。

もともと、教員養成学部（小中学課程）のある国立大学などでは、これも可能であったと思うのですが、今はどうなっているのか分かりません。要するに私の言いたいことは、「複数科目」を教えることで、「A型バカ人間からの解放」をねらうことなのです。

高校における芸術（美術・音楽・書道）は、特別に専門性が高い科目なので、これはこれでしかたないでしょう。主にB能力なので、それを生かすことが大切です。〈各先生方の連絡調整役になる〉

体育は実技と理論（保健・スポーツ科学）で、バランスを取ればいいと思います。

さて、いよいよ「大学」はどうするか、です。

二十世紀型の教育が「知識偏重教育」であり、頭の硬いA型バカ人間を創ってきた。

二十一世紀は、机上計算型ではなく、活用力重視の国際学習到達度（応用力）能力型へ向かうでしょう。

これは、私の目指す「暗記型（A型）人間」からの決別を意味します。「実生活活用型人間」にします。

それは、他でもない「非A型人間」を創ることに等しい。この方向しか考えられない。

そうならば、「教育界がA型人間でどうする」と言いたい。最も遅れている人々……。

日本の高校生はＰＩＳＡ（学習到達度調査）の評価が低いと言われています。

考えてみれば、当たり前です。応用力（記述力）が試されているからです。

それに対応する教育をやってこなかったのです。何の不思議もない。当然です。

そこで大学に対して、次の提言をしたい。

まず、知識力を過大視しない視点から、入試制度を次のように変更する。

（国公立大学）

一次試験は「大学センター試験」でいいが、二次試験は、「課題論文」にせよ。

これからの真のエリート（今まではミエート）を目指す若者は、ビジョンこそ大切です。「知識」よりも「大学で何を学び、どう社会に貢献するか」です。二十歳前後で何も分からないかも知れないが、その歳なりの考え方を述べることも無駄ではないと思うのです。

これは、採点する側の意識も変えることにもつながると思います。

知識そのものは何の役にも立たない。これからは考え方だけが重要になる。

採点をコンピューターまかせにできないことも、意味があると思うのです。

「偏差値」で測れないのもいい。

これからは、社会とのかかわりの中で、自分の研究をどうするのかという視点を重視しないといけない。

「学問の自由」のもとで、何でもやるのでは、「趣味」になってしまう。趣味は自分の金でやるものです。他人の金（国民の税金）でやられては困るのです。

（私立大学）

私立大学は、今まで通り、多様な入試制度があり、それをリファインすればいいと思う。

国立大学より、時代に敏感に反応していると思うので、サービス性はより高いと思う。

それぞれの大学の特長（持ち味）を生かしたい。

なお、私立学校（高校以下）も、基本的には、文部科学省の指導下にあるので、公立学校の変更案に従うことになるでしょう。

ところで、最後に「教育界の公害」とも言うべき、三つの言葉（格差語）をどうするかについて書いておきます。〈偏差値は塾業界で使用〉

・「テスト」（上から目線）

・「偏差値」（独り歩き＝人の価値評価にする）

・「合格者と入学許可者」（合格＝不相応、許可＝上から目線語）

「テスト」は、音感イメージから、サービス業者が時々お客さんをチェックする（人の話を聞いているか）感じがします。

日本語でも、外国語でも、意味ではなく、音感によって、格差語になったり、等語（平等や相応のイメージ）になったりするのです。

「偏差値」の「差」は「格差語」そのものです。

「合格」は、例えば、資格試験に通ることは、「資格にふさわしい能力がある」という意味イメージですので、これはこれでいい（問題なし）。

しかし、学校の入学試験通過者が「合格者＝人生成功者のイメージ＝目的と手段が逆転した今までの教育の象徴」になっています。

また、「入学許可者＝官がいかにも偉そうに入れてやるぞのイメージ＝上から目線語」になっている。なぜこんなことも分からないのか。

これから勉強するのに、「合格」はおかしい。

「許可」もおかしい。サービス業には適さない。

したがって、この三語も消し去ることを提言します。代替案は発言しません（要請がない限りイヤです）。

「偏差値」などは、数学の「標準偏差」（統計学）からきたのでしょう。

A型バカ人間は、B能力（感性）が欠如しているため、安易にそれを教育界に持ち込んだのでしょう。その責任は重いと思うのです。

断っておきますが、「個の能力を他と客観的に比較すること」は、別に問題があることだとは思いません。言葉（イメージ）が悪いんです。

将来生業《なりわい》のために、自分の能力（記憶力であっても）の客観的把握は必要でしょう。

念のため、日本のテストについて、私見を書いておきます。

現在、日本も応用（活用）力をつけ、ＰＩＳＡの評価を高くしようと、工夫された学力テスト（実用能力をつける）が創られつつあります。

それらを国や県（市町村）で創り、実施するのも悪くないと思います。

客観的データを出してもよいでしょう。

また、私の提言では、中学高校の先生は、複数科目やることになるので、中間・期末テストの作製（最近の先生はパソコンできれいに作っているが）が大変になります。大きなテストなどやらず、単元ごとの確認テスト（CT）でいいのではないでしょうか。それでなくても、学校の先生は雑用が多く、教務（指導）が本分なのに、事務が本分になってしまっています。本末転倒です。これをなんとかしたいものです。

生徒の評価は大きなテストでなくてもできると思います。検討すべきでしょう。大きなテストは、国や業者に任せるのも悪くないと思うのです。

自分でやることと他人に任せることとのバランスが大切だと思います。

以上をまとめます。

〔提言3〕

教育制度変更案の主な骨子

1. （小学校）ほぼ現行通りでよい。B能力を高めるため、校庭に芝生を。
2. （中学校）一教師が理系と文系（または実技系）を組んで、2教科教える。
3. （高校）理系教師は理系2教科、文系教師は文系2教科教える。
4. （大学）公立大学入試2次試験は論文にする。私立大学はさらに自由に。
5. 教育界から格差語（「テスト」「合格」「偏差値」「許可」）を消す。

ここまで（2）のタイトル「教育概念と民族性を考慮」のうち、前半の変更案について書いてきました。主旨をご理解いただけたでしょうか。

さらに、もう一つの視点「民族性」について書きたいと思います。

そこから、教育制度変更案を出していきたいと思うのです。

まず、日本社会には「村」が多すぎます。

村といっても市町村の村ではありません。

今話題の「原子力村」、「宇宙村」、「官僚村」、「農業村」、「教育村」、「学者（大学）村」、「医者村」、「マスメディア村」、「芸術村」など、自分達の利益的内向き村です。

サービス業は本来、国民のためにあるのですが、そうなっていません。

だから、「二十一世紀の基本コンセプト」は、「原点回帰」なのです（「はじめに」に書きました）。

主要キーワードは三つ。

「有機共同体」、「中庸」、「対面」です。

まず、教育の現場から、これをはじめます。〈小中高〉
・すべての子が主役になるグループ授業形式にする（有機行動＝共感動の世界）。
・今以上に公平感を持ち指導する（客観テスト評価を小さくし、感想評価を導入）。〈特に中高〉
・教育機器にあまり頼らず、対面する。
以上のような教師を養成するために、次の二つの提言をします。

◎教員採用試験資格条件と方法変更案（公立）

①学校卒業後三年間は受験不可とする。

（主旨）社会経験なくして、いきなり先生呼ばわりされることで、洗脳（A型）されてしまうのを防止するためです。サービス業は、「上から目線」ではなく、「横、または斜め上目線」がいい。

先生呼ばわりをなくし、「〇〇さん」もいいと思う。この世から先生商売は消えるのもいい。この間、企業で働いてもいい。ボランティアでもいい。無職でもいい。何でもいい。人間としての修業期間としたい。

②教員採用に、裁判員制度と同様、教員採用員を置き、最終面接に参加してもらう。

（主旨）高学歴者ほど、A型人間に洗脳されやすいことは、すでにご理解いただけたことでしょう。これが、（上から目線の）優越者格差意識を生む原因なのです。

自己洗脳（自分は偉い人）も生む。これが「体罰」の原因にもなる。「指導死」も生む。

本来は、国民に対する最も重要なサービス業のはずの公教育が、お客様（国民）に向いていないのはおかしいのです。

すなわち、教育者である教師が、そもそも「地方教育委員会（国の指導を受けている）」の人間によって、採用されている。これはおかしい。ここが問題なんですよ。

「素人の方には難しいから」と、教育役人は言うかも知れない。実は専門家の方があぶない。

しかし、「中立」という美名のもとで、半世紀以上も、何もやらない教育で、ダラダラ事なかれ教育や、一方で押しつけ教育（上から目線）が相変わらず続いているありさまなのです。

子ども達の将来を任す教師の人間性を観るために、採用段階で、人物チェックをする。

素人（一般の人）の方《ほう》が、まだA型人間に洗脳されるレベルが低いのだから、より正確に人物判断できると思う。気づいてほしい。

これにより、いわゆる偏差値エリートは、教師に採用されにくくなる。〈水際作戦方式〉

何しろ、世間を知らない机上偏差値人間がA型バカ人間の原型なのだから、こんな人が教育者になられては困る。国民にとって迷惑です。サービス性に乏しく、子ども達を眠らせてしまう（説明力、教務力が不足し、授業にならない）こともある人々です。

「エンターテインメント≒演＝おもてなし」という意識がまるでない、ただ自分だけ分かる説明をしていてもしかたがないのです。その反動として、生徒を甘やかす教師もいるらしい。

二十一世紀は「演」の時代、「おもてなし」の時代です。まして、教育はその中心でなければいけない。ところが、この分野のサービスが最も遅れているのです。

公務員は「公僕《こうぼく》」（国民への奉仕者）です。

この言葉は死語になっていると思う。

教育者に限らず、公務員と名がつく人々はもう一度考えてほしい。

今はその意味でも、「原点回帰」なのです。

以上のことをまとめて、「提言4」とします。

なお、念のため、「この国の教育の流れとその社会的影響」についても、まとめておきます。

混迷する多くの現代日本の問題は、実は「戦後のA型人間養成教育システム」にその原因があったことを、ご理解いただけたでしょうか。

くりかえしますが、「物事を演繹的に考えられない政治家は存在価値（意義）がない」のです。

ショートスパン（経済、復興、税制など）問題も大切ですが、政治家なら、百年先の国を考えて（ロングスパン思考）、今やらなければならないことは、「現行の教育制度改正」であることを身に染みて分かってほしいです。

私の「教育改革案の狙い」は二つでした。
・一つは、「**意識格差**」**を解消する**（**名称変更**）。
・**もう一つは、**「**日本人の器用さと一方向性**」**を矯正する**（**教育システム変更**）。
前者は、「欧米先進国」にも応用がきくと思います。「法的民主主義社会後の課題」だからです。〈脳意識社会の課題〉

〔提言4〕	
教員採用試験に関する（追加）変更案として、次の2点を検討する。	
①3年間のモラトリアム期間を設ける。	②教員採用員制度を設ける。（面接員）
〈考え方〉教務（指導）技術などは、教育に情熱があれば後から追いついてくる。上から目線人間にならない訓練をする。	〈考え方〉教師を国家（教育委員会）の方へ向かせるのではなく、国民（お客様）へ向かせる意味がある。リコール制導入もいい。

※なお、これは公立学校（小・中・高など）における提言ですが、私立学校も同方向へ向かうものとします。

日本国の教育の流れと影響（演繹法）		
戦後の学校教育	その結果どうなったか	どうすればいいのか〔再生法〕
法的民主主義の下で、A型人間を大量に創ってきてしまった。	「原子力村」「官僚村」「学者村」「教育村」など、閉鎖的村社会を作ってしまった。それは保守的な既得権益村へと発展していった。→行きづまり社会へ	結局、「教育村」から変えていかなければどうしようもない。A型人間（日本人）は、Pが悪ければPを責める。Qが悪ければQを、Rが悪ければRを責める。それでは問題は解決しない。その原因は全て別の所（教育）にあったと考えること。
〈考察ポイント〉ある「小さな形象（うずまき）」が巨大化し、「台風という災害」を生む。無意識に使ってきた「大学（名称）」という言葉が「意識格差（学歴）という公害」を生んでしまった。国家のリーダー政治家なら理解しなければいけない。「大」を消すことで、政治家は、「学者」「官僚」界と一線を画することが可能になる。それは区別であって差別ではない。真の政治主導政治の出発点になるのである。 この決断によって、一気に政治家の価値が評価され、リスペクト（尊敬）されるようになるに違いない。 何しろ、この項にあげたいくつかの提言が「たたき台」になれば、21世紀の「心理的（自由・平等）民主主義社会」へ進んでいける可能性が出てくる。「学者」「官僚」になめられず、国民にも信頼される政治が可能となる。		

「全ての人々が生きて行きやすい社会」が目標です。「日本の人口減社会」をストップさせる。多少時間がかかるかも知れませんが、それが日本の諸問題解決の突破口にもなるでしょう。

■その他の政治的発言

私の論の中心部分はすでに終了しましたが、この項では「教育界」の変更案にともなって、他の分野にも若干必要になる変更がございます。それらを「経済界」と「労働界」に分けて、お話ししたい（提言）と思います。

観点は次の通りです。

①「経済界」は、やはり「意識格差」を解消するために、「呼び名変更」です。「格差語」をつぶす。

②「労働界」は、「雇用形態変更」をする。

では、①からはじめます。

国家やマスメディアが無意識に使っている格差語がそれなりにあるのです。くりかえすようですが、無意識に人を傷つけるものは、始末が悪いのです。

今私の頭にあるのは次の言葉です。

もちろん、よくさがせばまだまだあると思いますが、「大学」と同様に、「親玉的言語」をつぶしてしまえば、かなり世の人々の気持ち（心）が楽になるでしょう。

これが、「心理的（自由平等）民主主義」の原点なのです。次の公的用語をつぶすことです。

「大企業」と「中小企業」、「零細企業」、「下請」。

マスコミ関係の人々は無意識に使いますが、心（B脳）では、「大＝優秀、小＝劣等」、「細＝力のない」、「下＝上から目線語」イメージを意識しながら、聞く人（ラジオ・TV）や読む人（新聞その他）を傷つけていませんか。

この罪は重いと思う。言葉の独り歩き。

「個人事業主」などは、自営業として、バカにされがちですが、それは「小」イメージがあるからだと思うのです。

しかし、よく考えてみてください。

一人でやっていくということは、誰よりも優れた能力を必要とするのです。

それなくして、やっていけないからです。

それを、上から目線イメージで言うのは、失礼そのものだと思いませんか。

「イメージ」と「実体」が違うのですよ。

また、もう一つ気になる言葉があるのです。

「先進国」です。

「経済大国」のことを、こう呼んでいるようですが、今や技術大国の世界技術でもある「原子力技術」などは、各国の事故により、「最先端技術」から、「最遅端技術」になってしまったのです。

時代は原子力（危険で、長期的コストがかかる）を求めていない。自然エネルギーへとシフトしているのです。

「進」は「日本人の思い上がり語」でしかない。

恥ずかしい言葉だと思います。

おそらく、「経済産業省のお役人」が、英語の「advanced《アドヴァンスト》 country《カントリー》」を、進歩的国家＝先進国という訳をつけてしまったのでしょう。

政治家ならば（学者・官僚とは違う立場なのだから）、これにもう気づかなければいけない。

なお、「原子力技術」について、一言だけ言わせていただきます。

くりかえすようですが、国家も個人も、「自分の得意分野が自分の墓穴を掘る」のです。

日本の原子力技術が得意分野なら問題です。この世界の理性など信用できない。

もはや世界の潮流に反する危険な技術を輸出すれば、かならずツケが回ってきますよ。

何か（事故）あれば、どうするのでしょう。「世界一安全」という言い方はやめてほしい。

使用済燃料の保管場所もはっきりさせることもできない（国内問題）国が、こんな恥ずかしいことをやっていていいのでしょうか。

メーカーと国が組んで、こんなことを続けていれば、原発事故の賠償金を国民が払わなければならなくなるでしょう（外国の分まで）。

「最遅端技術（原子力）ならなお早期に自分の首をしめる」ことは明らかです。

はっきりさせないとあぶないですよ。
①への提言をまとめます。

〔提言5〕

次の社会用語を消去せよ。

（格差・不相応語）

「大企業」（大手）、「中小企業」、「零細企業」、「下請」、「先進国」の中の「大」「小」「細」「下」「進」

（国からの要請があれば代替案を提示します）


これ以上発言しません。「綸言汗の如し」

次に②です。

「雇用形態変更」のポイントが二つあります。

一つは、国家公務員の内、○△省という、「省」がつく省庁の募集に関して、次の提言をします。

「カップリング採用方式」を採用する。

二つ目は、教員（公立学校）採用案と同様に、採用まで（学校を卒業後）の時間に、「モラトリアム期間」を設けることです。〈全ての社会人〉

日本人は、器用なために、誰もが「待てない人間（せっかちな性格）」になってしまったのです。

くりかえすようですが、「長所は短所にもなる」のです。バランスを取らないといけない。「物」も「仕事」も「通信」も「電車」も、何もかも待つことができず、イライラしてしまうのです。

矯正するための方法を私は提言したいのです。それはよく批判される日本の縦社会に、風穴を開ける秘策でもあるのです。

それでは、一つ目から説明してみましょう。

国家公務員はもともと学生時代には、文系にしても、理系にしても、オールマイティ（全ての科目に高い学力を示す）タイプでしょう。

それが、どうして、一つの省に一生かける人になる（?）。専門バカ（A型）人間になっては、かえって、自分の能力を出し切れないのではないでしょうか。セクト主義にもなります。

そこで、業務が近い二つの省が組み、カップリング採用（どちらかに採用され、採用後も二つの省を行ったり来たりする人事移動を行なう）とします。横の動きが出る縦社会（縦横連係組織）に変わる。三つの省でもいいと思います。

〔提言6〕

「省」採用は、カップリング採用にせよ。
（国家公務員）（複数省）

二つ目は公務員と民間人の採用について、次のような「モラトリアム期間」を設ける。

公務員志望者は、「上から目線意識」を消す。
学生に就職活動をいそがせない効果が出ます。

〔提言7〕

就職モラトリアム期間を設けよ。

・国家公務員5年・地方公務員3年
（学校卒業後、右記期間は採用試験受験不可）

・企業は3年間新卒扱いする
（民間志望者の卒業後を守る）

■子どもの受験をこう考える

第一章ですでに述べさせていただいたように、戦後の教育は、「目的」と「手段」が逆転した教育であり、それは、人々に「学歴（学力）意識格差」を生んだ。しかし、そのことは、大学卒の人にも、それ以外の人にも「不幸な心理」を植え付けてしまった。

大学卒の人は「ミエート（見栄人）」（真のプライドが持てるエリートではない）になる。

それ以外の人は、「下から目線意識人」になる。

これがまともな（正常な）感覚でないことは、誰もが気づいているはずです。

「学力」は一言で言えば、「遺伝子で決まる」のであり、本人の責任ではない。

「遺伝子九割、環境一割」程度というのが私の見方です。特に身体能力（スポーツなど）は、遺伝子の影響を受ける。遺伝子九十九パーセント（!?）。

プロ（セミプロ）スポーツ選手が、「並々ならぬ努力があって……」という言い方をしたら、それはウソだと思っていた方がよい。

環境など（努力、支援、良い指導者に恵まれるなど）は小さいものだと思う。

また、努力も「努力できる脳遺伝子」のいたずらかも知れない。

だから「本人の努力」とは違う場合もあります。

勘違いしてはいけない。

当塾「アピカ」の学力向上条件（受験成功三大条件）は、第一章ですでに書きましたが、ここでもう一度書いておきます。

その1	「体力」（脳の栄養を考えた食事と運動）
その2	「意志力」（物の考え方や継続する力）
その3	「素直な性格」（子育てがうまくいく）

これらは、遺伝子（人の力では変えられないもの）ではなく、環境（家庭を中心に改善できるもの）要因なのです。

そして、これが大切なことですが、この三つが、「生きる力」そのものなのです。

これについても、すでに第一章で書きました。教育というものは、「遺伝子に左右されない部分」（たとえそれが一割以下であっても）を、しっかり教えていくことだと思うからです。

三つの条件のうち、主に教師は、その2を教えればよい。しかし、実際は、その1や3にも問題をかかえたご家庭が多く、したがって、塾生のご父母に対して、その面の指導もやらざるを得ない状況なのです。

この国の戦後教育は、その意味で中途半端であり、(理念がはっきりしないため) 知識偏重に傾いてしまった (知識技術の理解・記憶は遺伝子要因が強い) のです。

私論によれば、次世代は、「生きる力」が重要になってきます。それは「遊ぶ力」でもある。「演」の世界 (すでに書きました) は、「独創力の世界で、遊ぶこと」なのです (意味は特にない)。

よって、「進学塾」なども、○△大学□名合格 (目的と手段が逆転＝試験技術中心に教える) のチラシはやめて、「知的遊び」を売る広告にしてほしいし、そうならなければ生き残れない。

ご父母も将来の子どもの生活のための受験ではなく (原点回帰でもある)、「演」に備えるための勉強であるという意識を持つことです。

見返りを求めれば不幸になる感覚を持つことです。A型功利人間にならない。

本来、「知的遊び」というのは、スポーツと同様面白いものです。

例えば、中学受験の算数では、難解と言われる「特殊算」が出てくる。私も一時期教えていたことがある。「和差算」からはじまり、「ニュートン算」まで、二十種類近くあると思う。

これらの考え方も、合格するために、「……しなければ」と考えるから苦しい。

方程式が使えなくても (小学生がやるのだから)、なるほどこう考えればできるのかという視点で見られれば、大人も楽しめるものとなるのです。

「心理的民主主義」社会は、高学歴者ほど、高学力を持ち、それを自分の利益に使わない。「脇役」に徹する。今までの社会とは、真逆になる。「自己顕示」から「自己滅失」へ（すでに書きましたが）と、流れていくはずです。

■心身の健康をこう考える

（1）現代人から近未来型人の健康へ

「健康ブーム」が叫ばれて久しい。

ここ十年は、特に「健康雑誌」、「健康体操（ダイエット目的も含めて）」、「健康食品」など、ありとあらゆる健康関連グッズにあふれてきました。

このことは、一言でいいか悪いか決められないが、多くの現代人のニーズがあり、関心事になっていることはまちがいないでしょう。

もちろん、宣伝文句に乗せられて、不必要なビタミンや健康食品を摂り過ぎて、無駄なことをやっている人もいるかも知れない。

戦後の復興期の栄養不足（特に動物性たんぱく質）状態から、現代の栄養バランス偏重（動物性たんぱく質＋脂肪過多＝高カロリー食）状態へと移行した。栄養摂取内容が変化した。

この間、これを促進したのが、いわゆる「グルメブーム」であったのでしょう。

そして、このブームは今も続いていると言ってよい。もちろん個人差もあるだろうが。

こうした時代の流れの中で、「三大生活習慣病（脳卒中、がん、糖尿病）＝現代人のぜいたく病＝栄養過多病」を中心に様々な病が急増しました。

そこで、それへの反動（反省）として、「健康ブーム」が登場してきたと言っていいでしょう。これは当然のことです。自然の流れです。

しかし、私は、戦後日本人が忘れてしまったことが原因で、現代があると思っています。それを失うことで、あらゆる病気が増えてしまったという考え方を持っているのです。人間というものは、どうしても忘れがちなことがあるのです。それはどういうことか。特にA型人間である私たち現代人は、「人は自然の中の一部の動物でしかない」という認識なのです。

「食物連鎖」という考え方の中で、小さな生物（植物や動物）が次々順に、より大きな生物（動物）に食べられていくという事実です。

そうなれば、P→Q→Rの順に、QはPを食べ、RはQを食べる。その時、それぞれ、前者の生体全部を丸ごと食べますよね。

これが健康の基本となる栄養の摂り方なのです。大きな魚が小さな魚を食べるときに、この部分はビタミンが多いから食べ、この部分はあまり栄養がないから捨てるなどと、A型思考などしませんよね。本能（B）で食べる。

しかも、大切なことは、そこに「生体」が存在するということは、「目で見える全体が一つのバランスを取って生きているということ＝全体を創る一つ一つの部分の栄養素が全部必要であるということ」を意味しませんか。

A型思考が大好きな学者は、すぐに分析をはじめます。全体という視点を持たずに……。

そして、人間だけが、この部分は○の栄養、この部分は△の栄養、この部分はまずいから捨てるなどという食べ方をしているのです。

さらに、おどろくことに、捨てられる部分にきわめて重要な栄養素が含まれる場合が多いのです（その話はこの後いたします）。

そこで、読者の方々に、次の提案をしたいと思うのです。

健康に関心があり、意識している方、また少しでも不安を感じている方のために、「答」は「目の前の生物体にすでにある」と申し上げたい。

すなわち、

提案1

「一物全体食を心がけよう」

たとえば、「おやつに、煮干し」が最高ですよ。

全体を食べることになり、体が満たされます。他は何もいりません。完全食です。

ところで、この考え方を応用すると、現代人の弱体化（体質が弱い）、また子ども達の体力（学力にも関係する）や、運動能力が劣化しているなどの原因も見えてくるのです。

「日本人の食事の基本がおかしくなった」だけなのです。塩分がどうのこうの、カロリーがどうのこうのという現代栄養学の見方ではないのです。主原因は「主食の米に問題があった」のです。

はっきり言っておきましょう。

▲現代人の不健康（体力不足）は「白米」が原因。

私たち現代の日本人は、グルメブームのあおりを受け、食において「おいしい」がキーワードになりました。それ以外に価値はない。

白米は、玄米から胚芽部分を除いたものです。ところが、この胚芽部分には成長に欠かせない栄養分がぎっしりつまっているのです。

何しろやがて芽になる部分なのですから。

全体としての実があれば、全体が一つのバランスのとれた栄養物のはずです。

だから、全てを食べれば、それで完全食です。過不足なく栄養を摂れることになる。

ところが、実際は「ぼそぼそして食べにくい」「においが強い」「黄色が気になる」などという理由でまだまだ摂られていないのではないでしょうか。精白（白米にする）してしまう。

ところで、このような人々は、今では真逆になっているという情報を知らないのではないでしょうか。

つまり、玄米（胚芽米）は今、「やわらかく」「においもなく」「色もなく（メーカーによっては）」という時代に入っているのです。

お近くのスーパーで、いくらでも売られていますので、確かめてみてください。

胚芽の部分には、驚くべき栄養成分が高単位で入っています。次の表にまとめておきます。

まだ研究中のものもありますが、A能力だけでなく、B能力も含めて、理解されてください。

生体内も超ミクロの世界ですので、A能力の限界もあるからです。


〈米〉

〈胚芽米＝玄米から、胚芽部分を80％位残した米。白米＝胚芽・ぬかとも捨てた米〉

重要栄養成分〉

ビタミンB_1	筋肉の動きが良くなる＝運動能力が高まる。手書き文字がうまくなる。ケガをしにくくなる。（筋肉が柔軟になる）
特殊なアミノ酸 リン脂質（レシチン）	各種脳内ホルモンの原料（アミノ酸）、脳細胞〈他細胞も〉の材料（レシチン）＝理解力・記憶力が良くなる。特に、大人では認知症（レシチン不足）の予防になると言われている。
ギャバGABA	特殊なアミノ酸で、血圧安定作用、成長ホルモン原料説もある。

〈胚芽部の主な

葉《よう》酸〈ビタミンM〉〈ビタミンB_2仲間〉	貧血を予防する。細胞分裂に関与するため、元気な赤ちゃんを産むための女性必須の成分。「難子化」（子どもができにくい女性）にも役立つと思う。
ビタミンE・F	胚芽油に含まれるスタミナ成分。かぜ、冷え、美肌によい。
γ《ガンマ》オリザノール	自律神経を調整する油脂＝落着いた性格になる。
イノシトール	ビタミンB群仲間。肥満防止など。

この他にも、玄米にはミネラル（カルシウム、鉄、マグネシウム、亜鉛など）や食物繊維などが豊富に含まれており、体調維持に役立ちます。

また、それぞれの栄養素は、たとえばカルシウムは骨の発育だけではなく、神経系の伝達をよくするなど、様々な役割を担っており、それらが複雑にからまって、「人間という生体システム」を動かしていると考えられるのです。

表の成分の働きなどはごく一部でしかないでしょう。人のA能力では解明できないのです。

そこで、「玄米胚芽」に畏敬《いけい》の念を抱いて、

提案2「白米（一〇〇パーセント）をやめて、（おいしい）胚芽米を摂ろう」

●二つのタイプのご家庭に分けて摂り方を書いておきましょう。

1．スーパー（または通販）でお米を買う方

最初に、通常買っている白米（精白米）と、その半分量程度の胚芽米（発芽玄米、発芽米などというネーミングの商品もある）を買います。

白米売り場のとなりに胚芽米も置いてあります。色が気になる方は、色が薄い（白米に近い）タイプのものも発売されていますので、いくつかのメーカーのものを比べてみてください。ご自分の家庭にとって（主婦の方が選ぶ場合は）食べやすいものを買って下さい。

次に、「白米：胚芽米＝3：1程の比」で、いつものように、電気炊飯器で炊いてください。水加減はお好みに合せて、（炊飯器の説明書で、胚芽米の場合の炊き方などをお読みになり）やってみてください。

昔の胚芽米のイメージが消えるでしょう。

「ふっくら」「やわらか」「つやつやか」「おいしい」です。

なお、さらにおいしくを目指すならば、炊飯器を「圧力タイプ」に変えるとよいでしょう。

やや高価ですが、強力加熱で味がベストになるでしょう。これだけでいいのです。
健康人生の第一歩がスタートします。

2．玄米をご自分で精米している方

通常精白米（八分づき程）と、その半分程度の胚芽米（三分づき＝これ以上精白すると重要栄養成分が消失してしまうため、胚芽米の意味がない）を用意します。

「白米：胚芽米＝3：1」にして、いつものように、電気炊飯器（またはガス他）で炊いてください。後は、1と同様です。

味に慣れてきたら、「白米：胚芽米＝2：1」にと、胚芽米の比率を上げていくとよいでしょう。栄養価がそれだけ高まります。

ただ、1の胚芽米は、それぞれのメーカーが特許技術で、「おいしく」設計されていますが、ご自分での胚芽米である2の方の場合は、やや食べにくいかも知れません。

胚芽米だけスーパーのメーカー品を買うという手もあります。

また、「胚芽米は消化が悪い」と言われてきましたが、あまり心配はいらないでしょう。

胚芽米自身の改良（メーカー品の場合）、炊飯器の性能の向上により、「よりやわらか」「よりおいしく」しかも、「消化もよい」方向に向かっています。永く食べ続けられると思います。

さて、これから、人間の身体の本質と、なぜ胚芽が必要かを、B思考を中心にして、考えてみたいと思います。

人間は進化した。そして、それは簡単な作りの動植物からスタートし、やがて複雑化した。

しかし、身体のどこかにその部分が残されているはずです（演繹法が有効）。

そこで私は人間の体を次のように考えています。なお、現代人の三大栄養素を「炭水化物（でんぷんなど）」「たんぱく質」「脂肪」とします。

〈模式図〉［現代人の身体］

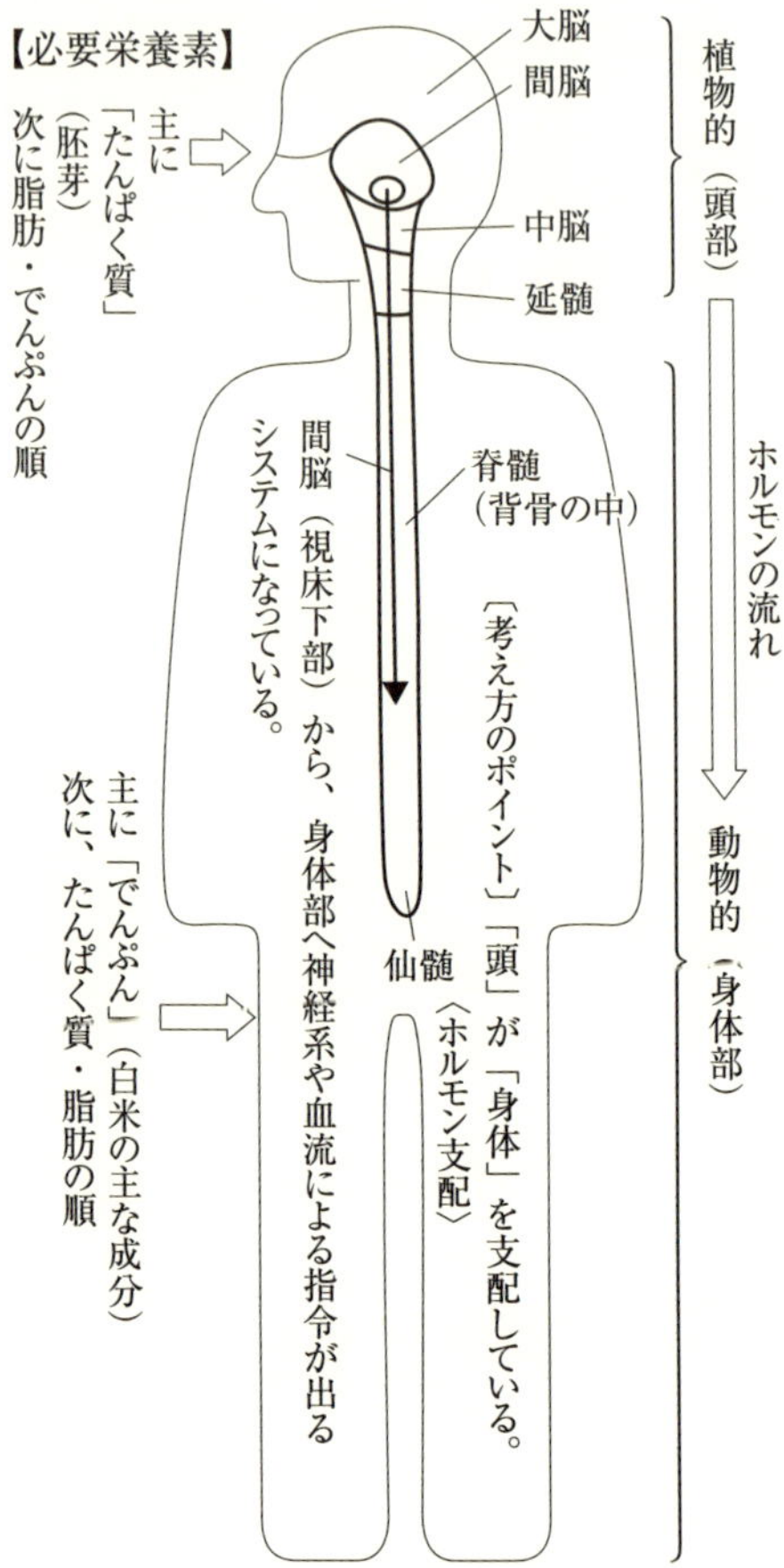

※小脳・橋等は省略

☆腸からホルモンの素が出ている説もあります。その場合、腸→脳→全身へと流れます。腸の健康が大切になります。

簡単に言えば、胚芽が脳内ホルモンの原料（アミノ酸等）です。もちろん種類も多い。

そのホルモン一つ一つが別のホルモンを出させ、さらにまた他のホルモンへと刺激を伝達する。促進にしろ、抑制にしろ、絶妙な調節を行ない、身体のバランスを保っているのでしょう。

〈神の領域＝自然体のメカニズム〉

間脳の一部である、視床下部が最重要命令部位となっている（ホルモンのスタート点）。

ここはまた自律神経の中枢であり、交感神経と副交感神経の命令を出している。

すでにお話ししたように、交感神経からはノルアドレナリンが、副交感神経からは、アセチルコリン（神経ホルモンと言ってもいい）が分泌されています。

そして、前者は、トリプトファン（アミノ酸の一種）、後者は、リン脂質等が主原料と考えられており、これらは胚芽に多く含まれている成分です。リン脂質は細胞膜だけではなく、ホルモンそのものの原料にもなっているのです。ホルモン系を分かりやすくまとめておきましょう。〈高校生物のおさらい〉

〔人のホルモンの流れ〕

（血液中に分泌）

（神経末端から分泌）

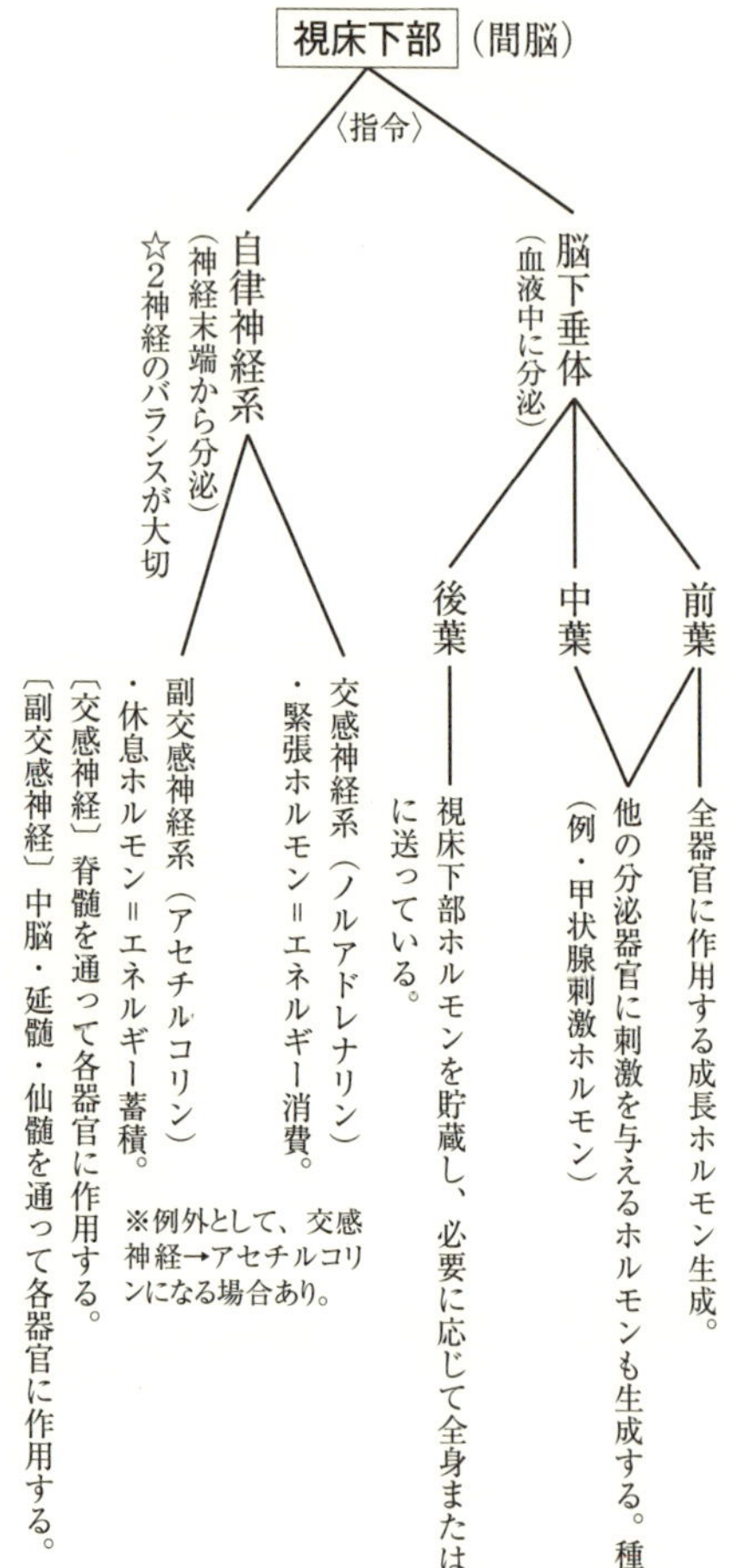
全器官に作用する成長ホルモン生成。
他の分泌器官に刺激を与えるホルモンも生成する。種類も多い。
（例・甲状腺刺激ホルモン）
視床下部ホルモンを貯蔵し、必要に応じて全身または一部組織に送っている。
・緊張ホルモン＝エネルギー消費。
・休息ホルモン＝エネルギー蓄積。
〔交感神経〕脊髄を通って各器官に作用する。
〔副交感神経〕中脳・延髄・仙髄を通って各器官に作用する。
※例外として、交感神経→アセチルコリンになる場合あり。

こう考えてくると、私たち現代人は、強い身体をつくり、生き生きと生きて行くためには、米を主食とする人は「胚芽米を食べるしか道はない」と言っていいでしょう。

白米だけを食べて栄養不足の身体では、どう考えても、健康を維持していくことは難しいでしょう。「一物全体食」を分かってほしいです。

まとめます。

お米	
胚芽部分（主にたんぱく質）	白米部分（主にでんぷん）
・ホルモン生成に不可欠	・エネルギー源（糖）として必要

日本人には、やはりお米が（身体に）合っていると思います。お米を丸ごと摂りましょう。

次に、「遺伝子」と「白米」が原因と推測される現代人の心身の不調について、表にまとめておきましたので、参考にしてみてください。

〈遺伝子と白米が原因と推測される現代人の心身の不調〉

・自律神経失調症候群（心身症）
・パニック症候群
・ダウン症候群
・うつ
・発達障害（自閉症含む）
・骨折傾向（老若男女）
・学習障害（理解・記憶が苦手）
・きれやすい性格
・無気力（やる気が出ない）
・肥満（高血圧）
・冷え性（貧血）
・生活習慣病
・アレルギー症（体質）
・偏頭痛・体の痛み
・不眠傾向（大人の男女）
・小学生より弱視
・パーキンソン症候群
・認知症候群（大人）（忘れものが多い子供）
・各種ホルモン異常（出すぎ・出にくい・出ない）
・虚弱体質（カゼをひきやすい・ストレス性肺炎など）
・食欲がない（やせすぎ傾向）
・重い更年期障害
・不妊症（赤ちゃんができにくい体質の女性）
・若死の傾向（40～60歳代）
・原因不明の難病など

〔筆者の見方・考え方〕（遺伝性の強いものはしかたがありません）
白米を食べていると、胚芽部分に多く含まれる脳内ホルモンの原料が不足し、各種ホルモンの拮抗バランスがくずれ、様々な症状がでてきます。ホルモン量が不足すれば、自律神経のAホルモンが多く出すぎると、その分Bホルモンが出なくなると考えられ、やがてAホルモンも供給が追いつかなくなり、それも出にくくなると考えられます。一般に、現代人は、そのストレスから交感神経が優位であり、またビタミンB群も不足（白米）するため、ホルモンバランスがくずれ、筋肉が硬い身体になっていると考えられます。〈演繹法〉

☆国民一人一人が健康を保ち、医療費を減らし、健康保険料を本当に困っている難病の方々に回してあげましょう。

食事の基本（一物全体食＝白米を食べないこと）さえ守れば、「人は病気になりにくい」と私は考えているのです。そこで、こう述べたい。

「（食事の基本さえ守れば）人間はめったに（大きな）病気にはならない」

最後に、「七大栄養素」と「食品の見方」などについて、書いておきます。表にまとめました。

七大栄養素（分解物）	その働きなど	食品・成分など
炭水化物（ブドウ糖）	エネルギー源	白米、小麦粉、いも類、はちみつ、干しブドウなど。
たんぱく質（アミノ酸）	ホルモン・細胞・血液などを作る	胚芽〈米、小麦〉・大豆（植物性）卵・肉〈魚、牛、豚、鶏〉（動物性）など。
脂肪〈油脂〉（脂肪酸・モノグリセリド）	エネルギーを蓄積	肉類の脂肪部分など。 植物性油脂（天ぷら油）もある。
ビタミン群［胚芽のB_1は有名］	体の調子を整える（A, B群、C、D、E、F、葉酸など）	野菜・胚芽に多く含まれる。 ※ビタミンB群は、肉類にも多く含まれます。
ミネラル群［牛乳のカルシウムは有名］	体の機能維持・調節（カルシウム・鉄・マグネシウム・カリウムなど）	同上 ※海藻類・貝類にも含まれます。 （ただし、日本人はカルシウムのみ不足とされている）
〈植物性〉食物繊維	腸の働きを高める（便秘解消）	同上 ※海藻類・果物にも含まれます。
〈野菜・果物〉ポリフェノール	〈今話題の〉抗酸化・解毒作用（活性酸素除去）	色素類のこと。アントシアニン（紫色）、クルクミン（黄色）、リコピン（赤色）などカラフルな野菜・果物・種子などの色素。

身体を強くする食品	身体を弱くする食品
〈カラフル（色）食品〉 玄米（胚芽米）、黒砂糖、自然塩、玄米パン（胚芽パン）、黒まめ、黒酢など。 ((その他)) 植物油（油っこくない油）=不飽和脂肪酸（ビタミンF）が多い=スタミナ強化油。 様々な特定保健用食品マーク表示品も身体にいい。［消費者庁許可品］	〈精白（白くした）食品〉 白米、白砂糖、精製塩、白パンなど自然でないもの。 ((その他)) 食品添加物入食品、動物性たんぱく質・脂肪の摂り過ぎなど。

［注］乳製品は、食物繊維・ポリフェノールを除き、ほぼすべての栄養素を持っています。

食物繊維・ポリフェノールは動物性のものもあると思います。

白米を食べないという食事の基本を守り、以上の七つの栄養素をバランスよく摂れば言うことなしですね。おやつにはナッツ類や煮干しを食べれば、ビタミン・ミネラルを補給できます。あまり神経質になる必要なんてないんです。たんぱく質も、植物性（大豆食品など）と動物性（肉類）のものを半々ずつ程摂りましょう。

「Aは悪いからBにする」「Bは悪いからAにする」式の考え方（日本人の悪い癖＝一方向性）はやめましょう。

（2）女性の健康をこう守る

家族の健康に関して、女性の果たす役割は大きい。この項では、白米を食べないという食事の基本をベースにして、女性自身はもちろん、子どもや夫、祖父母のためにも知っておいてほしい、知っておいた方がよい日常知識のようなものを、少し書いておこうと思います。

未婚の女性にとっては、将来、家族を持った時に役立つだろうと思われます。

一般に、女性は、心―身体―心―身体―心と循環速度が速い。だから心身症（心の問題から、身体の病気へと移行する）になりやすい。

脳的に言えば、大脳皮質（人間脳＝A脳）と、間脳・中脳（生命動物脳＝B脳）が直結している。「外側の新脳」と「内側の旧脳」が敏感に反応するのです。また、左脳と右脳では、「左脳＝A脳」、「右脳＝B脳」の役割分担があり、それらの連絡反応がスムーズであることは、その脳の違い（連絡通路が太い）からくることを、すでに述べたと思います。

このような理由によって、現代という時代（時代の移行期による混乱や混迷期）に、強いストレスを受けると、次のようになります。
▲男性は「うつ」になりやすい。
▲女性は「心身症」になりやすい。
どちらもいいことはないのである。

そこで、これから、あなた（女性）の日常生活において、よくおこる不調にどう対処したらよいかを書いておきましょう。

もちろん、これですべてではありませんが、これだけでもかなり健康（身体的）に、ポジティイヴ（気持ち的）に生きていけると思います。

食事の基本をしっかり守り、その上での身体的トラブルがあったときの考え方です。それを忘れないでください。


女性に対して、止《とど》めの話をします。

最近の女性は、「車」の運転をする人が多い。

「車は何で動きますか」と聞きます。

すると、「ガソリン・電気」と答えます。

しかし、それは正しくないのです。

エンジンを回転させるには、「オイル」が不可欠なのです。なめらかに回転させ、過熱させないための重要物質です。

もうお分かりでしょう。

「白米」は「ガソリン（電気）」です。

「胚芽」は「オイル」なのです。両者が必要です。

すべての女性が納得してくれるでしょう。

「オイル」なくして、「車」は動かない。

「胚芽」なくして、「身体」は動けない。粘《ねば》れない。

「当たり前のことが分かること」が大切です。

［実用］〔食事の基本（白米を食べない）を守った上での主な女性の不調対処法〕

不調・変化	はじめは	それでもダメなとき	見方・考え方
ぜんそく 花粉症 アトピー	・プロバイオティクス乳酸菌食品を摂る。	FK―23乳酸菌製剤 LGG乳酸菌食品など	日頃からヨーグルトなど乳酸菌食品を摂る。免疫力を強化する。
カゼ	・うがいをする。 ・ビタミンC・Eを摂る。（薬品・サプリで）	薬剤師に相談し、漢方系薬を飲む。（上記と併用）	できれば、薬を飲まないで治す方がよい。日頃から乳酸菌・ビタミンC・Eを摂る。
下痢（過敏性腸症候群）	・プロバイオティクス乳酸菌食品を摂る。	乳酸菌・納豆菌製剤	乳酸菌などで、腸内の善玉菌を増やす。
便秘（同右）	・同右 +オリゴ糖	同右 +漢方系薬	同右
目の疲れ 肩こり	・紫色の野菜ジュースやブルーベリー（サプリでも可）を摂る。	ビタミンB_1製剤を併用する。	アントシアニン（紫色素のポリフェノール）+ビタミンの力で。
貧血 冷え性（生理痛）	・鉄、葉酸、カルシウムなど（サプリも可）を摂る。 ・ショウガを多用する。	薬剤師に相談し、漢方系薬を飲む。（上記食品と併用）	女性には漢方系薬が適しています。ウォーキングなどもしましょう。
頭痛・不眠 イライラ・耳なり（ストレス）	・ハーブティー（茶）を飲む。 ・カルシウムサプリを摂る。	同右	同右
食欲がない	・ローヤルゼリーを摂る。 ・マルチビタミン（総合）剤とマルチミネラル（10種）サプリ。	薬剤師に相談し、漢方系胃腸薬を飲む。（上記薬と食品を併用）	同右
妊娠前に（妊娠したら）	・カルシウム・鉄・葉酸などをサプリ等で摂る。（早目に）		妊娠してからでは遅い。早目に摂ることです。

私たちは、食事の基本を守り、これぐらいの知識（知恵）を持てば、健康を大方維持していくことができるでしょう。

一昔前までは、玄米菜食の人々（ベジタリアン）を、「健康オタク」というジャンル名で呼んでいませんでしたか。

しかし、以上のことを考えれば、それは基本的なことであることがお分かりいただけたでしょう。回りの人（男女）にも教えてください。

これからの時代は、白米を食べている人々が、「不健康オタク」と呼ばれる時代ですよ。

あなたがそうならないことを祈ります。

前半の最後に、「原点回帰（次世代基本コンセプト）」の意味合いを込めて、次の四字熟語を二つあげておきます。

①**「旬食体歓《しゅんしょくたいかん》」**……旬のものを食べると体が歓ぶということ。季節によって、食物を変えると、体に良いのです。

②**「国食強健《こくしょくきょうけん》」**……その国の国民は、その風土で育った物を食べれば強い体になれる。

これらのことも、よく考えてみれば当たり前のことですね。日本の建築物が木材と紙で造られてきたのも、それが風土に適していた（高温多湿＝温帯モンスーン気候）からです。

「地産地消」（自分の土地のものを自ら食べる）

それがベストです。自然です。

これは、ＴＰＰに反対する人々を喜ばせるために書いたわけではありません。

ところで、女性は出産という大きな仕事があり、まして今、少子化でもありますので、医療の受け方についても知っておくべきことがあると思うのです。

現在、日本は「人口減」が続いています。

その理由として、くりかえすようですが、次のことがあげられます。

▲少子化（一人の女性が産む子ども数が少ない）

▲非婚化（結婚する人が少ない）

▲自殺率が高止まり

実は、これに加えて、忘れてはならないことは、（前述しましたが）「難子化」なのです。

産みたくても、赤ちゃんができない（できにくい）身体の女性が増えているのです。

それは、単に晩婚化が進んできたからではないと私は思うのです。

もちろん、多少はそれもあるでしょう。

二十歳で産むのと、四十歳で産むのとでは違う。

四十歳ではすでに出産適齢期を過ぎているでしょう。産まれにくいのは当然です。

しかし、それより問題なのは、現代の女性の身体は「子どもを産みにくい」身体なのです。

理由は簡単です。主に二つ考えられます。
①白米を食べている。〈食事の基本を無視〉

（女性ホルモンが出にくい＝卵巣子宮発育不全）
②日本女性の六割程度が冷え症である。これは日本国土が湿潤モンスーン気候帯に属するからと言われているが、それにもかかわらず、ストレス解消のためか、冬でもビールなど体を冷やすドリンクを飲む女性が多い。血行が悪くなり、自律神経系（交感・副交感神経）のバランスがくずれ、生殖器に栄養が届かない。①の結果を助長する。
一般に、人（動物）の栄養が不足すれば、最初にやられるのが生殖器です。

なぜなら、自分の体を維持することが優先されるからです。生殖器は生命維持とは直接関係がないため、切り捨てられるのです。

それは、動物が生きていくための知恵でもある。これも当たり前といえば、当たり前ですよね。何の不思議もありません。

余った栄養エネルギーで、はじめて、生殖機能が働くということなのです。

次世代の女性は、「西洋医学」と「東洋医学」をうまく使い分ける知恵を持っていてほしいのです。外科的なものは西洋医学、内科（体質）的なものは東洋医学です。これが基本です。

また、冷え症には、漢方薬（東洋医学）の方が適していますので、最低限であり、最重要な知識も書いておきましょう。

また、更年期（または他の時期でも）における「自律神経失調症」（女性に多い心身の不調）のお薬にも少しふれておきましょう。

なお、漢方薬については、日本には「漢方薬師」という免許はありません（東洋医学を軽視）。「西洋医学の免許のある医師」や「薬剤師資格免許者」の方々が、独学で勉強し、様々な治療に役立てているのが現状です（ごく少数派）。

「漢方薬専門師」の資格免許制度もそろそろ必要な時代だと思うのですが、どうでしょう。

国家は、「日本医師会」の圧力に負けて、漢方薬の専門家をつぶしているのでしょうか。

「自分で身体を守る」のが、東洋医学です。

そうなれば、医者としては「もうからなくなる」のです。病院はあまり必要なくなる。

西洋医学医師は「今までのようには（過剰な利益）もうからなくなる」のです。だから反対……。

医師はサービス業ですので、収入はサラリーマン（または公務員＝最近は高くなっているが）と同等か、やや多い位でいいと思うのです。

今までが異常（サラリーマンの五〜十倍）だったのです。おかしな時代であったのです。

西洋医学医師は、「カゼ医者」でお金もうけをするのではなく、もっとやりがいを求めて、「難病で苦しむ人々」を救ってほしいです。なお、天才外科（手術）医は高く評価されなければならないでしょう。

ボランティア医師もいいですね。自分の利益を優先しない非A医師もいい。

ところで、前置きは長くなりましたが、漢方薬体系は、中国数千年の歴史があり、これはこれですばらしい体系を持っています。日本人の応用力も生きています。

最近では、中国の若者達でさえ、西洋医学に押され、その知識がなくなっていると言われています。残念なことだと思います。

やればやるほど奥深いものなのです。

以上をまとめ、「健康の流れ」も書いておきます。

〔東洋医学と西洋医学の考え方の比較表〕

	お薬	考え方	向き
東洋医学 （中国古来）	〈自然〉 漢方薬 （経験＝B能）	全体療法 （1：多対応） ・体全体を治す。	女性的 （体質） ・副作用弱い。
西洋医学 （欧米）	〈人工〉 新薬 （実験＝A能）	対症療法 （1：1対応） ・その部分だけを治す。	男性的 （部分病） ・副作用強い。

〔女性によく使われる漢方薬（3つ）〕

目的	自律神経失調症 （更年期・その他）	冷え症（性）や不妊症（体質）	
		体力のないタイプ	体力がふつうタイプ
名称	加《か》味《み》逍遙《しょうよう》散《さん》	当《とう》帰《き》芍薬《しゃくやく》散《さん》	桂《けい》枝《し》茯苓《ぶくりょう》丸《がん》
働き	女性特有のイライラを解消します。	貧血を解消し、血行を良くし、体力をつけます。	特に、下腹部の血行を良くし、冷えをとります。
※〈池田書店〉［最新漢方実用全書］〔（日本薬科大学教授・医学博士　丁宗鐵（ていむねてつ）先生著）〕を参考にさせていただきました。			

◎漢方薬に詳しい医師、薬剤師にご相談ください。（病院・薬局）
◎冷えを解消するには、スポーツ、ウォーキング、ストレッチなども有効。（体を動かす）

それでも病気になったら	⇐　健康生活の流れ
5 どうにもならないときは、病院へ。 ← 4 薬局等の医薬品で、自分で治す。	← 3 必要に応じてサプリメントも利用する。（ここまででほぼ健康を維持できる） ← 2 七大栄養素を摂る。（バランス） ← 1 基本を守る。（白米を食べない）

（ご注意）1を守ることが最も重要。これを無視すれば全てがムダになります。

（3）子どもの健康をこう守る

（1）（2）の中で、私の考え方をほとんどすべて述べさせていただきました。

そこで、ここでは母親の方（十八歳までのお子さんがいる方）に、特に十二〜十七歳のお子さんの栄養素で特に不足しているミネラルがあることを知っておいてほしいのです（日本の子ども）。

それは、「カルシウム」です（カルシウム：マグネシウム＝約2：1で摂取すると良いと言われる）。

表にまとめておきます。「胚芽米」プラス「カルシウム」が基本です。

未婚の女性の方も知っておいてください。

〔二〇一〇年版・日本人の食事摂取基準（厚生労働省）より〕※実際量は国の資料より推定

〔日本の子どものカルシウム〕

年齢	国の基準量		実際量（推定）		推奨値不足分をどうするか
	男	女	男	女	
12〜14歳	1000mg	800mg	約500mg	約450mg	男子400mg、女子300mg程度を小魚やサプリメント等で補うようにする。
15〜17歳	800mg	650mg	約560mg	約490mg	

この項をまとめます。

今までの（戦後）日本人は、「白米」を食べ、自ら病気を作り、高額な医療費を払うヘンな生き方をしてきました（身体の不調＝病院へ）。

近未来型人は予防医学（セルフメディケーション＝自分で自分の体を管理し、守る）の考え方を駆使し、「病気にならない人」を目指します。

★なお、身体の弱い（十代までの）子どもには、次の実用的方法があります。

〔漢方薬〕「小建中湯《しょうけんちゅうとう》」（虚弱体質改善薬）＋〔重要栄養素〕「アミノ酸エキス（粉末・液体）」

食が細い・太れない・腹痛・下痢しやすい子も、一年程度で強い身体になるでしょう。若い女性（母親）なら知っておくと安心です。〈大人にも有効〉（漢方薬局で相談）

〔参考〕アミノ酸（多種）は、たんぱく質（プロテイン）の主原料であり、私たちの大切な身体を作ります。

※参考文献

『主食をやめると健康になる』江部康二（ダイヤモンド社）
『お医者さんが選んだサプリメント』阿部博幸（三笠書房）
『食の医学館—体に効く食品を全網羅』（小学館）ほか

■逆転する価値観

アピカの教育論では、人の能力は、その九割程度は「遺伝子」で決まること、したがって、『教育万能主義』（どんな子もやればできるというバカげた論調の教育論）を否定します。

残りの一割程度の少部分〔三つの生きる力〕＝〔「体力」、「意志力」、「素直な性格」〕を育てることが重要であることを述べてきました。

特に、「体力」は前項で述べた最も重要な要素であり、それだけで、子どもの能力（具体的には、小中高校における成績など）が伸びることを永い教育実践で確認しています。

「栄養改善（白米を食べないなど）＋運動」で、子ども達の生命力が高まるという事実が大切なことと思います。

これさえゲットできれば、「意志力」や「素直な性格」は後からついてきます。

それでも、もちろん、「他人にはできても、自分にはできないこと」、「自分にはできても、他人にはできないこと」があるのは当然です。

そして、それでいいのです。

「人の能力＝遺伝子支配」がはっきり認識できるからです。

他人の能力をうらやましがる必要なんてなくなります。自分は自分であればいい。

すべては「遺伝子がやらせていること」と意識できるからです。

さて、一般に、今まで（二十世紀）の世界は、日本に限らず、欧米諸国も含めて、「物づくり」で繁栄してきました（先進国の場合）。

しかし、これからは、私の論では、「心理的（自由平等）民主主義」の社会へ移行します。

また、言葉力によってその方向へ向かわなければならない時が来ています。

物資源のエコ・リサイクル化、自然界の多様性維持（政治がらみのものではなく、人類が生きていくために、他の生物も共存させること＝その過程で、多少の絶滅種がでることはしかたがないが）などは、当然でありましょう。

そこで、今までの社会と、近未来型の社会の違い（価値観）を図式化してみました。

この書の趣旨となる、まとめ的なイメージ図です。〈法的民主化後の日本社会〉

〔戦後の日本社会（20世紀）〕
〈新自由主義〉
（私的一元価値＝孤立化）

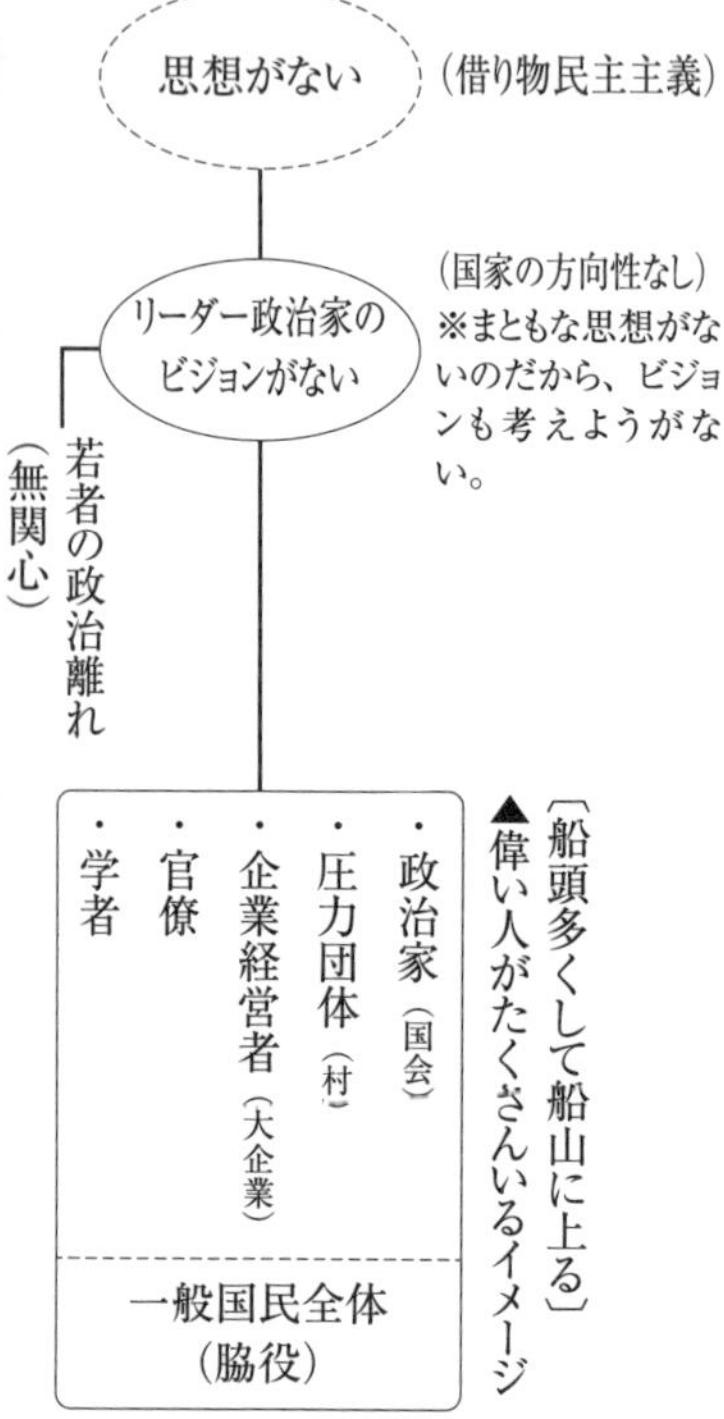

（説明）政治家にビジョンがないため、学者、官僚、大企業経営者に頭が上がらない。国民にもバカにされてしまう。政治家は孤高の存在でなければ存在意義はないのだが、そうなっていない。

〔近未来型（21世紀）の日本社会〕（筆者の構想）
〈調整自由主義〉
（公的多元価値＝共存化）

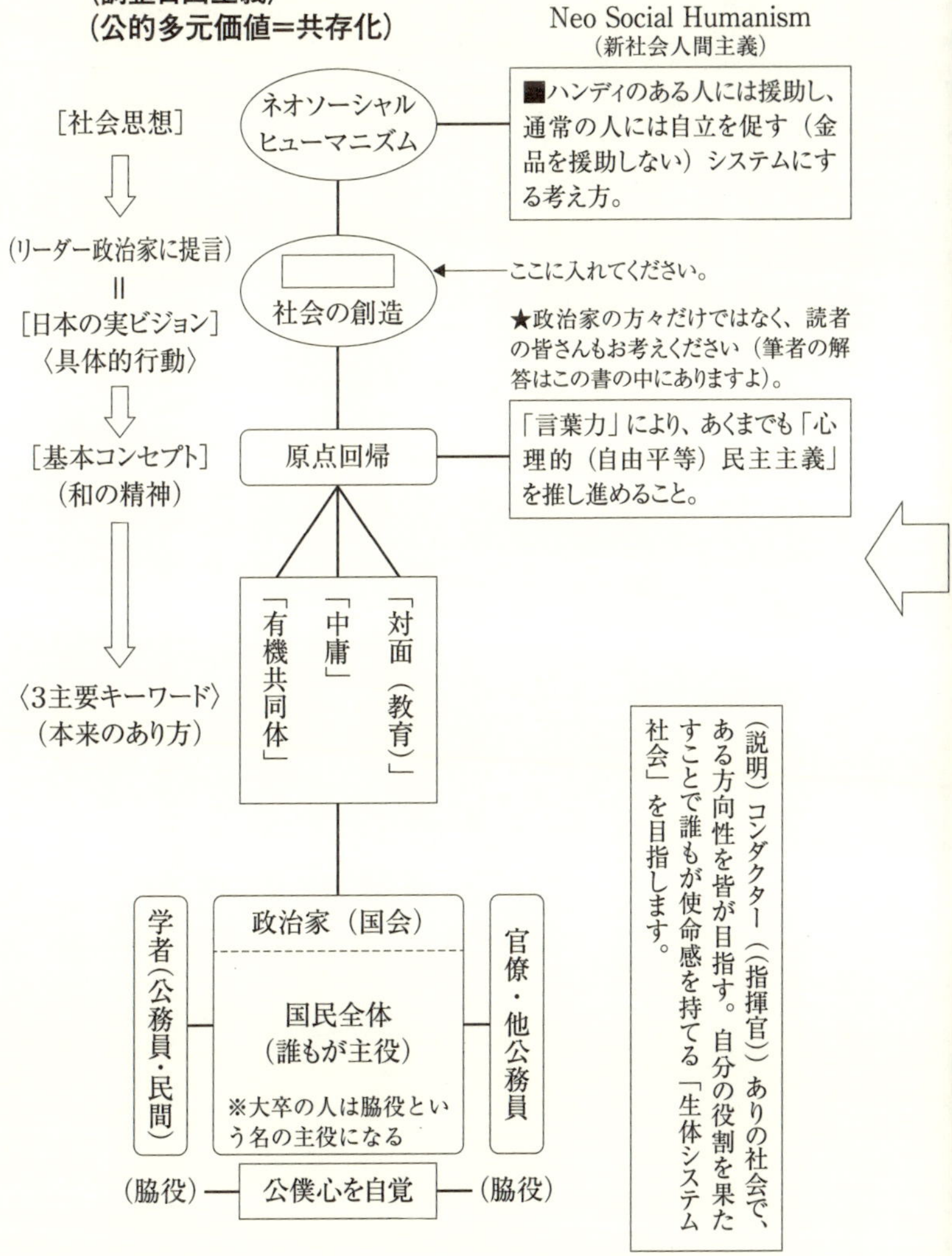

Neo Social Humanism
（新社会人間主義）
[社会思想]
ネオソーシャルヒューマニズム
■ハンディのある人には援助し、通常の人には自立を促す（金品を援助しない）システムにする考え方。
（リーダー政治家に提言）
＝
[日本の実ビジョン]
〈具体的行動〉
社会の創造
ここに入れてください。
★政治家の方々だけではなく、読者の皆さんもお考えください（筆者の解答はこの書の中にありますよ）。
[基本コンセプト]
（和の精神）
原点回帰
「言葉力」により、あくまでも「心理的（自由平等）民主主義」を推し進めること。
〈3主要キーワード〉
（本来のあり方）
「対面（教育）」
「中庸」
「有機共同体」
（説明）コンダクター（（指揮官））ありの社会で、ある方向性を皆が目指す。自分の役割を果たすことで誰もが使命感を持てる「生体システム社会」を目指します。
学者（公務員・民間）
政治家（国会）
国民全体
（誰もが主役）
※大卒の人は脇役という名の主役になる
官僚・他公務員
（脇役）
公僕心を自覚
（脇役）

国家にしろ、個人にしろ、これからの社会は、見栄で仕事を選ぶ〈うまくいかないことが多いですが〉のではなく、「遺伝子」を自覚し、自らの努力も加えて、社会に貢献する人材になることを目指します。

また、得意な分野（日本の技術）だけを売らないことも重要になってきます。

「自分で自分の首をしめることになる」からです。〈その意味で、原子力発電技術（危険技術）を輸出すれば、後で必ずツケが回ってきますよ〉

今までの時代は、「技術中心の時代」（物質主義）でしたが、これからの時代は、直接人間にかかわる仕事が重要視される時代になります。個人生活でも、「物の買い捨て」を少なくする時代になります。

物質生産技術で言えば、「食に関する技術」は、ますます重要視されると思いますが、その他の技術は裏方（縁の下の力持ち）になります。

そこで、次世代の職業の中で、重要視される（今までも重要であったものも含めて）仕事をあげ、若干のコメントも書いておきましょう。

多くの仕事が全て重要になってきます。

なお、政治家は当然なので省略しました。

また、警察官、自衛官（災害派遣など）、消防士、救急救命士なども重要職です。

影響力が大きい〔21世紀に重要視される（強い自発倫理が必要）職業〕（主要18種）〈順不同〉

- ジャーナリスト（社会・人間・芸術などのあり方を評論する）
- 各種作家（詩・随筆・小説・脚本などで、人間性を追求する）
- 音楽作家（作詞・作曲などで時代の思想を先見し、創作する）
- 音楽表現家（歌・演奏などで人々に思想を伝える）
- 芸術家（絵画・彫刻・芸能などで、人々に時代の思想を伝える）
- 各種デザイナー（服飾・工業製品・CM製作などで次世代を表現する）
- 建築家（都市計画を含め、多種・異世代の人間が交流できる空間を創造する）
- 土木計画家（地味だが、ライフラインの設計は人の生活を左右する）
- 教師（幼児から大学生まで、「知識」よりも「生活・主体的な生き方」を教える時代になる）
- 医師（外科的なものは、今も昔もこれからも西洋医学が必要になる）
- 看護師（病気の人にとっては、なくてはならない存在である）
- 栄養士（カゼなど感染症や体質的不調〈免疫不全〉などは栄養指導で改善できる）
- 介護士・ヘルパー（介護が必要な人にとってはなくてはならない存在である）
- 薬剤師（新薬あり・漢方薬ありで大変だが、薬のエキスパートとして重要である）
- 農業家・漁業家（「食」の重要性はいうまでもない）
- 整体・指圧師（医療的なものから癒し系まで、体を調整することは大切なことである）
- 健康指導家（健康食品・健康体操など体に関する啓蒙活動が必要な時代である）
- 弁護士（人の人権を守る今も昔もこれからも重要な仕事）

■成熟した大人文化時代へ

アピカの教育論では、しつこいようですが、『生きる力』を生徒達につけてやることです。

①「体力」（白米を食べない基本の栄養指導＋運動）

②「意志力」（物事がうまくいかないとき、どう耐え、どう対処するか、自ら考えさせること）

③「素直な性格」（苦しいときにも素直さを保つ）

未だに受験技術だけを売り物にしている、アナクロ的な進学塾が多い中で、一線を画しています。成績を上げようとはしませんが、それでいて、ほとんどの子の成績は大きく上がります。でも、これって「当たり前」。公立高校への標準的学力試験など、記憶力八割程度（栄養改善で向上）、応用力が二割程度（遺伝力強し）なのだから。

しかも、これらを身につけておけば、「受験技術」などは受験後はあまり役立たないけれど、「生きる力」は「一生の宝」になるのです。

教育の本来の姿（原点）を教えているのです。

この教育理念は、次世代の、前述した「演の時代」にも、それぞれの子の将来で合致します。「こだわらない」、「しばられない」、「しがみつかない」、豊かで、しなやかな、三六〇度の自由度を持つ発想、独創的アイディア、多種の応用力にもプラスに働くはずです。一人一人の子に、これを実感していただくためにも、自分の遺伝子的素質を素直に精査し、仕事や生き方を探してほしい。そして、優しい人柄でいてほしいと願っているのです。

四字熟語を二つ書きます。

●「開眼迷路《かいがんめいろ》」……眼を開けていると、かえって道に迷ってしまうということ。

●「閉眼展世《へいがんてんせい》」……眼を閉じると、自分のやるべきこと、生きる道が見えてくる。

また、「演の時代」では、次のような思考が重要になると思います。やはり、四字熟語（二つ）です。

●「真行早止《しんぎょうそうし》」……物事をコツコツと至心で行って、違和感が出たら即中止、別事に移行する。

●「学即遊楽《がくそくゆうらく》」……机に向かって、パソコンをやっていても分析しかできない。学問は遊び楽しみながらやること（前述した「遊学未分」にも通じる）。

どれも、戦後のA能型人間には苦手なことかも知れません。しかし、そこから生きる道が展けてくるのです。

そして、個人の一人一人の成熟が、国家の成熟であり、日本国の品格を創ります。

もともと、日本文化は「意識等化」（平等意識を強く持つ）文化であったはずです。

これを復活させましょうよ。

「大人の文化」というのは、そんなに難しいことではないんです。

二つほど気を付ければいいのです。

〔1〕自分の得意なものだけを売らない。

〔2〕自分の存在価値は、自分で認識し、確認する（〇〇賞をもらって、喜んでいてはいけない）。

次世代は「究極のサービス業」の時代です。

最も遅れている国家行政（教育など）から、全ての職業まで、重要ポイントを三つあげます。

その1（最重要）	言葉のサービス（言葉に意味はない以上、イメージを優先して表現する）
その2	システムのサービス（当然ですが、さらに提案型のものも必要になる）
その3	マナーのサービス（相手への気配り）

■日本の縦横連係社会が世界をリードする

「教育が全てを変える」。これは当然です。

現代のような「意識社会」では、「意識を変えることが現実を変えること」になるからです。だから、「教育」でしょう。

全ての社会現象は、教育によって起こる。

生まれたとき、「キリスト教が一番いい宗教だ」と叫びながら生まれてくる子どもはいません。

・昔は大学へ行くことが、ステータスだった。

・働くことは良いことであり、仕事をしないでいることは良くないことである。〈A型洗脳〉

・大企業の経営者になりたい。〈A型洗脳〉

これらの現象は、教育によって、教えこまれた結果、例えば「キリスト教は良くて、イスラム教は良くない」などとなるにすぎないのです。

価値観が逆転してしまえば、何の意味もない、どんな生き方でも価値を持つ。

A型バカ人間社会である現代は、この書に書かせていただいた、ごく少数派の非A型学者の方々を除けば、ほとんど同じような人々なのです。また、知識人社会はA型人間が多い。

そこで私は、教育者自ら、A型（専門）バカ人間にならぬように、少なくとも高校までの教育制度を変える提言をしたのです。

A型人間からA型人間（無責任）が生まれる。

非A型人間から非A型人間が生まれる。

当たり前と言えば当たり前ですよね。

また、「教育」は「教」（知識・技術）だけではなく、「育」（ゆっくり待つゆとり）も大切です。

戦後は、「教」しかありませんでした。〈A能〉

教える量なんて、多くても少なくても、あまり関係ないと思います。どうでもいい。

さて、官僚界も、「カップリング採用」（提言）になれば、セクト主義も小さくなり、教育界から、優秀な非A型の真のエリートが送り込まれ、それらの相乗効果により、日本の真の再生が始まると信じます。民間企業も変わる。

保身のない若い官僚達が縦横連係（他省へも動ける）組織を創れば、日本は変わる。また、それが世界をリードすることになるでしょう。

■他人の心がわかる人間になろう

生体にガンが見つかれば、手術しか助かる見込みがない場合、手術をします。

この書は、一国のリーダー政治家や日本人に、手術を勧める書です。スピード感覚で。

このままでは、日本はダメになる。少子化による衰退は明らかです。

経済も年金も意味がない。人がいなくなれば、すべてが回らない。公務員も失業する。

手術は少し痛みをともないます。

でも、後で、「やってよかった」と感謝されます。すっきりさわやかな気分になれます。

「数学」と「英語」と「国語」を教えると、気持ちいいですよ。頭の中がハッピーになれるんです。

私は「一人の人間」であって、「数学の先生」ではありません。限定されたくありません。イヤなのです。しばられることは……。

一国の政治家に、手術をする覚悟があるのか、その勇気を試す書でもあるのです。

「言葉力を無視してこのままにするか」（A能）、それとも、「もしかしたら（B能が残っていて）・・・・と、声をかけてくれるのか……」

A型人間政治家は「こんな言葉だけで（!?）」となってしまうでしょう。昔の政治家ならば……。

さて、最後に、皆さんに、これからの時代の気持ちの持ち方と、素敵な言葉をプレゼントしましょう。〈「言葉ばか人間」の誠意として〉

私たちは、今まで「勝ちたい」という感情で生きてきませんでしたか（A型洗脳）。

でも、これからの時代は、適さないと思うのです。勝負師などは「負けない」ということを大切にしています。これを物事に応用する。

そこで、肩に力が入る「頑張《がんば》ろう」は使わない。

これからは、他の人といっしょにやる気持ちになって、

「軟張《なんば》ろう」

（しなやかに、のびやかに、肩の力をぬいて、努力するイメージ）

柔軟な身体（白米を食べない）からは、柔軟な着想（アイディア）も生まれる。仲間と共有しよう。

どうでしょうか。気に入ったら、どんどん使ってください。国民語にしてもいいと思いますよ。この方がものごとがうまくいくような気がしませんか。気が楽になります。

ところで、実は、日本の近未来はもう見えているのです。ウソじゃないんです。

〈近未来社会へのプレッジソング（宣誓歌）〉
未来を創る若者達21st

朝焼けの中　僕らの船は出る
未来の国はあるのか　誰も知らない
雨風嵐　どんと来い……
僕らには勇気がある　負けない心がある
そうさ　目指すは地球国　ピースフルネス
君の笑顔がほしい　あなたの優しさもほしい
皆んな皆んな　僕らは未来を創る若者達なのさ

海原の中　僕らの船は行く
歓喜の国を創ると　右手上げよう
雨風嵐　分かち合い……
僕らには希望がある　折れない心がある
そうさ　目指すは地球国　ピースフルネス
誰も主役の船だ　十色の力なら出来る
皆んな皆んな　僕らは未来を創る若者達なのさ

明日の光が見える　ハピネス歌う星にする
皆んな皆んな　僕らは未来を創る若者達なのさ

（セリフ）未来を創るのは僕達なんだ
（アクション）右手を上げ〈ウォー〉

山崎明浩（ペンネーム）詞

〔お互いの能力を認め合い、協力して未来を創るイメージ〕

・**「詩とスポーツは時（未来）を知らせる」**です。

プロとはいえ（共感動体ではない）、日本のサッカーは、男女とも「美しい（美学を感じる）試合の流れ」を見せてくれています。

日本の近未来像なのです。誰もが主役。

気づいていましたか。スポーツは予見です。

そこで、私も「言葉ばか人間」として、近未来に生きる十代の若者達へ、詞（歌）を贈ります（四六九ページ）。

他人の心がわかる人間になりましょう。（終）

読者の皆様へのあとがき

「目的」と「手段」が逆転している社会は不幸です。「進学すること」は「手段」であって、「目的」ではない。スポーツも「勝つこと」が「目的」ではない。「物」も「技術」も、「手段」であって、「目的」ではない。「学歴」も「体罰」も「世界一」も、国民を幸福にはしません。「手段」〈勉強すること、スポーツすること、物を作ること〉の中で、人のあり方を知ることが、実は「目的」なのです。

所詮、物事の勝敗は「遺伝子」で決まるのです。現世の努力などはわずかの差でしかないのです。〈個人差とは遺伝子の差＝意味なし〉人は「運がいい」とか「運が悪い」とか言いますよね。「偶然」を正当化しますよね。でも、私に言わせれば「国家」も「個人」も、歴史や人生において、物事の「偶然」はなく、「必然」ばかりなのです。

想定外の自然災害だったから、しかたがないと逃げるのは楽だけれど、元々「原子力発電所」がなければ、ここまで大きな問題〈公害〉は起こらなかったのです。〈政治の失敗＝必然現象〉「個人」もそうです。自分の能力に合ったことをコツコツやっていれば、「運」は向こうからやってくるものです。〈幸運〉

「運が悪い」と思っている人は、自分の遺伝子以上のことを（見栄で）望んでいませんか。

また、事件や事故などは「やるべきことをやっていない個人や組織」から発生するものです。

歴史（経験）は学んでこそ、歴史です。

この国の政治家は、歴史から学ぼうとしない。

だから、現代の停滞を生んでいるのです。

歴史をより正しい方向に進めたいものです。

あなたの勉強や仕事に必要な本（専門書等）、趣味的な本、そして、この本をいつも手元に置いてください。永い人生の様々な場面で、より正しい判断（決断）が出来ることに少しでもお役に立てれば幸いです。

また、あなたの家族、友人、知人、困っている人などに、この本の内容で救えるものがあれば、ぜひ教えてあげてください。

筆者として、これ以上の喜びはありません。

この本を完成させるまでに、多くの方々にご協力いただきました。改めて、お礼申し上げます。ありがとうございました。

特に、文芸社の吉澤茂さんには、有益なアドバイス等を多くいただき、心より感謝いたします。

山崎良一

著者プロフィール

山崎 良一（やまざき りょういち）

昭和25年埼玉県生まれ。

私立大学在学中に私塾を始める。

途中10年程進学塾勤務。その後再び私塾「朝日学研」（アピカ）開業、主宰。現在に至る。


近未来型の日本人になろう。 平成日本教育論

2014年２月15日 初版第１刷発行

著 者 山崎 良一
発行者 瓜谷 綱延
発行所 株式会社文芸社
〒160-0022 東京都新宿区新宿１－10－１
電話 03-5369-3060（編集）
03-5369-2299（販売）

印刷所 神谷印刷株式会社

ISBN978-4-286-14673-7